Ulrich Bongertmann, Ralph Erbar, Niko Lamprecht,
Frank Schweppenstette, Sylvia Semmet

Leitfaden Referendariat im Fach Geschichte

Ulrich Bongertmann, Ralph Erbar,
Niko Lamprecht, Frank Schweppenstette,
Sylvia Semmet

Leitfaden Referendariat im Fach Geschichte

WOCHEN
SCHAU
VERLAG

Bibliografische Information der Deutschen Nationalbibliothek
Die Deutsche Nationalbibliothek verzeichnet diese Publikation in der Deutschen Nationalbibliografie; detaillierte bibliografische Daten sind im Internet über http://dnb.d-nb.de abrufbar.

www.wochenschau-verlag.de

Umschlag: Ohl Design
Gesamtherstellung: Wochenschau Verlag
Titelbild: © fotolia: studiostoks
Gedruckt auf chlorfrei gebleichtem Papier
ISBN 978-3-7344-0445-0 (Buch)
ISBN 978-3-7344-0446-7 (E-Book)

Ulrich Bongertmann, Ralph Erbar,
Niko Lamprecht, Frank Schweppenstette,
Sylvia Semmet

Leitfaden Referendariat im Fach Geschichte

WOCHEN
SCHAU
VERLAG

Bibliografische Information der Deutschen Nationalbibliothek

Die Deutsche Nationalbibliothek verzeichnet diese Publikation in der Deutschen Nationalbibliografie; detaillierte bibliografische Daten sind im Internet über http://dnb.d-nb.de abrufbar.

www.wochenschau-verlag.de

Umschlag: Ohl Design
Gesamtherstellung: Wochenschau Verlag
Titelbild: © fotolia: studiostoks
Gedruckt auf chlorfrei gebleichtem Papier
ISBN 978-3-7344-0445-0 (Buch)
ISBN 978-3-7344-0446-7 (E-Book)

Inhalt

Geschichtslehrer werden – Geschichtslehrer sein

Herzlichen Glückwunsch – Sie sind auf dem Weg zu einem interessanten und erfüllenden Beruf oder haben diesen schon erreicht, mit der Möglichkeit zu einem hoffentlich für Sie und die Schülerschaft begeisternden Fachunterricht Geschichte. Nehmen Sie dies von Anfang an als Chance und Ziel auf – und lassen Sie sich nicht von den zuweilen auch vorhandenen Befürchtungen („Bekomme ich eine Stelle?") oder gar Ängsten („Werde ich diese Mühle schaffen?") beeinträchtigen.

Erfolgreich starten

Damit der Start gelingt, sollten Sie bei aller Geschichtsbegeisterung und trotz zahlreicher auf Sie einströmenden fachdidaktischen Anregungen *auch an die einfachen Dinge denken*. Natürlich wollen Sie am Studien- bzw. Fachseminar „gut aussehen", natürlich haben Sie von der Universität diverse Modelle oder Vorstellungen mitgebracht – vergessen Sie neben diesem theoretischen Marschgepäck aber bitte nicht den konkreten *Start an der Ausbildungsschule*. Hier nämlich werden Sie „Ihre Brötchen backen", hier wird Ihr Erfolg oder Misserfolg sichtbar – spätestens mit den Examensstunden. Insofern sollten Sie dieser „Hardware" (Schulstruktur – Kollegium – Schülerschaft) von Anfang an besondere Aufmerksamkeit widmen – die „Software" (Fachwissen – Fachdidaktik und -methodik) werden Sie bei entsprechendem Bemühen nach und nach in den Griff bekommen. Dieses Buch wird Ihnen dabei helfen.

Tipps für den Start

- *Recherche:* Erkunden Sie *vor* dem Start das *Profil der Schule!* Notieren Sie sich bereits bald die für Sie wichtigen Namen (Schulleitung – Sekretariat – Hausmeister – Fachkollegen und -kolleginnen; Gleiches gilt für das Studienseminar) und für Sie relevanten Strukturen (spezielle Fachprofile – besondere Kopplungen von Stunden etc.). Diese Kenntnisse verringern den Einstiegsstress und sorgen von Beginn an für eine freundliche Begrüßung, da man Ihr Bemühen bemerken wird. (→ Anhang: Kopiervorlage 10 und 11)
- *Aktiver Einstieg:* Zunächst wird man Ihnen zur Begrüßung diverse Dinge zeigen und auch immer wieder sagen: „Da kommen Sie schon hinein!" Warten Sie nicht ab mit diesem Hineinkommen, zeigen Sie nach Möglichkeit aktives Interesse und äußern

Sie sich auch, wenn Sie sich eine eigene Beteiligung vorstellen können. Siehe Recherche – vielleicht haben Sie ja schon gemerkt, wo Sie sich an Ihrer Ausbildungsschule einbringen könnten.

- *Kontakte:* Benachbart zu den Punkten Recherche & Aktiver Einstieg ist die Kontaktpflege. Bei einer professionellen Einführung am Schul- und Seminarort werden Sie die relevanten Personen gewiss kennenlernen. Sollte es hieran mangeln, ergreifen Sie selbst die Initiative. Neben der Schulleitung müssen Sie sich unbedingt beim Hausmeister und Sekretariat bekannt machen, hilfreich sind natürlich auch der/die Medien- und Bibliotheksbeauftragte, Personalräte und die relevanten Fachsprecherinnen und Fachsprecher. Beim Studienseminar sollten Sie die Leitung, die Seminar- und Fachseminarleiterinnen bzw. -leiter und den zuständigen Personalrat kennen. Prägen Sie sich die Namen und Gesichter schnellstmöglich ein und sprechen Sie diese Personen möglichst namentlich an. Ein „Hallo" ohne Anrede gefällt nicht jedem.
- *Antizipation:* Nach der Begrüßung am Schul- und Seminarort stürmen viele Informationen auf Sie ein – Termine, Schulregeln, Gesichter und Örtlichkeiten. Sie gehen unter, wenn Sie diese Fülle nicht von Beginn an sinnvoll sortieren und abheften bzw. -speichern. Nehmen Sie diesen Punkt unbedingt ernst – nichts wirkt in den ersten Wochen verheerender als der Eindruck, der Neuling sei „verpeilt". Diesen Eindruck werden Sie nur schwer wieder ablegen können – also antizipieren Sie durch geeignete Organisation, mit einem entsprechenden *Kalender/Ordner* oder *elektronischen Timer.* (→ Anhang: Kopiervorlagen 11 bis 14)
- *Timing:* Sie konnten an der Universität vielleicht ab und zu verspätet auftauchen oder auch einmal fehlen. Diese Zeit ist nun vorbei! Wenn Sie die Antizipation ernsthaft umsetzen, werden Sie mit Pünktlichkeit und Verlässlichkeit kein Problem haben. Man muss diesen Punkt dennoch gesondert ansprechen, da Sie es dringend vermeiden sollten, bei angesetzten Terminen (Konferenzbeginn, Aufsicht bei einer Klausur, Eintrag von Noten o. Ä.) zu patzen. Siehe Antizipation – solche Fehler rächen sich beim Image (besonders bei der Schul- und Seminarleitung) und können nur mit viel Aufwand repariert werden.
- *Rollenwechsel:* Das Studium war noch Relaisstation zwischen Schule und Beruf, Sie gehörten eindeutig zu den Lernenden. Jetzt ändert sich die Lage – Sie lernen gewiss immer noch, sind aber auch Lehrende und müssen die (Ihnen vermutlich in der Oberstufe recht „nah" vorkommenden) Schülerinnen und Schüler pädagogisch ansprechen. Verfallen Sie also bei den höheren Jahrgängen nicht in den Fehler der sofortigen „Duzerei" („Ihr könnt mich ruhig duzen!") oder gewisser „cooler" Verhaltensweisen in Pause oder Unterricht. Der kurzfristige Popularitätsgewinn bei der Schülerschaft hält nicht lange an und steht in keinem Verhältnis zum Imageverlust beim

Kollegium. Außerdem werden Sie früher oder später bei jeder Lerngruppe Disziplin halten und Noten geben müssen – spätestens ab diesem Zeitpunkt rächt sich dann die eventuell vorher praktizierte Lockerheit oder Anbiederung, da man Sie unter Druck setzen wird. Also – man sollte nicht sofort den „steifen Studienrat" spielen, aber den Rollenwechsel zum Lehrer deutlich annehmen.

- *Anfangsfehler:* Man hat vielleicht doch einen Termin „verschwitzt", bei der ersten realen Unterrichtssituation ist einem eine blöde Bemerkung gegenüber Schülern „durchgerutscht" – zu Beginn passiert gewiss die eine oder andere Sache, die unangenehm oder sogar peinlich ist. Gehen Sie aktiv mit dem Fehler um. Schildern Sie den Fehler bzw. die Situation lieber gleich dem geeigneten Ansprechpartner (Mentor/Klassenleitung/Schulleitung), dadurch haben Sie Interpretationshoheit und vermeiden, dass Sie der Fehler einholt und zusätzlich der Eindruck entsteht, Sie wollten sich „durchmogeln". Die erfahreneren Ausbilder/Kollegen/Vorgesetzten helfen bei solch transparentem Umgang gewiss gerne, wollen aber weniger gern „hinten herum" von Ihren Patzern erfahren (im System Schule bzw. Seminar funktioniert der „Flurfunk" meist so, dass solche Dinge nicht geheim bleiben).

Trotz dieser Ratschläge werden Sie am Anfang manchmal „schwimmen" und vielleicht auch schneller, als Ihnen lieb ist, mit dem ersten Unterrichtsbesuch konfrontiert, der nicht unbedingt gelingen wird. In diesem Fall siehe oben – nicht entmutigen lassen und kleine oder größere Misserfolge als Anlass zur Verbesserung annehmen!

1. Geschichte in Studium, Referendariat, Lehrerphase

Die Schwierigkeiten des Berufsanfangs überwinden!

Manche Referendarinnen und Referendare, die von den Universitäten in die Schulen kommen und vorher nur wenige Wochen Schulpraktikum hinter sich bringen konnten, tun sich zunächst schwer mit ihrer neuen Stellung. Das gilt nicht nur für die pädagogische Lehrerrolle vor der Klasse, wenn jemand auf einmal der vielfach beäugte „Chef im Ring" ist, der eine solche Intensität vorher nie gewohnt gewesen war. Sie stoßen obendrein auf junge Menschen, denen Historisches oft ziemlich gleichgültig ist oder die sogar offen ihr Desinteresse signalisieren. Diese finden es völlig normal, einfache Zusammenhänge zu ignorieren und nicht einmal annähernd zu wissen, in welcher Epoche etwa Caesar und Bismarck überhaupt gelebt haben. Besonders fachlich versierte und kompetente Studierende, die zehn Semester in Geschichte „gebadet" und darüber ständig mit Experten kommuniziert haben, erleben das wie einen kleinen Schock. Wenn sie bald darauf noch feststellen, dass die Ergebnisse auch ihres Unterrichts diese Mängel nur wenig abstellen können, mag das unter Umständen in starken Selbstzweifeln enden. Doch darüber sollte mit einigen Überlegungen hinwegzukommen sein. Der Stellenwert historischen Wissens ist bei Jugendlichen besonders in und nach der Pubertät nicht selten gering angesetzt, wichtiger erscheinen z. B. Sport, Musik, Spiele und andere Freizeitaktivitäten. Das dürfte sich wohl niemals ändern lassen – von den rühmlichen Ausnahmen abgesehen. Lehrkräfte sollten daher ihren Ehrgeiz darin legen, für möglichst viele Schülerinnen und Schüler Geschichte erst einmal interessant zu machen, und dürfen sich von unvermeidlichen Rückschlägen nicht beirren lassen. Am erfolgreichsten sind langfristig diejenigen, deren eigene Freude an der Beschäftigung mit Geschichte immer wieder durchscheint und die anregend von ihrer Lektüre oder über neue Erkenntnisse berichten und einfach gerne über Geschichte erzählen.

Einen nächsten Schock erleiden manche Referendarin oder mancher Referendar, wenn sie mit den inhaltlichen Ansprüchen des Systems Schule im Einzelnen konfrontiert werden und in mehreren Lerngruppen Dinge unterrichten müssen, von denen sie zuvor kaum etwas gehört haben. Von ihnen wird erwartet, dass sie in kurzer Zeit ganze Epochen bewältigen und obendrein noch darin kompetent auswählen, was interessant und wichtig ist. Im gar nicht so seltenen negativen Fall sind manche ihren Schülerinnen und Schülern nur wenige Seiten im Lehrbuch voraus. Ein breites Orientierungs- bzw. Überblickswissen zu vermitteln, gehört nicht zu den Stärken deutscher Hochschulen, dafür hat im Reich der akademischen Freiheit immer noch jeder selbst zu sorgen. Aber dies ist lösbar. Man behelfe sich zunächst mit der Lektüre mehrerer Schulgeschichtsbücher, um zu sehen, was darin überhaupt aufgenommen worden ist. Wer dann in gut lesbaren Übersichtsdarstellungen weiter schaut, bekommt langsam wieder Boden unter den Füßen.

Wenn schließlich die ersten Besuche durch die Fachleiterinnen und Fachleiter kommen, gibt es zuweilen noch einen weiteren Schock. Mag sein: Der Lesefleiß hat sich ausgezahlt, das Thema scheint man ganz gut im Griff zu haben, vieles Attraktive wird in die Stunde gepackt, um zu zeigen, dass hier ein Fachkundiger am Werke ist. Doch leider kommt hinterher die Resonanz, das sei doch alles viel zu viel auf einmal, man müsse weniger Stoff anbieten und das Angebotene tiefer auswerten. Die Schülerinnen und Schüler könnten sonst vor lauter Bäumen (Details) den Wald (das Relevante) nicht erkennen. Die mühsam angeeigneten Wissensperlen scheinen wieder völlig entwertet zu sein. Dieser Enttäuschung ist aber tröstend entgegenzuhalten, dass nur der etwas auswählen kann, der vorher reichlich Inhalte wahrgenommen hat. Souveränität entsteht aus einer gewissen Fülle heraus, die im Unterricht wieder zu einer schlanken Struktur zu reduzieren ist. Wenn das zu Anfang nicht perfekt gelingt, ist dies völlig normal und ist den Vorgängern meist genauso gegangen, wenn sie nicht didaktische Naturtalente waren. Ein guter Unterricht entsteht erst durch unverzagtes Üben.

Wann ist man eigentlich ein fertiger Lehrer? Nach dem ersehnten und erlösenden II. Staatsexamen haben manche dennoch das Gefühl, die schwersten Herausforderungen ständen ihnen erst bevor: die hohe Stundenzahl mit der dafür notwendigen Unterrichtsplanung, die vielen Lerngruppen, die zusätzlichen Organisationsaufgaben, Klassenlehrertätigkeit und so weiter. Es gibt auch keine entlastende Beratung und helfende Disziplinierung durch die Mentorinnen und Mentoren mehr. Daher haben manche Länder eine freiwillige Betreuung der jungen Lehrkräfte während ihrer ersten Jahre angeschlossen in der sogenannten „Dritten Phase" der Lehrerbildung in den ersten Jahren nach dem Berufseinstieg. Eine jüngere Studie (Kanert/Seidenfuß 2014, 727 ff.) berichtet von den fachspeziellen Schwierigkeiten der Geschichtslehrenden, die zwar hinter den überfachlichen Schwierigkeiten wie Zeitmanagement oder Disziplinierung zurückstehen, aber trotzdem als erheblich empfunden werden. Geschichtsdidaktisches Wissen und Können müssen weiter mühsam und zeitraubend erworben werden. Zum Trost fügen die Autoren hinzu, dass es in anderen Fächern noch schlechter bestellt ist, und lehnen auch den Begriff des „Schocks" ab. Eher handele es sich um eine normale kritische Phase.

Literatur

Kanert, Georg/Seidenfuß, Manfred: Auf dem Weg in den „Praxisschock". Geschichtslehrkräfte in der Berufseinstiegsphase. In: Geschichte in Wissenschaft und Unterricht 65 (2014), S. 718-734

2. Die Kurzplanung einer Geschichtsstunde

Gute Unterrichtsplanung braucht Zeit und Expertise – dennoch muss es im Schulalltag in der Vorbereitung gelegentlich auch mal schnell gehen, etwa weil Korrekturen anstehen oder man sich mitten in der Abiturphase befindet. Was nun? „Schwellendidaktik" à la „Wo waren wir letzte Woche stehengeblieben?" führt in den seltensten Fällen zu tiefen Erkenntnissen der Lernenden. Sowohl Berufseinsteiger als auch erfahrene Kolleginnen und Kollegen können aber eine stetige Verkürzung ihrer Vorbereitungszeit planmäßig anbahnen. Je besser die langfristige Planung der Unterrichtsreihen und Archivierung der erstellten Unterrichtsmaterialien, desto kürzer fällt die Planung der Einzelstunde aus. Eine sinnvolle Nutzung des eingeführten Geschichtsschulbuches kann ebenso viel dabei helfen. Was zunächst widersinnig klingt, wird bei näherer Betrachtung klarer und soll in diesem Kapitel beleuchtet werden. Aber auch für die Tage, an denen es eben doch mal möglichst schnell gehen muss, soll hier ein *Erste-Hilfe-Paket* zusammengestellt werden.

2.1 Absolute Notfälle

Eine sinnvolle Geschichtsstunde in zehn Minuten zusammenzustellen ist möglich, wenn es auch recht gewagt erscheint, hier noch von einer wirklichen Planung zu sprechen. Manchmal ergeben sich aber im Schulalltag Situationen, die der Lehrkraft keinen größeren Spielraum lassen. Hier empfiehlt sich die 4-Schritt-Notfall-Methode:

1. innerhalb der gerade laufenden Themenreihe der Lerngruppe auf der Basis des Lehrplans bzw. des Arbeitsplans der Schule einen Teilaspekt wählen, der sinnvoll in das Gesamtthema passt. Falls die Reihe so geplant ist, dass ihr eine Fragestellung zugrunde liegt, wird dieser Teilaspekt die Reihenfrage als eine mehrerer möglicher Facetten sinnvoll beleuchten, und die Stunde wird automatisch problemorientiert. Falls nicht, folgt der zweite Schritt:
2. auf Basis der im Buch verfügbaren Materialien und Darstellungen eine Fragestellung zu Ihrem Teilaspekt überlegen, die die Lernenden als roter Faden durch die Stunde trägt und am Ende der Stunde mithilfe der erarbeiteten Aspekte aus den bearbeiteten Materialien beantwortet werden kann.
3. überlegen, wie diese Fragestellung auf eine günstige Weise mit dem aktuellen Erfahrungshorizont Ihrer Lerngruppe in Verbindung gebracht werden kann. Hieraus kann sich ein motivierender Einstieg ergeben. Entweder, um die Vorbereitung abzu-

kürzen, als Lehrgespräch oder auch kurze Lehrererzählung, oder, falls Ihre Schule mit Interactive Boards ausgerüstet sein sollte, mit einem schnell aufgerufenen Foto, einer Schlagzeile oder auch aktuellen Karikatur.

4. überlegen, welche (höchstens) fünf Schlagworte bzw. welche Jahreszahl Sie als Fachkraft (auch hier gibt der Lehrplan Hilfestellung) für den gewählten Teilaspekt für grundlegend wichtig halten. Diese bilden dann die Basis für Ihr Tafelbild.

Auf diese Weise ergibt sich ohne lange Materialsuche und ohne lange Wartezeit am Kopierer eine akzeptable und für die Kinder gewinnbringende Geschichtsstunde.

2.2 Kurzfristige Maßnahmen

Gehen wir nun von der etwas optimistischeren Annahme aus, dass die zu planende Stunde erst am Folgetag stattfindet, ihre Planung aber aufgrund anderer Verpflichtungen nicht allzu viel Zeit in Anspruch nehmen sollte. Auch hier gibt es Tricks und Kniffe, die Vorbereitungszeit ein gutes Stück zu reduzieren. Die Stundenanlage wird sich dabei im Grundsatz immer wieder ähneln, was der folgende Kreislauf verdeutlichen soll:

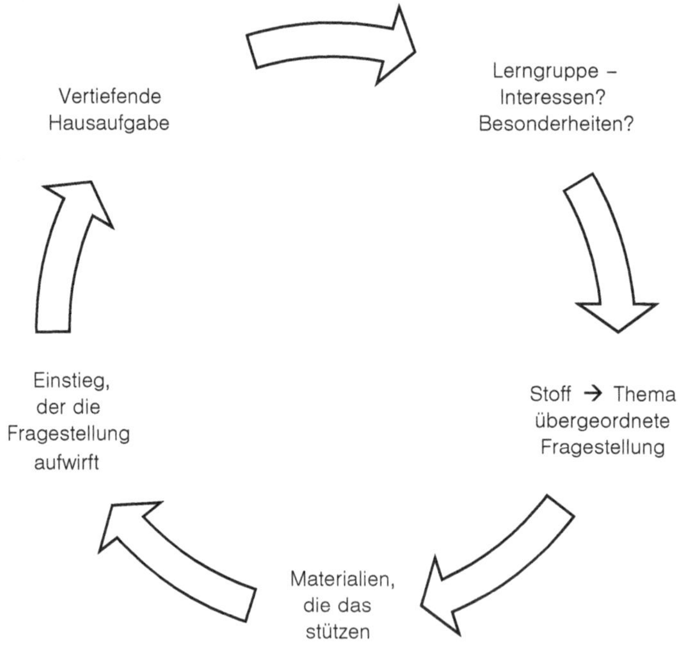

Abb. 1: Stundenkreislauf

Die folgende Frage fasst die mit der Kurzplanung einer Einzelstunde verbundenen Überlegungen knapp zusammen: Wo genau liegt der wichtigste Aha-Effekt, den genau diese Lernenden wie und warum aus der Stunde mitnehmen sollen? Je nach zur Verfügung stehender Vorbereitungszeit können nun alle bzw. einige dieser Punkte genauer bedacht werden. Dabei könnte man das folgende Stundenschema als Hilfestellung nutzen:

- *Einstieg:* Hier wird die Fragestellung für die Stunde mittels geeigneter Materialien aufgeworfen, sodass diese am Schluss in einem Fazitgespräch diskutiert werden kann.
- *Erarbeitung:* Diese erfolgt auf der Basis von zur Fragestellung und zur Lerngruppe passenden Materialien und Methoden.
- *Sicherung:* In dieser Stundenphase werden die soeben erarbeiteten Ergebnisse der Lernenden gesammelt und gesichert.
- *Fazitgespräch:* Nun wird die eingangs aufgeworfene Frage auf der Basis der gesammelten Ergebnisse diskutiert und ein gemeinsames Stundenfazit formuliert.
- *Transfer oder Vertiefung:* Je nach Zeitplanung gehört es zur Kür, an dieser Stelle einen Gegenwartsbezug, einen Vergleich oder auch eine andere Form des Transfers oder der Vertiefung anzuschließen.
- Zu guter Letzt wird *die Hausaufgabe* für die folgende Stunde gestellt.

Wenden wir uns nun verschiedenen weiteren Möglichkeiten der Zeitersparnis zu: Mögliche Einstiege, die die Materialsuche erheblich abkürzen, sind Dokumentationen zu dem gewählten Unterrichtsgegenstand, die mittlerweile fast immer selbst eine bestimmte Fragestellung beleuchten, die in der Einstiegssequenz der Sendung normalerweise ausdrücklich benannt wird. Diese Sequenz kann als Einstieg in die Stunde dienen und ohne weiteren Materialaufwand die Fragestellung aufwerfen. Dasselbe gilt für die Schlussphase der meisten Dokumentationssendungen, während derer die sich aus dem Gezeigten ergebenden Thesen meist als feste Behauptungen dargestellt werden, die man leicht zusammen mit der Lerngruppe hinterfragen und mittels passender Materialien selbst untersuchen kann.

Auch sind Zitate aus den für die Erarbeitungsphase vorgesehenen Materialien oft geeignet, vorweg für den Einstieg zu dienen, um die Suche nach zusätzlichem Einstiegsmaterial zu vermeiden. Ebenso kann eine zentrale Bildquelle für die Erarbeitung auch im Einstieg Verwendung finden, indem zunächst Vermutungen zur Bildaussage gesammelt werden, während die volle Bildanalyse in der Erarbeitung erfolgt und die Eingangsvermutungen am Ende der Stunde auf ihre Plausibilität hin überprüft werden.

Eine zwar pro Lerngruppe nur einmal verwendbare, aber deshalb nicht weniger effektive Geschichts„lektion" ganz ohne Materialien ist diese:

In Geschichtskursen der Oberstufe, die einen Durchgang durch die Geschichte während der Sekundarstufe I bereits durchlaufen haben, kann die Standortgebundenheit und Perspektivität von Narrativen eindrücklich dadurch vermittelt werden, dass jede Schülerin und jeder Schüler für sich persönlich ein historisches Ereignis wählt, das er oder sie für ganz besonders wichtig hält. In einem zweiten Schritt soll der Kurs sich gemäß der Wichtigkeit der gewählten Ereignisse in einer Linie mit aufsteigender Bedeutung der Ereignisse aufstellen. Sehr schnell wird es zu lebhaften Debatten darüber kommen. Früher oder später wird die Lehrkraft als Schiedsrichter angerufen werden und kann zunächst die jeweiligen Begründungen für die Bedeutung der jeweiligen Ereignisse erfragen, um auf der Basis der immer schnell zutage tretenden Subjektivität der Einschätzungen eine Diskussion darüber anzetteln, warum Ereignisse für unterschiedliche Menschen und Gruppen von Menschen der offiziellen Narrative unterschiedlicher Länder jeweils ganz andere Bedeutungen haben. In diesem Fall läge das Lernziel klar auf dem Anforderungsbereich der Stellungnahme (→ 3.1), die Erkenntnis wäre durch das eigene Erleben sehr eindrücklich und die Lehrkraft hat den größten Zeitfresser überhaupt, nämlich die Materialsuche, elegant umgangen.

Nach einem ähnlichen System arbeitet die folgende Idee für die Sekundarstufe I mit dem Ziel, der Lerngruppe die Notwendigkeit vergleichender Quellenkritik näherzubringen. Nach der Ankündigung, ein kleines Experiment mit der Klasse durchführen zu wollen, flüstert die Lehrkraft dem Schüler oder der Schülerin, die in der ersten Reihe ganz außen sitzt, einen längeren und möglichst etwas komplizierten Satz mit mindestens zwei Nebensätzen zu einem beliebigen historischen Ereignis ins Ohr. Dieser kann aus dem Verfassertext des Geschichtsbuches oder auch aus einem Lexikonartikel stammen. Die Schülerin wird nun aufgefordert, diese Information auf dieselbe Weise an den Sitznachbarn weiterzugeben und dieser wieder an den nächsten und immer so fort, bis alle Lernenden eine Version des Ursprungssatzes gehört haben und der letzte Schüler laut aussprechen soll, was bei ihm angekommen ist. In 100 Prozent aller Fälle unterscheidet sich diese Version erheblich vom Ausgangssatz, sodass es nicht möglich wäre, sich mit nur dieser „Überlieferung" zu dem eigentlichen historischen Ereignis zu informieren. Im anschließenden Unterrichtsgespräch können gemeinsam Wege gefunden werden, wie man diesem Problem als Historiker begegnen kann, bzw. auf welchen Wegen Informationen über die Vergangenheit uns eigentlich erreichen. Hier kann man beispielhaft unterschiedliche Quellentypen zur Kategorisierung mitbringen, muss dies aber nicht.

2.3 Mittel- und langfristige Maßnahmen

Wie eingangs bereits erwähnt, bietet eine durchdachte Reihenplanung einen so soliden Rahmen für eine Unterrichtseinheit, dass sich die Planung für die Einzelstunden innerhalb dieser Reihe erheblich verkürzt. Eine Fragestellung, die in der Einstiegsstunde aufgeworfen und in der Abschlussstunde beantwortet wird, dient als roter Faden durch die gesamte Reihe und benötigt dann keine weiteren kleinschrittigen Einzelfragen für jede einzelne Stunde mehr. Einzelstunden werden in einem solchen Fall vielmehr die angepeilte übergeordnete Erkenntnis anbahnen, indem Facetten des historischen Phänomens in ihrer zeitlichen, räumlichen und persönlichen Perspektivität betrachtet und analysiert werden.

In ruhigeren Phasen des Schuljahres kann die vorausschauende Lehrkraft ein Set an Arbeitsblättern zur Methodenschulung oder auch zu übergeordneten Themen ausarbeiten, die sich zu jeder Zeit einsetzen lassen. Hier bieten sich beispielsweise Aspekte der Regionalgeschichte an, wie etwa Quellen zur Entstehungs- oder auch Rezeptionsgeschichte einer nahegelegenen Burg oder eines Denkmals. Ähnlich dankbare „Dauerbrenner" können Materialien zum Namensgeber oder zur Geschichte der eigenen Schule sein. Auch Materialien zur deutschen Nationalhymne oder der deutschen Fahne, zu Gedenk- oder Feiertagen bieten sich an.

Ein Zeitfresser in der Unterrichtsvorbereitung ist ganz sicher die Suche nach Materialien, die nicht nur die angestrebte Fragestellung und den Schwerpunkt der Stunde stützen, sondern auch für das Alter, die Leistungskapazitäten sowie mögliche Interessensschwerpunkte der Lerngruppe passen. Diese erste Auflistung zeigt schon, wie vielschichtig die Merkmale sind, die gute Unterrichtsmaterialien erfüllen müssen. Dabei wurden Aspekte wie etwa Binnendifferenzierung noch nicht einmal angedacht. Es liegt auf der Hand, dass sich die Suche erheblich verkürzt, wenn Lehrkräfte nicht erst für jede Geschichtsstunde die unendlichen Weiten des Internets oder die Bestände des örtlichen Archivs durchforsten müssen. Andererseits bietet das verwendete Schulbuch nicht immer problemorientierte Zugänge oder eben genau die Quellen, die man für seinen aktuellen Fokus bräuchte. Daher empfiehlt es sich, die eigene Bibliothek von Anfang an im Hinblick auf arbeitserleichternde Materialien anzulegen oder gegebenenfalls aufzustocken. Abgesehen von Quellensammlungen und den Angeboten an Unterrichtsmaterialien pädagogischer Zeitschriften und von Schulbuchverlagen lohnt hierbei auch die Anschaffung mehrerer Geschichtsbücher unterschiedlicher Verlage, auch aus unterschiedlichen Bundesländern und unterschiedlichen Zeiten. Letztere haben den zusätzlichen Charme, dass sie die Materialien bereits altersgerecht gekürzt, mit Zeilenangaben und meist auch mit gegebenenfalls erklärenden Fußnoten und Aufgabenstellungen versehen haben. Bereits selbst ausgearbeitete Arbeits- und Quellenblätter können bei sorgfältiger digitaler Archivierung leichter auf den neuesten Stand gebracht und für eine neue Lerngruppe modifiziert werden. Urlaubsreisen können mit dem Mitbringen von Materialien kombiniert werden, die historisch mit dem jeweiligen Urlaubsziel verknüpft sind. Beispielsweise englische Materialien zum Thema „Romanisierung in Britannien" oder auch Bildmaterialien aus Italien zum Thema „Faschismus". Ganz besonders eigene Fotos von lokalen Denkmälern zu übergeordneten Themen lassen sich ganz hervorragend für einen Transfer oder einen Vergleich mit der eigenen Erinnerungskultur heranziehen. Vielleicht bietet sich auch Gelegenheit für ein Gespräch mit Geschichtskollegen aus dem jeweiligen Land, deren Schilderung zum Umgang mit bestimmten Unterrichtsthemen mit deren Einverständnis wiederum als Diskussionsanlass für eine Reflexion am Ende der eigenen Unterrichtsreihe dienen kann. Kurz gesagt: Werden Sie zum Jäger und Sammler.

Einer der vielen angenehmen Aspekte rund um das Fach Geschichte ist der, dass innerhalb unserer Gesellschaft immer wieder Verbindungen zur Vergangenheit und dem Umgang damit aufgeworfen werden. Seien es Politiker, die mehr oder weniger passende Vergleiche zwischen vergangener und aktueller Politik anstellen, Lernende, die die Familiengeschichte mit ins Klassenzimmer bringen, oder auch TV-Serien oder Spielfilme mit historischem Bezug, die die Kinder beschäftigen. Der Fundus für unsere Planungen geht uns also nie aus.

Praxistipp: Nur Mut!

Als Neuling hat man erstens viele Vorstellungen (Ziele, Kompetenzraster, Unterrichtsmodelle etc.) und zweitens oft Zeitdruck und Bedenken angesichts der nächsten Stunden („Wie kriege ich die Stunde herum?"/„Das Thema habe ich noch gar nicht richtig vorbereitet!"/„Bei der schwierigen Gruppe muss ich jetzt ganz anders vorgehen ...!").

Letztere Bedenken sollten Sie, falls betroffen, gelassen hinnehmen – sie sind ziemlich normal. Lesen Sie die folgenden Hinweise in Kapitel 2 (die man mit Kapitel 6 verbinden sollte), nutzen Sie ggf. die dort gegebenen Hinweise. Und ansonsten gilt die Regel, dass eine motivierte, empathisch agierende und fachlich kompetente Lehrkraft jede Stunde notfalls auch mit einer Kurzvorbereitung nach dem Schema Eingangsfrage – Materialbearbeitung – Sammlung/Fazit bestreiten kann.

In Sachen Material muss man zudem nicht immer die Welt neu erfinden, es darf durchaus das Schulbuch (→ Praxistipp in 7.) benutzt werden. Notfalls hilft auch die kurzfristige Ausleihe bzw. Nutzung eines Films – nur sollte dieser nicht die ganze Stunde umfassen. Ein Leitfaden zum Nachgespräch oder einer ähnlichen sinnvollen Auswertung wird Ihnen „live" während der Betrachtung einfallen, falls Sie den Film vorher nicht ordentlich didaktisieren konnten.

Gehen Sie also mutig hinein in die nicht perfekt vorbereiteten Stunden. Und arbeiten Sie daran, deren Anteil zu verringern und Ihre Unterrichtsplanung langfristig Schritt für Schritt zu professionalisieren!

Lesetipp: Markus Orths: Lehrerzimmer, btb, München 2013 (satirischer Roman und ein nicht ganz ernst zu nehmender Klassiker über das Referendariat!).

2.4 Geschichtsschulbücher

Für die Schülerinnen und Schüler wird das neue Fach Geschichte neben dem neuen Lehrer besonders im ersten Geschichtsbuch sichtbar. In modernen Lehrwerken sind zahlreiche Texte, Bilder und andere Materialien wie Statistiken und Diagramme zusammengestellt worden, um den Lernprozess attraktiv und erfolgreich zu gestalten. Hinzu kommen bald weitere Medien wie Filme oder das Internet. Leider ist hier kein Platz, um alle Möglichkeiten vorzustellen.

Berufsanfänger tun sich manchmal schwer mit dem Schulbuch und haben Angst, dass ihnen dessen Benutzung als fehlender Fleiß bei der eigenen Suche nach Materialien ausgelegt würde. Dabei sollten sie sich gerade zu Beginn darauf ruhigen Gewissens einlassen und versuchen, die didaktische Intention der Autoren versuchsweise umzusetzen. Die beste Unterrichtsvorbereitung besteht darin, sich zu einem Thema verschiedene Schulbücher anzuschauen und aus den Unterschieden zu ermitteln, welche Wege das jeweilige Buch zum Thema bietet. Immerhin haben sich einige erfahrene Lehrer Mühe gegeben, einen schülerorientierten „Kompass" (Teepe 2016) vorzulegen. Moderne Geschichtsbücher folgen meist den Lehr- und Rahmenplänen in der Einteilung der Themen in ihren Großkapiteln (das ist ein Zulassungskriterium der Länder), bieten Auftaktseiten zur ersten Problematisierung und eine begrenzte Auswahl der Materialien für die Schwerpunktsetzung in den Stunden an. Sie enthalten Vorschläge für Arbeitsaufträge und bieten ein Glossar mit schwierigen Begriffen. Ein Grund, trotzdem eine Kopie anzufertigen, könnte in der Möglichkeit liegen, direkt am Text oder Bild mit Unterstreichungen und Textmarkern zu arbeiten. Die Ermittlung des Wesentlichen in einem Sachtext gehört zu den ersten Herausforderungen im Anfangsunterricht. Bei der Text- und Bildarbeit sollten die Schülerinnen und Schüler frühzeitig lernen, festgelegten Regeln zu folgen, die häufig auf den Methodenseiten der Bücher erklärt werden. Auch sollten sie den Autorentext und die Quellen nicht als einen zusammenhängenden Text verstehen, sondern diese immer genau unterscheiden. Ein Irrtum ist es auch, davon auszugehen, dass mit dem einmaligen Lesen bereits das Verstehen erreicht sei. Daher gehören stets anfängliche Leseverständnisfragen zur Besprechung eines Textes. Klugerweise werden diese nicht nur als Zusammenfassungen eingefordert, sondern ebenso über die Klärung schwieriger Begriffe und markanter Formulierungen indirekt angesteuert. Auch der Autorentext darf nicht als pure Wahrheit im Reich bloßer Meinungen erscheinen. Daher kann der gelegentliche Hinweis auf andere Auffassungen im Gegensatz zum Schulbuch die Textgläubigkeit der jungen Lernenden ein wenig erschüttern helfen.

Literatur

Becher, Ursula A. J.: Schulbuch. In: Handbuch Medien (2007), S. 45-68

Sauer, Michael: Geschichte unterrichten. Eine Einführung in die Didaktik und Methodik, aktual. 12. Aufl., Seelze-Velber 2015

Schönemann, Bernd/Thünemann, Holger: Schulbucharbeit. Das Geschichtslehrbuch in der Unterrichtspraxis, Schwalbach/Ts. 2010

Teepe, Renate: Umgang mit dem Schulbuch. In: Handbuch Methoden (2016), S. 255-268

Praxistipp: Lob des Schulbuchs

Was wird in Lehrerkreisen nicht alles gelästert über dieses oder jenes Schulbuch („nicht mehr aktuell", wahlweise „zu viele" oder „zu wenige" Bilder, ein bestimmtes Thema fehle oder sei zu breit dargestellt etc.). Trotzdem bieten die meisten Schulbücher in Geschichte etwas, was kein anderes Material bieten kann: Überblick, in einigermaßen schülergerechter Weise sortiert und aufbereitet. Wenn man keine Zeit für intensive Vorbereitung oder individuelle Arbeitsmaterialien hat, kann man hiermit sofort und mit relativ wenig Vorbereitung Unterricht halten. Nutzen Sie diesen Vorteil – und setzen Sie die frei gewordene Zeit gezielt für das eine oder andere „Glanzlicht" (mit individuellem Arbeitsblatt etc.) in anderen Stunden ein.

Schulbuchunterricht ist nicht von vornherein langweilig. *Bei intelligenter Vorbereitung gelingt trotz geringer Vorbereitungszeit eine abwechslungsreiche Stunde* – man muss nur vom einfachsten Schema („Wir lesen jetzt gemeinsam S. 12-15") abweichen. In der Stunde kann man z.B. zwischen einer Bildquelle und „Methodenkasten Bild" hin und her wechseln, sofort bekommt der Ablauf eine gewisse Dynamik und zeigt nicht den einschläfernden Effekt des sturen Durcharbeitens. Sie können auch die Anbahnung schon dramatisieren, gleichzeitig entdeckt die Lerngruppe die Vorteile eines Registers: „Wer findet als Erster die Quelle zum Ausbruch des Ersten Weltkriegs?"

Beim Abschluss greift man eine der angebotenen Schulbuchaufgaben als Hausaufgabe auf, ggf. in leichter Anpassung – auch hier muss das Rad ja nicht ständig neu erfunden werden.

Also, Schulbuchkritik ist sicher wichtig und z.T. angemessen. Nutzen Sie trotzdem dieses Medium – nie ausschließlich bzw. ständig, aber doch mit Selbstbewusstsein.

3. Ziele und Prinzipien des Geschichtsunterrichts

Worum geht es im Geschichtsunterricht? In den jüngeren Lehr- und Rahmenplänen der Bundesländer werden als oberste Ziele mit einigen Varianten angegeben:

- Ausprägung eines individuellen, aufgeklärten (oder reflektierten) Geschichtsbewusstseins,
- Förderung des historischen Denkens,
- Partizipation (Teilhabe) an der Geschichtskultur,
- Beitrag zur politischen Bildung,
- Demokratieerziehung.

Diese Formeln haben den ehrwürdigen, aber ebenso vagen Begriff der historischen Bildung als Teil einer noch weiter gefassten Allgemeinbildung weitgehend verdrängt. Geschichtliches Wissen ist bei allen Konzepten stets die Basis, wichtiger ist immer, was die Schüler_innen mit dem Wissen anfangen und wie sie es in ihren längerfristigen Einstellungen und den daraus resultierenden Handlungen „anwenden“. Die Inhalte des Geschichtsunterrichts sind diesen Zielen untergeordnet. Wer sich mit dem Machtantritt Hitlers 1933 beschäftigt, tut das nicht nur, um eine spannende Geschichte zu erfahren, sondern soll Einsichten in die Vergangenheit gewinnen und politische Lehren für die eigene Gegenwart und Zukunft ziehen. In der gesellschaftlichen Diskussion zum Geschichtsunterricht dominieren dennoch meist die Inhalte, wie zuletzt die Diskussion Anfang 2016 über die Neuedition von Hitlers „Mein Kampf“ gezeigt hat, soweit sie sich auch auf die Schule bezog. Weniger wurde gefragt, ob dieses voluminöse Werk für die Lernenden einen neuen Lernzuwachs für ihr Verständnis des Nationalsozialismus ermöglichen könnte, sondern eher der rein wissenschaftliche Wert neuer Detailerkenntnisse zum Werk für relevant gehalten.

Im Vordergrund der fachdidaktischen Reflexion stehen dagegen leitende Unterrichtsprinzipien, die die inhaltlichen Auswahlkriterien, die methodischen Zugriffe und Gestaltungen grundsätzlich bestimmen. Im Kapitel 3 sollen nach einem Überblick zum Geschichtsbewusstsein wichtige zentrale Unterrichtsprinzipien erläutert werden, zu denen allerdings keine einheitliche Meinung besteht. Schon zu deren Anzahl und Rangfolge gibt es keinen geschichtsdidaktischen Konsens.

Geschichtsbewusstsein

Die wissenschaftliche Beschäftigung mit diesen Fragen obliegt der Geschichtsdidaktik, die im Lehramtsstudium seit den 1970er Jahren zunehmend einen festen Platz hat. Seit Karl-Ernst Jeismanns Ansatz, der seit 1977 die Disziplin geprägt hat, nennt sie als ihren Forschungsgegenstand das

„Geschichtsbewusstsein in der Gesellschaft, sowohl in seiner Zuständlichkeit, den vorhandenen Inhalten und Denkfiguren, wie in seinem Wandel, dem ständigen Um- und Aufbau historischer Vorstellungen, der stets sich erneuernden und verändernden Rekonstruktion des Wissens von der Vergangenheit" (Jeismann 1977, 12).

Diese Bestimmung geht weit über die kritische Erforschung und Wissenserweiterung durch die Geschichtswissenschaft hinaus. Der Geschichtsdidaktiker befasst sich mit den in der Gegenwart individuell und kollektiv vorhandenen, mannigfachen und oft gegensätzlichen Vorstellungen über Vergangenes. Ihn interessieren die Veränderungen der historischen Vorstellungen in verschiedenen Epochen bis in die Gegenwart. Weiter nennt Jeismann die Analyse von Morphologie, Genese, Funktion und Pragmatik als Sektoren des Geschichtsbewusstseins für die wissenschaftliche Untersuchung. Mit diesem Ansatz greift die Geschichtsdidaktik über das Schulfach Geschichte hinaus in den Bereich der Alltagskommunikation, der Museen, Gedenkstätten und politischen Kultur etc. In gewisser Weise spiegelt dies auch die Erweiterung des Berufsfeldes von Historikern in den letzten Jahrzehnten wider, findet man doch ausgebildete Historiker vermehrt in diesen Einrichtungen oder bei historisch orientierten Medien, wo sie in erheblichem Maß didaktikspezifische Aufgaben zu erfüllen haben. Andererseits ist festzustellen, dass sich viele Zeithistoriker mit geschichtsdidaktischen Themen befassen, z. B. mit der Geschichtspolitik oder mit Gedenkstättenkonzeptionen.

Für das Geschichtsbewusstsein wird eine *individuelle* Ausprägung angestrebt, also in jedem Lernenden anders gemäß seiner persönlichen Voraussetzungen. Was ein Erwachsener tatsächlich aus der Vergangenheit erinnert, hängt ab von der individuell erfolgenden Konstruktion im Gedächtnis und vom sozialen Umfeld, das über Vorbilder und die Kommunikation auf diesen Prozess einwirkt. Die Anerkennung eines individuellen Zugangs zur Vergangenheit durch die Schule bedeutet zugleich eine Absage an eine einheitliche als Norm gesetzte kollektive Prägung, die für den Geschichtsunterricht früherer Epochen oder in vielen Staaten der Erde weitaus verbreiteter war und ist. Den Angehörigen einer Nation sind aber oft gemeinsame Erlebnisse und Emotionen eigen, die bestimmte Wir-Identitäten nach sich ziehen. Triumphe in Fußballweltmeisterschaften sind auffällige Alltagsbeispiele, die Tage des Mauerfalls 1989 oder von Nine-Eleven in den USA bleiben als zentrale historische Ereignisse vielen lebenslang im Gedächtnis. Deren Deutung erfolgt dabei höchst individuell.

Soziale Gruppen, Staaten und Nationen verfügen häufig über eine *„kollektive"* Erinnerung an historische Ereignisse und Zustände, die für die Gemeinschaft stark prägend waren. Die fehlende deutsche Einheit war im 19. Jahrhundert ein Mangel, den viele als schmerzlich empfanden. Bismarck wurde deshalb zur heroischen Figur der nationalen Einigung. In der Weimarer Republik war das Gefühl allgemein verbreitet, im Versailler Vertrag ungerecht behandelt worden zu sein. Daher wurde eine Revision von fast jedem Deutschen als gerecht angesehen. Das „kollektive" Geschichtsbewusstsein ist in langsamen Schritten durchaus veränderlich. So entspannte sich das historisch belastete deutsch-französische Verhältnis durch viele persönliche Begegnungen seit den 1950er Jahren erheblich. Nichts spricht zunächst gegen eine optimistische Einschätzung, solche Fortschritte ließen sich auch in anderen Beziehungen und Regionen, auf dem Balkan oder im Nahen Osten, zwischen alten „Erbfeinden" wiederholen. Dabei spielt auch immer der schulische Geschichtsunterricht eine Rolle.

Leider ist der innere Weg zum individuellen und kollektiven Geschichtsbewusstsein in der Entwicklungs- und Lernpsychologie bisher kaum zufriedenstellend geklärt worden. Es bleiben noch sehr viele Fragen offen. Das menschliche Gedächtnis hat sich als sehr trügerisch erwiesen, Erinnerungen werden verdrängt, neu komponiert und Erzählungen von Fremden für selbst Erlebtes gehalten. Wie kommen Individuen, deren Erinnerung sich je einzeln, komplex und sehr verschieden aufbaut, dazu, an einer gemeinsamen Erinnerung teilzuhaben? Wie verhalten sich individuelle Entscheidung und sozialer Einfluss sowie Kommunikation in Bezug auf das Gedächtnis und mögliche Verdrängungen?

Vor allem für die Lehrkräfte ist von Bedeutung: Wie weit lässt sich über Curricula und Schulbildung auf das jugendliche Geschichtsbewusstsein Einfluss nehmen? In welchem Maße ist dies in der Demokratie wünschenswert und zulässig? Zum Beispiel versucht die Bildungspolitik seit Jahrzehnten, auf diese Weise ein europäisches Bewusstsein zu schaffen, das mit der europäischen Unionsbürgerschaft in der EU korrespondiert. Eine große Rolle spielt dabei sicherlich die faktische Wissensvermittlung. Folgt aber aus breitem Wissen zwingend eine Befürwortung oder Ablehnung der europäischen Einheit? Emotionale Prägungen können dabei viel wichtiger sein. Manche Menschen wissen gar nicht so viele Details, weisen aber ein stark ausgeprägtes Geschichtsbewusstsein zu ihrer Heimatregion oder ihrem favorisierten Sportverein auf. Ein äußeres Zeichen für ein wachsendes Geschichtsbewusstsein ist zweifelsohne der Wissenszuwachs über historische Sachverhalte, der durch den Schulunterricht, aber auch über Einflüsse aus der Familie, dem mannigfachen Medienangebot und durch eigene Lektüre entsteht. Doch zum Wissen sollten Perspektiven zur Bedeutung der Ereignisse und Begriffe sowie vernünftige Wertungen der Ergebnisse treten, die wie oben genannt das Merkmal eines *aufgeklärten oder reflektierten* Geschichtsbewusstseins ausmachen. Geschichtsunterricht im Zeichen von Aufklärung zielt darauf, die Welt vernünftig anzusehen und Vernunft in sie zu bringen, über Alternativen nachzudenken, sich nicht von Emotionen vorschnell überwältigen zu lassen. Reflexion bedeutet, in Distanz zu sich selbst zu gehen, die eigenen Ansprüche mit anderen abzuwägen und ihre Bedingtheit zu erkennen. Das sind hohe Ansprüche, denen alle Schülerinnen und Schüler kaum vollkommen und in gleicher Weise genügen können.

Historisches Denken

An der Vergangenheit interessiert den Fachhistoriker eigentlich alles: Strukturen, Ereignisse, Prozesse, Personen, Gebäude und Schriften. Es geht darum, Wesentliches hervorzuheben: der Schritt von der Jagd zum Ackerbau, die Erfindung von Rad und Schrift, die Merkmale der antiken Sklaverei. Doch historisches Denken – worin unterscheidet sich diese Art zu denken von anderen „Denkfächern" in der Schule wie Mathematik oder Philosophie, die auch beanspruchen, zum Wesen der Dinge vorzudringen? Der Geschichtsdidaktiker Hans-Jürgen Pandel nennt es pathetisch sogar eine „abendländische Kulturerrungenschaft" (Pandel 2012, 126). Im Gegensatz zu den genannten Fächern ist der Historiker auch am Zufälligen und Individuellen in der Vergangenheit interessiert, das trotzdem für die heutigen Menschen bedeutsam geblieben ist. Historisches Geschehen ist zufällig oder „kontingent", wie es in der Geschichtstheorie heißt, die sich mit derartigen Grundlagenfragen befasst. Historische Entwicklungen vollziehen sich nicht mit quasi naturwissenschaftlicher Notwendigkeit, sondern unter dem Einfluss menschlicher Entscheidungen und teilweise zufälliger Ereignisse. Historische Gesetze gibt es im strengen Sinne gar nicht, allenfalls lassen sich wenige Regeln (Beispiel: „Feinde von eigenen Feinden sind auch bei Interessenkonflikten mögliche Bündnispartner.") ermitteln, die man als anthropologische Konstanten ansehen könnte. Im Geschichtsunterricht sind daher immer viele Einzelheiten und Fakten relevant, um die Geschehnisse und Prozesse darzustellen und hinreichend zu erklären. Die menschliche *Kontingenzerfahrung* ist für den Geschichtsunterricht konstitutiv. Vom Historiker festgestellte Strukturen von längerer Dauer (z.B. der mittelalterlichen Stadt, des Absolutismus, des Faschismus) sind immer nur als fließend zu verstehen und weisen bei genauerer Betrachtung viele Ausnahmen in den einzelnen Fällen auf. Die Erklärung kontingenter Geschehnisse erfordert neben der möglichst genauen Analyse des Gegebenen eine verknüpfende historische Erzählung oder *sinnbildende Narration* (Rüsen 2013, 191), daher steht die *„narrative Kompetenz"* im Mittelpunkt des Geschichtsunterrichts, d.h. in der Lage zu sein, durch Erzählen Geschichte auch zu erklären. Vor dem Erzählen liegen noch zentrale Denkoperationen wie die Analyse und Deutung historischer Sachverhalte sowie ihre gegenwartsbezogene Bewertung und Nutzung zur Orientierung. Für die Qualität entscheidend wirkt dabei der erlernbare Aufbau von Wissen und fachlichen Kompetenzen.

Erwachsenen wird die Fähigkeit zum historischen Denken zugesprochen, wenn sie plausibel machen können, warum bestimmte Sachverhalte sich in eine Richtung entwickelt haben. Sie bestehen nur deshalb, weil sich in der Geschichte unter verschiedenen Möglichkeiten eine durchgesetzt hat. Bodo von Borries' treffendes Beispiel lautet dazu: Warum gehört Österreich nicht zu Deutschland? Das Gegenteil wäre durchaus denkbar und wurde von 1848 bis 1945 sogar von vielen Deutsch-Österreichern vorgezogen. Aber heute stehen historische Gründe dagegen, die sich bis in die Mentalität der Bevölkerung niedergeschlagen haben. Statt zum belasteten deutschen Volk zu gehören, war es so für die Österreicher nach 1945 möglich, eine entspannte Neutralität zu erreichen. Wer diese Entwicklung einer Klasse erklären soll, muss über die Entscheidungsalternativen und ihre Erfolgsaussichten zu verschiedenen Zeitpunkten (1848, 1866, 1918, 1938, 1945) Bescheid wissen. Das Ziel der historischen Erklärung ist eine nachvollziehbare Plausibilität des gegenwärtigen Zustandes aus den historischen Verläufen und Entscheidungen heraus.

Geschichtskultur und Erinnerungskultur

Mit dem Begriff der „Geschichtskultur" wird der vielgestaltige und oft strittige Umgang in der Gesellschaft mit der gesamten Geschichte bezeichnet, den der Didaktiker Pandel die „Vergangenheitsvergegenwärtigungspraxis" (Pandel 2017c, 164) nennt. Davon abzugrenzen ist weiter die „Erinnerungskultur", die sich nur auf zeitgeschichtliche Ereignisse bezieht, an die sich zumindest einige noch Lebende erinnern können. Der Beginn der Zeitgeschichte verschiebt sich mit jeder Generation.

Die ausdrückliche Befassung mit geschichtskulturellen Themen ist im Schulunterricht noch relativ neu, auch wenn z. B. der Besuch von KZ-Gedenkstätten wie Dachau oder Buchenwald schon eine längere Tradition hat. Eine Auseinandersetzung bedeutet darüber hinaus, sich auch mit dem Konzept einer Gedenkstätte auseinanderzusetzen. In der Erinnerungskultur der Bundesrepublik wurden die verschiedenen Widerstandsgruppen in der Zeit des Nationalsozialismus nicht sämtlich gleich wertgeschätzt, sondern sie tat sich lange schwer mit dem kommunistischen Widerstand oder dem Einzeltäter Elser. Selbst die Attentäter des 20.7.1944 wurden in den 1950er Jahren teilweise noch als „Verräter" eingestuft. Ebenso werden die verschiedenen Gruppen der DDR-Opposition keineswegs von allen Betrachtern gleich geschätzt, weil sie sich teilweise mit der sozialistischen Ausrichtung der DDR hochgradig identifizierten. Die Geschichts- und Erinnerungskultur sagt also immer auch einiges über diejenigen aus, die sie ausbilden.

Im Geschichtsunterricht erscheint die Geschichtskultur oft am Anfang und am Ende eines Themas. So kann man mit einer aktuellen Militärparade in Moskau zum 8./9. Mai in das Thema Kriegsende 1945 einsteigen. Am Ende bietet es sich an im Transfer auf ein gegenwärtiges Thema, etwa zu den Formen des Gedenkens an die Opfer der Weltkriege in Deutschland heute. Wenn in einem Ort eine Diskussion um Straßennamen geführt wird, könnte sich ein Oberstufenkurs mit einem gemeinsam entworfenen Leserbrief beteiligen. Oder er befasst sich mit den Darstellungen historischer Themen in Romanen, Theaterstücken oder Musikwerken von Klassik bis zum Rock.

Politische Bildung und Demokratieerziehung

Geschichtsunterricht hat schon immer zur Politischen Bildung beigetragen, weil Macht und Partizipation zwingend ein zentrales Thema sind, ebenso wie soziale Unterschiede und daraus folgende soziale Auseinandersetzungen Die Schülervorstellungen zu den aktuellen gesellschaftlichen Strukturen und Prozessen bilden sich häufig stark an den historischen Stoffen und werden auf die Gegenwart übertragen, etwa vom Kolonialismus des 19. Jahrhunderts auf die „Dritte Welt" heute. Die konkreten Ziele und Beispiele wandeln sich stets mit den aktuell bedeutsamen politischen Debatten und Themen. Geschichtslehrkräfte sind daher zwingend aufmerksame Leser und Hörer politischer Nachrichten.

Die Demokratieerziehung ist als explizit angesprochener Schwerpunkt des Geschichtsunterrichts noch relativ jung, lange Zeit wurde diese vorrangig dem Politikunterricht überlassen, mit dem das Fach den schulischen Auftrag zur Politischen Bildung hauptsächlich teilt. Besonders mit der deutschen Einheit 1990 stellte sich in den neuen Bundesländern für alle Fächer des gesellschaftswissenschaftlichen Bereichs die Aufgabe, im Gegensatz zur Staatsbürgerkunde und zur marxistisch-leninistischen Geschichtsdogmatik in den Schulen Demokratieerziehung zu leisten. In diesem Kontext spielen die Menschenrechte als normative Basis politischen und individuellen Handelns eine große Rolle. Beispielsweise benötigt eine Kritik an der Praxis der Stasi einen normativen Hintergrund, der mit dem gleichen prinzipiellen Anspruch auf andere Geheimdienste der Welt anzuwenden ist. Auch der wachsende Rechtsextremismus und Populismus, der sich gerne auf historische Themen bezieht, fordern den Geschichtsunterricht heraus, rassistischen Vorstellungen oder historischen Mythen argumentativ entgegenzutreten (mehr dazu in 3.9).

Literatur

Borries, Bodo von: Historisch Denken Lernen – Welterschließung statt Epochenüberblick, Geschichte als Unterrichtsfach und Bildungsaufgabe, Opladen und Farmington Hills 2008

Jeismann, Karl-Ernst: Didaktik der Geschichte. Die Wissenschaft von Zustand, Funktion und Veränderung geschichtlicher Vorstellungen im Selbstverständnis der Gegenwart. In: Kosthorst, Erich (Hrsg.): Geschichtswissenschaft. Didaktik – Forschung – Theorie, Göttingen 1977, S. 9-33

Pandel, Hans-Jürgen: Geschichtsdidaktik. Eine Theorie für die Praxis, 2. Aufl., Schwalbach/Ts. 2017

Sauer, Michael: Geschichte unterrichten. Eine Einführung in die Didaktik und Methodik, aktual. 12. Aufl., Seelze-Velber 2015

Schönemann, Bernd: Geschichtsbewusstsein – Theorie. In: Handbuch Praxis I (2017), S. 98-111

Praxistipp: Unterrichtsprinzipien

„Im Prinzip ja" – oder: Erst die Basics, dann der Überbau

Frage an Radio Eriwan: „Genosse Redakteur. Ist es richtig, dass auch die Amerikaner Zwerge haben?"
Antwort: „Im Prinzip ja. Aber die russischen sind größer."

(Radio-Eriwan-Witze waren bis 1989 äußerst beliebt!)

Diese Prinzipien! Der Unterricht soll wissenschaftspropädeutisch sein, gleichzeitig wertebildend und multiperspektivisch, das Gender Mainstreaming und die Kompetenzen beachten und und und ...

Wohl dem, der all diese Prinzipien „im Blut hat". Lassen Sie sich nicht entmutigen, wenn dies bei Ihnen nicht der Fall ist, was völlig normal wäre – selbst altgediente Kolleginnen bedienen selten alle sinnvollen Prinzipien oder Metaebenen. Und wenn ja, haben sie lange und hart daran gearbeitet – oder sie bluffen!

Streben Sie also besser zu Beginn nicht nach allen oder allzu hehren Prinzipien, halten Sie es lieber mit „Radio Eriwan" und seinem trockenen Humor, wenn eine Stunde z. B. eben nicht multiperspektivisch funktioniert, trotz sorgfältiger Vorplanung.

Konzentrieren Sie sich also besser zu Beginn auf die Basics – der Kontakt zur Lerngruppe muss „stehen", der Stundenablauf zu einem Ziel führen, der Lerninhalt machbar sein – und zum Lehrplan passen. Dann noch ein Blick auf die schulischen Bedingungen, ein erster Abgleich mit den im Ausbildungsseminar vertretenen Standards – weiter geht's!

Dieser Hinweis soll Ihnen nicht die durchaus wichtige „Prosa" der oben genannten Prinzipien ersparen, aber das Machbare in Kontakt zum Wünschbaren bringen. Und nun: „Im Prinzip ja!"

3.1 Geschichtsbewusstsein und Geschichtsunterricht

Wo begegnet überhaupt ein Mensch, der die Schule (und Hochschule) verlassen hat, noch der Geschichte, wenn er nicht bewusst ein Museum aufsucht? Manche Geschichtsverächter wird es überraschen: Eigentlich überall, wenn man die Gegenwart als Produkt ihrer Vorgeschichte auffasst! Bereits Schülerinnen und Schüler erleben Formen der Geschichtskultur, wenn traditionelle Feste gefeiert werden, wenn wegen historischer Gedenktage schulfrei ist, wenn Ältere über historische Bewertungen streiten, etwa über die Aussage: „In der DDR war nicht alles schlecht!". Jeder lebt in einer historisch geprägten Kultur, die sich erst dem Geschichtskundigen besser erschließt. Wer z.B. den populären Film „Casablanca" anschaut, wird über die engere Filmstory hinaus die Umstände verstehen wollen: dass es in Afrika französische Kolonien gab, dass Menschen von dort unerlaubt fliehen wollten und die deutsche Gestapo dort noch Einfluss hatte. Richtig klar wird alles erst, wenn dem Zuschauer das französische Vichy-Regime und dessen Einfluss in den nordafrikanischen Kolonien bekannt ist. Man kann das prinzipiell von Spielfilmen auf Firmengeschichten, Urlaubseindrücke u.v.m. übertragen. Auch Menschen, die sich als historisch desinteressiert charakterisieren, leben in einer historisch bedingten Umwelt, aus den einfachsten Alltagsthemen entwickeln sich schnell historische Debatten, zum Beispiel über die Geschichte bestimmter Sportvereine, über Kleidung oder Verhaltensweisen.

Doch bleibt vor allem der Geschichtsunterricht ein zentraler Gegenstand der geschichtsdidaktischen Reflexion, weil nirgends sonst so intensiv und gezielt zum Geschichtsbewusstsein der heranwachsenden Bevölkerung in ihrer ganzen Breite beigetragen wird. Das wird politisch unterstützt durch die Stundenzuweisung in der Schule: Dem Geschichtsunterricht stehen hierzulande in der Pflichtschulzeit immer noch mehr Unterrichtsstunden zu als den einzelnen Naturwissenschaften. Dabei geht es primär um fachliche Ziele. Als Pädagogen sind Geschichtslehrkräfte zwar bemüht, verschiedene Ansprüche an die Schule gleichzeitig zu erfüllen, um die Heranwachsenden in vielen Hinsichten bereit fürs Erwachsenenleben zu machen. Fragwürdig sind allerdings Geschichtsstunden, wenn in ihnen das historische Erkenntnisziel aus den Augen verloren wird. Die Geschichtsdidaktik versteht sich dabei mehr als Teildisziplin der Geschichtswissenschaft, weniger der Pädagogik oder Allgemeindidaktik, d.h. es geht im Geschichtsunterricht an erster Stelle um historische Erkenntnisse, nicht um fachunabhängige Fähigkeiten wie den Umgang mit PowerPoint oder das Theaterspiel.

Wer nun als junge Lehrkraft mit der Erwartung an den Geschichtsunterricht herangeht, es müssten in erster Linie viele Daten, Namen, Fakten und Begriffe „gepaukt" werden, damit sie für ein langes Leben im Gedächtnisspeicher wie in einem Vorrat zur Verfügung stehen, müsste sich heute bald umstellen. Denn das historische Wissen gehört zwar zum Geschichtsbewusstsein, ist aber doch nur die Voraussetzung für weitere Erkenntnisse und Einsichten. Programmatisch heißt es in der Geschichtsdidaktik, Geschichte sei kein Paukfach, sondern ein Denkfach! Es gehe auch gar nicht um feste Wissenspakete, deren Besitz erst den gebildeten Menschen ausmache, sondern um – modern gesprochen – „Kompetenzen", also mit historischem Wissen umzugehen und es sich im Leben dienstbar zu machen. Bereits der Philosoph Friedrich Nietzsche hat in seiner nach wie vor aktuellen Schrift „Vom Nutzen und Nachteil der Historie für das Leben" (1874) dies hervorgehoben. Als geschichtskundig - auch unterhalb der Ebene professioneller Historiker - dürfen im Alltag Erwachsene gelten, wenn sie selbstständig triftige historische Erzählungen und Analysen anbieten können, die Erklärungen für relevante historische Themen enthalten.

Zwar hat der Geschichtsdidaktiker Joachim Rohlfes noch 1986 skeptisch von einer „Leerformel" gesprochen (Rohlfes 1986), doch sind zum Geschichtsbewusstsein einige differenzierte Theorien von breiter Akzeptanz entwickelt worden. Darüber hinaus gibt es inzwischen auch eine, wenn auch recht kleine empirische Forschung über das tatsächliche Geschichtsbewusstsein in der Bevölkerung und besonders in der Jugend. Für die Ausbildung der Geschichtslehrkräfte ist die Struktur des Geschichtsbewusstseins von Bedeutung, um sinnvolle Lernziele für Unterrichtseinheiten und Einzelstunden festzulegen.

Im Geschichtsbewusstsein sind *Gegenwart, Vergangenheit und Zukunft miteinander verschränkt.* Wie wir uns gegenwärtig verstehen und was wir von der Zukunft erwarten, beeinflusst unser Interesse an der Vergangenheit (Jeismann 1980). Geschichte besteht erst in der im Jetzt erfolgenden Erinnerung an vergangenes Geschehen. Woran wir uns erinnern möchten, hängt von unseren gegenwärtigen Interessen und den Erwartungen für die Zukunft ab. Karl der Große oder Luther sind nicht per se interessant, sondern erst, wenn jemand ihnen irgendeine Relevanz für sich heute zuerkennt. Daraus erklären sich auch die diversen Konjunkturen im Interesse an historischen Themen. In der Zeit des Nationalsozialismus stand die Geschichte der Germanen hoch im Kurs, die heute nur noch minimal und in der Oberstufe gar nicht mehr erscheint. In der Epoche des Kalten Krieges war die Befassung mit dem Gegner zur ideologischen Auseinandersetzung von hoher Priorität. Die Geschichte der Sowjetunion von der Oktoberrevolution bis zum Wettrüsten war im Unterricht beider deutscher Staaten ein Kernthema. Mit dem Untergang dieses Staates hat sich das Interesse drastisch reduziert. Gegenwärtig ist dies stark beschränkt worden auf die Geschichte der DDR, die weiterhin als nachwirkend angesehen wird. Seit einigen Jahren gibt es mehr als früher eine starke Eventkultur im Umfeld bedeutender Jahrestage. 50 Jahre Mauerfall oder 25 Jahre Deutsche Einheit, 100 Jahre Erster Weltkrieg und 500 Jahre Reformation wurden mit zahlreichen Fernsehfilmen, Diskussionen und Sonderprogrammen der Bildungseinrichtungen für die breite Öffentlichkeit aufbereitet. Die Buchverlagsprogramme richten sich inzwischen stark an den Jahrestagen aus, wenn sie etwas Neues vermarkten wollen. Von den Geschichtslehrkräften wird erwartet, dass sie sich zu den meisten historischen Themen kompetent äußern können – eine lebenslange Aufgabe.

3.1.1 Denkleistungen

Welche Denkleistungen weist das Geschichtsbewusstsein auf? Neutrale Sachlichkeit ist dort kaum zu finden. Nach Jeismann gibt es in einem historischen Erkenntnisprozess stets ein Miteinander von gedanklicher Analyse und Stellungnahme, genauer drei unterscheidbare Dimensionen: *Analyse, Sachurteil, Wertung.* Was „im Alltag miteinander und aufeinander wirkt", wird im Unterricht analytisch getrennt und in der Unterrichtsplanung als Lernziel festgelegt. (→ 3.7)

Hier am Beispiel der NS-Wirtschaftspolitik:

1. Analyse – geschichtliche Sachverhalte beschreiben und klären (Grundfrage: Was liegt vor? Was ist es?)
   Bsp.: Maßnahmen der NS-Wirtschaftspolitik: Konjunkturprogramme, Vierjahresplan etc.
2. Sachurteil – sich zur Bedeutung des Sachverhalts oder zu Zielen, Vor- und Nachteilen, Angemessenheit der Mittel zu den erstrebten Zielen, über die Wirkung äußern (Grundfrage: Was bedeutet es?)
   Bsp.: Sicherung von Kriegsrüstung und Volkswohlfahrt, Autarkie, Verschuldung
3. Werturteil – aus meiner Werthaltung heraus (Grundfrage: Was halte ich davon?)
   Bsp.: Stellungnahme zu dieser Politik: z. B. moralische Verurteilung der Kriegspolitik

Die aus der allgemeindidaktischen *Lernzieltaxonomie* von Benjamin Bloom stammende Stufung kognitiver Lernziele, die in der Lehrerausbildung lange verwendet worden ist, passt nicht ganz dazu, da sie jeweils für mehrere Stufen der Denkleistungen Jeismanns gebraucht werden. Bloom (Taxonomie von Lernzielen im kognitiven Bereich, 1972) unterteilt in

1. Wissen/Kenntnisse,
2. Können (Fähigkeiten/Fertigkeiten oder Verstehen/Anwenden),
3. Erkenntnisse/Denkformen/Einsichten (Analyse/Synthese) und
4. Beurteilung (Evaluation).

Schwerpunktartig entspricht die Analyse nach Jeismann am meisten A und B, also Wissen und Können, Sachurteile entsprechen Blooms Erkenntnissen/Denkformen, Werturteile gehören zur Evaluation.

Eine für die Schule zentrale Einteilung geistiger Anforderungen in *drei Anforderungsbereiche* geben die „Einheitlichen Prüfungsanforderungen in der Abiturprüfung Geschichte" (EPA) der bundesdeutschen Kultusministerkonferenz (1989) vor:

- Der *Anforderungsbereich I* umfasst das Wiedergeben und Beschreiben von Sachverhalten aus einem abgegrenzten Gebiet und im gelernten Zusammenhang sowie die reproduktive Verwendung gelernter und geübter Arbeitstechniken und Methoden.
- Der *Anforderungsbereich II* umfasst das selbstständige Erklären, Bearbeiten und Ordnen bekannter Inhalte und das angemessene Anwenden gelernter Inhalte und Methoden auf andere Sachverhalte.
- Der *Anforderungsbereich III* umfasst den reflexiven Umgang mit neuen Problemstellungen, den eingesetzten Methoden und gewonnenen Erkenntnissen, um zu Begründungen, Folgerungen, Beurteilungen und Handlungsoptionen zu gelangen.

Zwar sind die Bereiche nicht scharf voneinander abgrenzbar, weil sie nach dem wenig eindeutigen Prinzip wachsender Komplexität gestaffelt sind. Hinzu kommt, dass Operatoren in verschiedenen Fächern andere Bedeutungen haben, z. B. „analysieren". Aber die KMK hat einen *Operatorenkatalog* (→ Anhang: Text/Quelle 3) beigefügt, durch den sich insgesamt genauer klärt, was gemeint ist. Typische Operatoren sind etwa „nennen" und „wiedergeben" (AFB I), „begründen" und „erklären" (AFB II), „beurteilen" und „Stellung nehmen" (AFB III). Diese AFB gelten zunächst einmal nur für die Abiturprüfung, aber da deren Anforderungen im Unterricht zu üben sind, wirken sie zurück auf den ganzen Unterricht im Gymnasium und selbst anderer Schulformen, in denen sie freilich nur vereinfacht gelten können.

(vollständiger Text in KMK 2005, überarbeitet 2012)

In Hinsicht auf die Anforderungsbereiche der EPA umfasst Jeismanns spezieller Analysebegriff schwerpunktmäßig AFB I und II, das komplexe Sachurteil AFB II und III, das Werturteil ist nur dem AFB III zuzuordnen.

Wo bleibt nun das umfangreiche historische Sachwissen, das die jungen Lehrkräfte auf den Hochschulen jahrelang erworben haben? Historisches Denken entwickelt sich aus der Anhäufung von Wissen und Fähigkeiten des Umgangs damit. Dazu mehr unter den Kompetenzen (3.8). In einem Lernprozess sollten Denkleistungen aus allen Dimensionen und Stufen in einer geordneten Steigerung enthalten sein. Eine Geschichtsstunde darf nicht bei einfacher Kenntnisvermittlung stehen bleiben, aus dem gewonnenen Wissen müssen die Schülerinnen und Schüler eigenständig Erkenntnisse und tiefere Einsichten gewinnen.

3.1.2 Entwicklung und Struktur des Geschichtsbewusstseins

Gerne würde man zu den Strukturen und Inhalten im Geschichtsbewusstsein eine „mental map" skizzieren, doch dazu ist die Psychologie derzeit nicht in der Lage. Schon individuell scheint es völlig unterschiedlich zu bestehen, mit ausgeprägter oder kaum vorhandener Chronologie, mit einfachen oder komplexen Kategorien etc.

In allgemeiner Sicht bildet das Geschichtsbewusstsein eine mentale Struktur, in der unterschiedliche Dimensionen bestehen, die von Pandel (2017, S. 137-150) theoretisch behandelt worden sind. Er unterscheidet sieben Dimensionen.

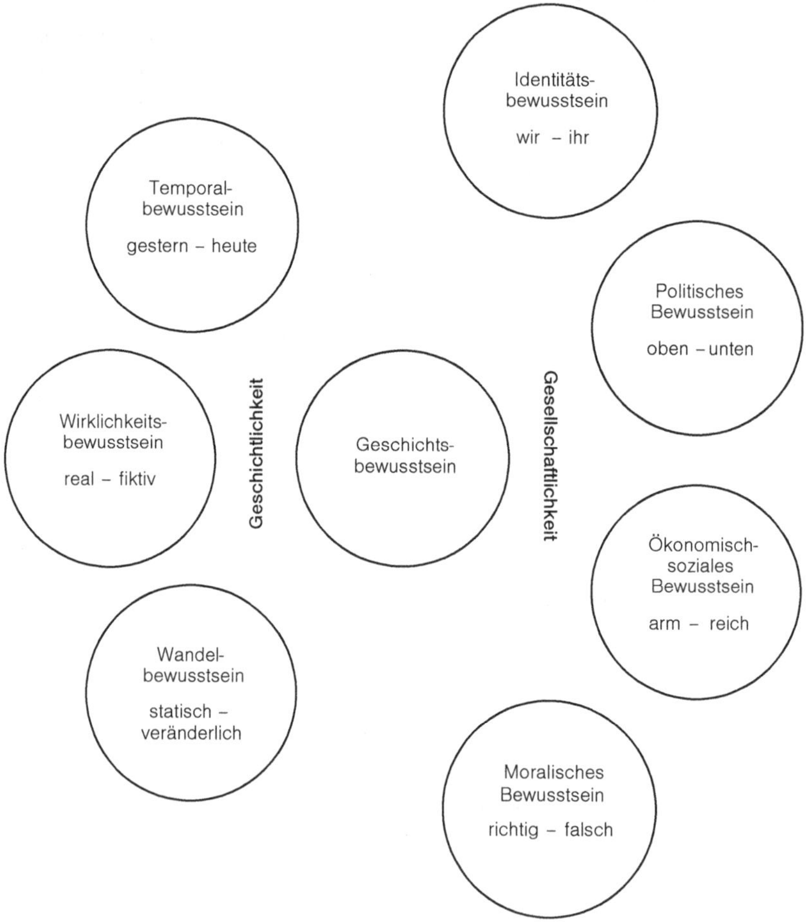

Abb. 2: Struktur und Dimensionen des Geschichtsbewusstseins (Pandel 2017c, 137)

Zeit- oder Temporalbewusstsein (früher – heute – morgen)
fähig, mit Zeit als Orientierungssystem umzugehen (Länge und Zäsuren)

- Wirklichkeitsbewusstsein (real – imaginär)
  fähig, Grenzen zwischen realen und fiktiven Ereignissen und Personen zu ziehen (König Artus, Asterix)
- Wandel- oder Historizitätsbewusstsein (statisch – veränderlich)
  fähig, zwischen veränderlichen und stabilen Zuständen zu unterscheiden: „Alles ist im Fluss." versus „Der Mensch bleibt immer derselbe."
- Identitätsbewusstsein (wir – ihr/sie)
  fähig, als Individuum oder Kollektiv eine dauerhafte Ich-Identität oder ein Wir-Gefühl zu entwickeln
- Politisches Bewusstsein (oben – unten; mächtig – ohnmächtig)
  sich über die Verteilung der Macht- und Herrschaftsverhältnisse bewusst sein
- Ökonomisch-soziales Bewusstsein (arm – reich)
  sich über die soziale Schichtung und Ungleichheit bewusst sein
- Moralisches Bewusstsein (richtig – falsch; gut – böse)
  fähig, Handlungen und Ergebnisse nach moralischen Regeln zu bewerten

Zwar weisen manche Kritiker dieses Modell als zu wenig komplex völlig zurück (Schroeder u. a. 2012, 126), andere ergänzen das Geschlecht als Kategorie, doch darf es vorerst als Strukturmodell dienen, um wesentliche Sachverhalte aufzuzeigen.

Die meisten Kinder bilden ein erstes *Zeitbewusstsein* aus, wenn sie realisieren, dass sie selbst eine zwar noch sehr kleine Autobiografie haben und ihre Eltern und Großeltern auch einmal Kinder waren. Dies geschieht bereits ab drei bis vier Jahren. Spätestens in der Grundschulzeit erweitern es die Kinder, wenn sie über den auf die zwei präsenten Generationen ihrer Familie begrenzten Zeitraum hinausgehen, wenn sie zwischen erfundenen (Asterix, Robin Hood) und wahren Geschichten (Caesar, König Richard Löwenherz) unterscheiden *(Wirklichkeitsbewusstsein)*, wenn sie realisieren, dass „früher" andere Gegenstände in Gebrauch waren und es manches noch nicht gab, was ihnen alltäglich zur Verfügung steht *(Historizitätsbewusstsein)*. Die Geschichte ist allerdings keine einfache Verlängerung und Erweiterung der Familiengeschichte, sondern eine neue und selbstständige Kategorie, die als „semantisches Gedächtnis" eher neben der selbst erlebten oder zur Familie gehörigen Geschichte („episodisches Gedächtnis") steht. Dies lehrt zumindest die neuere Hirnforschung, weil sie jeweils eigene aktive Areale dafür gefunden hat. Diese Strukturen sind auch im fortgeschrittenen Geschichtsunterricht relevant, wenn fiktive Mythen (z. B. Protokoll der Weisen von Zion) oder Klischees über die Unveränderlichkeit nationaler Charaktere als Wahrheiten aus Schülermund verkündet werden. Besonders *das Identitätsbewusstsein* und dessen Widerpart im Fremden spielen in Unterrichtsdiskussionen eine große Rolle. (→ 3.1.3)

Das *Politische Bewusstsein*, zu der das weite Gebiet der politischen Geschichte gehört, und das *Ökonomisch-soziale Bewusstsein* werden vor allem durch die Politische Bildung im Unterricht entwickelt. (→ 3.9) Das *Moralische Bewusstsein* ist am wenigsten ein Spezifikum der Geschichte, aber für das Werturteil prägend und macht das Fach in vieler Hinsicht erst lebensweltlich relevant (Was ist vom Kommunismus oder Faschismus zu halten? (→ 3.7) Werteorientierung, Werteerziehung und historische Urteilsbildung).

In der frühen Kindheit liegen freilich die zeitlichen Verhältnisse im Vergangenen noch sehr im Dunkeln. Erst im Sachunterricht der Grundschule wird das historische Lernen stärker „professionalisiert". Hier sind zur Geschichte erste kausale, funktionale und schlussfolgernde Denkleistungen möglich, auch symbolisches Denken kommt bereits vor (Krone/Macht). Die Kinder sind nur teilweise bereits in der Lage, fremde Perspektiven zu verstehen und zu übernehmen. Vor allem aber personalisieren sie Geschichte stark und unterscheiden in alterstypischer Naivität schlicht in gute und böse Handelnde.

Je nach Bundesland wird Geschichtsunterricht ab der Klasse 5, 6 oder 7 als Fachunterricht durch einen Fachlehrer erteilt. Auf dieser Stufe ist Geschichte meist ein sehr beliebtes Fach, im Unterricht sind die Meldungen kaum noch zu bremsen. Es entspricht dem kindlichen Interesse, von der Welt möglichst viel zu erfahren und sich zu erklären. Der Unterschied zum professionellen Historiker liegt im Prinzip bereits eher im *Niveau des historischen Denkens* und nicht in einer anderen Art von Tätigkeit.

Der Aufbau von historischem Wissen und die Reflexion darüber werden in der Schule über das *Curriculum* gesteuert. Daneben nehmen Kinder auch über andere Kanäle wie das Fernsehen, Spiele, Zeitschriften und Bücher historische Sachverhalte und Erklärungen auf. Dies geschieht ohne Systematik, die eher eine Stärke der Schule ist, und aus der Lust an der Spannung einer leicht verständlichen Geschichte. Immerhin kann so ein weiterwirkendes Interesse aufkommen. Die im frühen Alter und mit starken Emotionen eingeprägten Bilder von Römern, Rittern. Indianern etc. bleiben oft stärker und länger im Gedächtnis haften als die Ergebnisse durchgeplanten Unterrichts. Eine Geschichtslehrkraft sollte dies immer ein wenig einbeziehen und sich erkundigen, welche Sendungen und Medien unter den Lernenden en vogue sind und welche historischen Vorstellungen so transportiert werden. In ihren Wertungen übernehmen Kinder häufig die Ansichten ihres sozialen Umfeldes, anfangs stark von den Eltern, später von weiteren Bezugspersonen, die bei ihnen viel gelten. Die eigene Kritikfähigkeit fällt naturgemäß noch sehr gering aus. Wenn im Umfeld wenig über Geschichte gesprochen und nie ein Museum besucht wird, werden auch nur wenige Vorstellungen geweckt. Dem sollte die Schule mit ihren Stärken entgegenwirken, auch wenn sie in ihren Erfolgschancen immer begrenzt bleibt. Intensive Kommunikation im Klassenraum prägt das Geschichtsbewusstsein besonders nachhaltig aus. Einheitliche Ergebnisse wiederum sind weniger wichtig, dagegen steht die individuelle Aneignung im Vordergrund.

Inhalte des Geschichtsbewusstseins kann man auch in empirisch angelegten Untersuchungen und großen Befragungen zu ergründen versuchen. In gewissen Grenzen lässt sich zumindest das historische Wissen punktuell messen, woran sich seit den 1990er Jahren mehrere empirische Studien mit breit angelegten Fragebogenuntersuchungen versucht haben (besonders Bodo v. Borries). Was bleibt vom schulischen Input bei den Schülern und Schülerinnen eigentlich hängen? Welche historischen Vorstellungen und Ideen bilden sich aus? Klagen über fehlendes historisches Wissen und falsche Einstellungen sind so alt wie die Institution Schule. Historische Kenntnisse und Bezüge werden nicht von allen Teilen der Gesellschaft als alltagsrelevant anerkannt, von den politischen Eliten dagegen umso mehr, weil sie sich davon eine Stärkung und Legitimation des bestehenden Systems oder ihrer leitenden Ideen versprechen. In diesem Sinne werden schnell Defizite ausgemacht. Derartige Defizitklagen gibt es immer wieder (Schroeder 2012, 121-167).

Ein Ergebnis der Untersuchungen war: Historische Erklärungen werden bereits im Grundschulalter geleistet, in stark vereinfachter Form und immer stark personalisierend. Die kindliche Vorliebe für die „*affine*“ Personalisierung vor „*diffuger*“ überindividueller Struktur (z. B. Verfassungen) wurde in den 1960er Jahren (Küppers 1966) noch für naturhaft erklärt, bevor sie als individualpsychologische Entwicklung unter sozialen Einflüssen komplexer verstanden worden ist. Von Borries’ empirische Studien in den 1990er Jahren zeigten nur einen erstaunlich geringen Zuwachs an geschichtlichen Einsichten während der Pubertät. Viele Vorurteile zum finsteren Mittelalter und zu anderen historischen Stereotypen halten sich hartnäckig. Geschlechtsspezifische Unterschiede zeigen sich einerseits im zeitweise größeren Interesse der Jungen, den leicht besseren Noten der Mädchen andererseits (Kölbl 2017, 115-119).

Hinter dem seither anwachsenden Interesse steht auch der Empirie-Schock, den die PISA-Studien für andere Fächer hinterlassen haben. Zuletzt haben in Deutschland die empirischen Erhebungen des DDR-Forschers Klaus Schroeder Aufsehen erregt. Darin hat seine Arbeitsgruppe an der Freien Universität Berlin versucht, in Umfragen von 15- bis 17-jährigen Jugendlichen Wissensbestände zur Geschichte des Nationalsozialismus, der Bundesrepublik und der DDR sowie Einstellungen zu Demokratie und Diktatur zu ermitteln. Einerseits ist die Verbreiterung einer empirischen Basis zu den Ergebnissen des Geschichtsunterrichts zu begrüßen, andererseits hinterließen die Befunde einen zwiespältigen Eindruck. Ohne Zweifel wirkt es erschütternd, wenn eine beträchtliche Anzahl von Absolventen der 10. Klassen den Mauerbau nicht der DDR zuordnen kann und die führenden Politiker im geteilten Deutschland nicht kennt. Andererseits hatten viele diesen Zeitraum in der Schule nicht mehr behandelt oder so flüchtig, dass aus dieser

Erstbegegnung kaum etwas hängengeblieben ist. Manche Fragen waren wohl auch so konzipiert, dass sie die Altersstufe schnell überforderten. Viele Geschichtslehrkräfte weisen darauf hin, dass die Ergebnisse anderer Fächer nicht weniger lückenhaft ausfallen, es also ein für Schulergebnisse in dieser Altersstufe sehr typisches Phänomen ist. Die historisch-politisch interessierte Öffentlichkeit überschätzt zuweilen den Verbreitungsgrad historischen Wissens in der Gesellschaft. Dennoch dürfen dies keine Entschuldigungen sein. Aus den erkannten Defiziten besonders in der Unterscheidung von Demokratie und Diktatur sollten die Geschichtslehrkräfte aber lernen, dass viele zentralen Ziele noch nicht erreicht werden (Hüttmann 2015).

Literatur

Borries, Bodo von: Das Geschichtsbewusstsein Jugendlicher. Eine repräsentative Untersuchung über Vergangenheitsdeutung, Gegenwartswahrnehmungen und Zukunftserwartungen von Schülerinnen und Schülern in Ost- und Westdeutschland, Weinheim-München 1995

Borries, Bodo von: Jugend und Geschichte. Ein europäischer Kulturvergleich aus deutscher Sicht, Opladen 1999

Hüttmann, Jens: „Hitlers größte Leistung war, dass er als SED-Vorsitzender das Grundgesetz für ganz Deutschland beschlossen hat." Überlegungen zur Vermittlung der Geschichte von Demokratie und Diktatur nach 1945 im Klassenzimmer. In: Geschichte für heute 3 (2015), S. 56-61

Jeismann, Karl-Ernst: „Geschichtsbewusstsein". Überlegungen zur zentralen Kategorie eines neuen Ansatzes der Geschichtsdidaktik. In: Süssmuth, Hans (Hrsg.): Geschichtsdidaktische Positionen. Bestandsaufnahme und Neuorientierung, Paderborn u. a. 1980, S. 179-222

Kölbl, Carlos: Geschichtsbewusstein – Empirie. In: Handbuch Praxis I (2017), S. 112-120

Pandel, Hans-Jürgen: Geschichtsdidaktik. Eine Theorie für die Praxis, 2. Aufl., Schwalbach/Ts. 2017

Schönemann, Bernd: Geschichtsbewusstsein – Theorie. In: Handbuch Praxis I (2017), S. 98-111

Schroeder, Klaus/Deutz-Schroeder, Monika/Quasten, Rita/Schulze Heuling, Dagmar: Später Sieg der Diktaturen. Zeitgeschichtliche Kenntnisse und Urteile von Jugendlichen, Frankfurt/M. 2012

3.1.3 Identitätsbildung und Fremdverstehen

Wenn man das Identitätsbewusstsein mit der Doppelkategorie „wir – ihr" genauer untersucht, so besteht personale Identität in der Zuordnung und Integration der persönlichen Ereignisse und Erfahrungen zu einem zusammenhängenden Ich, „das subjektive Empfinden seiner eigenen Situation und seiner eigenen Kontinuität und Eigenart, das ein Individuum allmählich als ein Resultat seiner verschiedenen sozialen Erfahrungen erwirbt" (Erving Goffman, n. Bergmann 1997, 24). Es bildet sich im Lauf des Lebens auch durch Abgrenzung aus, was nicht zu mir gehört und was mich im Unterschied zu anderen ausmacht. Diese Fragen sind für die Ich-Identität wesentlich und auf mögliche soziale Wir-Identitäten (wir Deutsche, wir Europäer, wir Frauen ...) zu erweitern. Die individuelle Lebensgeschichte unterliegt Brüchen und Änderungen sowie nicht zuletzt erheblich historischen Einflüssen, z. B. der familiären Migration oder sozialen Selektion. Die Identitätsentwicklung umfasst immer die kulturelle Identität und kann durch eigene Reflexion von Geschichte und sogar durch den Geschichtsunterricht zusätzlich beeinflusst werden. Das Gleiche gilt für die soziale Identität von Gruppen, etwa einer regionalen oder nationalen Identität.

Die Vermittlung geschieht teilweise im Geschichtsunterricht. So sollen in breiter allgemeiner Zustimmung z. B. die Werte des Grundgesetzes als Teil bundesdeutscher Identität übernommen werden. Allerdings haben sich verordnete Identitätsbildungen als schwierig und in der Demokratie als problematisch gezeigt. Die SED-Führung versuchte über den Geschichtsunterricht, eine Identifizierung der Bevölkerung mit der DDR zu erreichen, was weitgehend gescheitert ist. Ein europäisches Bürgerbewusstsein liegt schon lange im Interesse der europäischen Bewegung, doch erwiesen sich bisher die nationalen Identitäten als stärker. Im Geschichtsunterricht werden verschiedene Identitätsangebote gemacht, dem Individuum steht es aber frei, in welchem Maße es diese übernimmt oder sich tatsächlich mit gegebenen Vorbildern und Rollenmustern identifiziert. So ist die Sympathie mit politischen Richtungen niemals zu verordnen, sondern ein langwieriger Prozess, in dem auch die kritische Reflexion einen wichtigen Platz einnimmt. Identitätsbildung wird niemals abgeschlossen, sondern bleibt ein lebenslanger Balanceakt zwischen den pluralen Angeboten. Die Voraussetzung dafür, dass Geschichtsunterricht als identitätsstiftend angesehen wird, ist immer, dass die Schülerinnen und Schüler die behandelten Themen als subjektiv bedeutsam anerkennen und nicht einfach als schnell abzuhakenden Lernstoff ansehen. Der Geschichtsdidaktiker Bodo v. Borries (2008, 40 f.) sieht in der Hilfe zur Identitätsbildung, -reflexion und -erweiterung sogar eine Pflicht des Geschichtsunterrichts, die modifiziert dem dritten Gebot des Beutelsbacher Konsenses zur Politischen Bildung entspreche (Befähigung zur Vertretung der eigenen Interessen). Das Identitätsbewusstsein ist eine Kategorie des Geschichtsbewusstseins, die sich im Zusammenspiel mit dem Alteritätsbewusstsein zur vollen Geltung bringt.

Auch zum „Fremden", der anderen Seite des Identitätsbewusstseins lassen sich für den Geschichtsunterricht wesentliche Aussagen machen. Was dem Fach Geschichte besonders zu Anfang unter den Kindern häufig zu hohem Ansehen verhilft, ist die Begegnung mit erstaunlichen und faszinierenden historischen Phänomenen. Die ägyptischen Mumien und Pyramiden, die vormoderne Sklaverei, Hannibals Kriegselefanten, das Menschenopfer der Azteken gehören dazu und schaffen Anreize für Begeisterung oder Neugierde. Die Kinder suchen dann nach Erklärungen für diese Anders- und Fremdartigkeiten (Alteritäten) und sind zu einer hingebungsvollen Spekulation in der Lage, die viele Elemente sinnhafter Hypothesenbildung enthalten kann. Die Einsicht, dass menschliche Sitten sehr verschieden ausfallen, die schon bei dem griechischen Begründer der

Geschichtsschreibung Herodot zu greifen ist, fördert die Fähigkeit zum Fremdverstehen, weil es in der Regel möglich ist, dahinter doch einen plausiblen Sinn zu erkennen. Nicht zwingend muss das in Toleranz und Respekt – etwa gegenüber dem Menschenopfer der Azteken zur Versöhnung der Götter – enden, aber doch in einem Bemühen, das Andersartige erst einmal verstehen zu wollen.

Wer mit dieser Einstellung in der globalisierten Welt herumkommt, entwickelt eine andere Sensibilität für fremde Kulturen, ein *„Alteritätsbewusstsein"*, formelhaft ausgedrückt in „andere Zeiten, andere Länder, andere Sitten". Dies ist auch ein besonderer Wert der Quellenarbeit im Unterricht, wenn fremde Perspektiven auf diese Weise eingebracht werden, die erst unter Schwierigkeiten nachvollzogen werden können. Ein wichtiger Effekt ist die Rückwirkung auf das eigene Selbstverständnis. Die eigene Lebensweise müsste den anderen ebenso als merkwürdig vorkommen, sodass die Schülerinnen und Schüler spüren, dass auch sie unter bestimmten kulturellen Voraussetzungen leben, die keineswegs alle teilen.

Die „Didaktik des Fremdverstehens" begann in Deutschland für den Geschichtsunterricht im Jahre 1980 mit Rolf Schörkens „Geschichtsunterricht in einer kleiner werdenden Welt. Prolegomena zu einer Didaktik des Fremdverstehens". Er fragte: Wer sind wir? Wer sind die anderen? Fremdverstehen ist immer verbunden mit neuer Selbstauslegung. Die Phänomene der Globalisierung zeigten sich bereits damals immer deutlicher, so wurde zum Beispiel die Rolle Chinas immer stärker, weshalb sich die chinesische Geschichte zumindest im 20. Jahrhundert auch in den Schulbüchern einen kleinen Raum verschaffte. In den letzten Jahrzehnten ist immer stärker die Forderung nach einer Globalgeschichte aufgekommen. Bereits in den 1970er Jahren führte die Zuwanderung der „Gastarbeiter" in die Bundesrepublik zu einer „Ausländerpädagogik" mit Wirkungen bis in die Geschichtsdidaktik. Inzwischen hat die globale Migration den Anteil von Schulkindern mit Migrationshintergrund noch einmal deutlich erhöht. Welche Folgen hat das für den deutschen Geschichtsunterricht? Welche Orientierung und welche Inhalte benötigen Menschen in einer Welt, die von globaler Verknüpfung, freiwilliger und erzwungener Migration geprägt ist? Kann heute noch die deutsche Nationalgeschichte der wesentliche Leitfaden bleiben? Empathieförderung heißt an dieser Stelle: genaue Wahrnehmung der Verhaltensweisen, Gefühle und Denksysteme anderer Menschen.

Bettina Alavi u. Bodo v. Borries (von Reeken 2014, 243) haben für *interkulturelles Lernen* ein besonders geeignetes Themenbündel mit Beispielen aufgeführt, die sich beliebig erweitern lassen

Thema	Beispiele
• Kulturkontakt, Kulturzusammenstoß	Christentum – Islam, Europa – China, Europa und Schwarzafrika
• Fremdheit	Indien, Indianer
• Minderheiten, Migrationen und Massaker	Juden, Hugenotten, Völkermord im 20. Jahrhundert
• vormoderne multikulturelle Gemeinschaften	Römisches oder Osmanisches Reich, maurisches Spanien
• Menschenrechte	Universalität und Relativismus (Islam, Asien)
• Indiv. u. kollekt. Identitätsbildungsprozesse	Minderheitensprachen, Erfindung der Nation

Fremd können auch gegenwärtige kulturelle Phänomene sein, denen die Schülerinnen und Schüler in der globalisierten Welt über Migranten, den Tourismus oder einfach die Medien begegnen. Die Interkulturelle Pädagogik nimmt dies zum Anlass, über die Fächer diese Thematik aufzugreifen und zum Beispiel Rassismus und Fremdenfeindlichkeit zurückzudrängen. Ob diese Absichten sich auch mit historischen Inhalten fremder vergangener Kulturen realisieren lassen, also durch die Behandlung etwa des Arabischen Reiches ein besserer Umgang mit heute lebenden Migranten aus dieser Region erreicht wird, ist noch eine unbelegte Vermutung. Da Geschichtliches an sich für Schüler und Schülerinnen zumeist mit ‚Andersartigem', ‚Fremdem' gleichzusetzen ist, beinhaltet die Beschäftigung mit der Historie auch die Gelegenheit zur näheren Betrachtung des „Wir" und des „Anderen" i. S. kultureller Verschiedenheit(en). Interkulturelles Geschichtslernen kann hier als fachspezifischer Beitrag zur erzieherischen Querschnittsaufgabe des „interkulturellen Lernens" gelten. Es reagiert damit auf gesellschaftliche und politische Entwicklungen wie der voranschreitenden Globalisierung, der europäischen Integration, zunehmender Migration und Fremdenfeindlichkeit. „Fremdverstehen" geschieht durch Anerkennung der Unterschiede. Die deutsche Geschichtsdidaktik hat darauf erst recht spät geantwortet.

Doch setzen viele geschichtsdidaktische Konzepte außerhalb Deutschlands auf diese Wirkung. Interkulturelle Lernprozesse können in Staaten mit mehreren Kulturen wie auf dem Balkan oder in Asien die Monoperspektive auf die eigene historische Identität aufbrechen. Der europäische Dachverband der Geschichtslehrerverbände EUROCLIO hat im Auftrag der europäischen Institutionen mehrere solcher Programme entwickelt, in deren Mittelpunkt immer die Multiperspektivität und der Umgang mit Verschiedenheit (Diversität) stehen. In der Realität erweisen sich die mentalen Widerstände gegen eine Umsetzung aber als erheblich. „Wunderdinge" (von Borries n. von Reeken 2014, 246) sind nicht zu erwarten: „Geschichte ist per se Fremdverstehen – übrigens auch per se interkulturell" (von Borries 2001, 84). Mit dem interkulturellen Ansatz kommt man nicht aus den alten Problemen heraus.

Nach Andreas Körber (2011) umfasst historisches Fremdverstehen:

- die intellektuelle (dabei aber auch ästhetische, moralische, politische etc.) Herausforderung, Menschen in früheren Zeiten zu „verstehen", wobei ein gegenseitiges Verständigen über dieses Verstehen, über das Gelingen von Verständnis, nicht möglich ist. Kommunikative Validierungen eigener Deutungen durch Gespräche mit dem Betroffenen gelingen in der Geschichte nicht;
- die intellektuelle [...] Herausforderung, gegenwärtige „Andere" zu verstehen, und zwar im Falle der Geschichte hinsichtlich ihrer Orientierungsbedürfnisse, ihrer historischen Selbstverständnisse, ihrer Deutungs- und Erklärungsmuster, Norm- und Wertvorstellungen und der daraus entstehenden Geschichtsbilder.
- die sich aus der Kombination der beiden ergebende doppelte Herausforderung, die historischen Identitätskonstruktionen „der Anderen" zu verstehen (und anzuerkennen), dabei aber selbst auch gegenüber den zeitlich und kulturell Anderen ein Verständnis aufzubauen.

Literatur

Bergmann, Klaus: Identität. In: Handbuch Geschichtsdidaktik (1997), S. 23-29

Borries, Bodo von: Historisch Denken Lernen – Welterschließung statt Epochenüberblick, Geschichte als Unterrichtsfach und Bildungsaufgabe, Opladen und Farmington Hills 2008

Interkulturelles Geschichtslernen. Geschichtsunterricht unter den Bedingungen von Einwanderung und Globalisierung, hrsg. v. Andreas Körber, Münster u.a. 2001

Meyer-Hamme, Johannes: Historische Identitäten in einer kulturell heterogenen Gesellschaft. In: Handbuch Praxis I (2017), S. 89-97

Pandel, Hans-Jürgen: Geschichtsdidaktik. Eine Theorie für die Praxis, 2. Aufl., Schwalbach/Ts. 2017

Reeken, Dietmar v.: Interkulturelles Lernen. In: Geschichts-Didaktik (2014), S. 238-246

Sauer, Michael: Geschichte unterrichten. Eine Einführung in die Didaktik und Methodik, aktual. 12. Aufl., Seelze-Velber 2015, S. 76-80

Schörken, Rolf: Geschichtsunterricht in einer kleiner werdenden Welt. Prolegomena zu einer Didaktik des Fremdverstehens. In: Hans Süssmuth (Hrsg): Geschichtsdidaktische Positionen, Paderborn 1980, S. 315-335

3.2 Gegenwarts- und Zukunftsorientierung

Gegenwartsorientierung mit Zukunftsbezug ist ein wichtiges didaktisches Prinzip in der Schule, und zwar für alle Schulfächer. Schließlich ist es eine der wichtigsten Aufgaben von Schule und Unterricht, Problemlösefähigkeiten (Kompetenzen) der Schülerinnen und Schüler in Bezug auf diejenigen Problemstellungen zu entwickeln, die in der Gesellschaft als für unsere Gegenwart und nähere Zukunft relevant erachtet werden. Eine häufig geäußerte Kritik am Geschichtsunterricht lautet, dass zu wenig Gegenwartsorientierung angestrebt werde. Als didaktisches Prinzip fragt diese daher nach geeigneten Inhalten und Themen für den Unterricht, allerdings in der ganzen Breite der Geschichte. Zur Gegenwartsorientierung können auch frühgeschichtliche und antike Inhalte beitragen. Eine erste Antwort liefern die Lehrpläne der einzelnen Fächer. Sie geben hier allerdings nur die großen Linien für die inhaltliche Ausrichtung des Unterrichts vor.

Auf welche Weise historische Inhalte für den Unterricht gewonnen werden und wie dabei die Elemente der Trias des Geschichtsbewusstseins, also Vergangenheitsdeutung, Gegenwartsverständnis und Zukunftserwartung, miteinander zusammenhängen, soll beispielhaft an der Online-Präsentation deutlich werden, mit der das nordrhein-westfälische Schulministerium den Kernlehrplan von 2016 für die gymnasiale Oberstufe vorstellt (Kernlehrplan für die Sekundarstufe II 2016).

Hier werden Bereiche identifiziert, die als relevant für heutige Schülerinnen und Schüler angesehen werden und zugleich die Kriterien bilden für die Auswahl der historischen Inhalte der insgesamt sieben Inhaltsfelder, die sich auf die drei Jahre der gymnasialen Oberstufe in Nordrhein-Westfalen verteilen. Diese Onlinepräsentation listet sechs Aspekte auf, die jeweils auf die dahinterstehenden historischen Schwerpunkte des gesamten Kernlehrplans verweisen.

Der erste Bereich wird wie folgt umschrieben: „Fragen, die sich aufgrund von Globalisierungsprozessen aus den vermehrten Begegnungen von Kulturen ergeben". Die Fokussierung auf Kulturkontakte und Kulturkonflikte deutet auf die beiden ersten Inhaltsfelder hin, zum einen auf das *Inhaltsfeld 1* „Erfahrung mit Fremdsein in weltgeschichtlicher Perspektive" und auf das *Inhaltsfeld 2* „Islamische Welt – christliche Welt: Begegnung zweier Kulturen in Mittelalter und früher Neuzeit". Ein zweiter Bereich nennt die „Fragen nach der Durchsetzung der Menschenrechte". Diese „Fragen" generieren das dritte Inhaltsfeld, das den Titel „Die Menschenrechte in historischer Perspektive" trägt. Die „Fragen nach den Chancen und dem Preis von Modernisierung in der Industriegesellschaft" sollen die inhaltliche Ausrichtung eines wirtschaftsgeschichtlichen Themenkomplexes legitimieren: „Die moderne Industriegesellschaft zwischen Fortschritt und Krise". Die „Fragen nach der historischen Erinnerung, besonders an die Zeit des Nationalsozialismus" weisen auf das Inhaltsfeld mit dem Titel „Die Zeit des Nationalsozialismus – Voraussetzungen, Herrschaftsstrukturen, Nachwirkungen und Deutungen" hin. Die beiden letzten der sieben Inhaltsfelder, „Nationalismus, Nationalstaat und deutsche Identität im 19. und 20. Jahrhundert" und „Friedensschlüsse und Ordnungen des Friedens in der Moderne", werden durch die „Fragen nach der Bedeutung der nationalen Identität in multikulturellen sowie global verflochtenen Gesellschaften" und durch „Fragen nach der Erhaltung des inneren und äußeren Friedens" generiert.

Die hier zitierten „Fragen" erinnern an die vom Allgemeindidaktiker Wolfgang Klafki (im Jahr 1985) vorgeschlagenen epochaltypischen „Schlüsselprobleme" der Gegenwart (Jank/Meyer 2011, 231 ff.). Deutlich wird hier das Bemühen von staatlicher Seite, Inhaltsbereiche für den Geschichtsunterricht aus gegenwärtigen Problemstellungen her abzuleiten. Beim gewählten Beispiel aus Nordrhein-Westfalen werden die sieben Inhaltsfelder noch weiter um inhaltliche Schwerpunkte spezifiziert und explizit durch deren Beitrag zur Orientierung der Schülerinnen und Schüler im Hier und Jetzt (und Morgen) legitimiert. So sollen die gewählten historischen Themenschwerpunkte beitragen

- zur Alteritätserfahrung,
- zum „Fremdverstehen“,
- zur Erweiterung der eigenen Subjektivität und Gesellschaftlichkeit,
- zur Fähigkeit des Perspektivenwechsels,
- zur Einsicht in die Genese heutigen Rechts-, Staats- und Freiheitsdenkens,
- zum „Infrage-Stellen-Können“ des zeitgenössischen und heutigen Modernitäts- und Fortschrittsverständnisses,
- zur historischen Perspektive auf Globalisierung und Migration,
- zur eigenen Verantwortung im Umgang mit der NS-Vergangenheit,
- zur historischen Auseinandersetzung mit dem Bedeutungsgehalt des Begriffs „Nation“,
- zur Auseinandersetzung mit den Bedingungen von Friedensschlüssen in der Geschichte,
- zu Erkenntnissen über die Machbarkeit von Frieden.

Ein Geschichtsunterricht unter diesen Aspekten bezieht sich deutlich auf Gegenwartsthemen, die aber auch eine Auswahl zeigen, die mögliche politisch gesetzte Schwerpunkte erkennen lässt. So ist beispielsweise die NS-Vergangenheit explizit thematisiert, während das Thema Kommunismus nur indirekt vorkommt. Die historische Dimension „Religion“ wird nicht angesprochen.

Der Geschichtsdidaktiker Klaus Bergmann hat das Konzept der Gegenwartsorientierung für den Geschichtsunterricht systematisiert und ausformuliert. Er unterscheidet drei Formen des Gegenwartsbezuges.

3.2.1 Gegenwartsbezüge in der Geschichtskultur

Gegenwartsbezüge stellen sich nach Bergmann über die heutige Geschichtskultur her, die uns überall umgibt und sozusagen in unsere Gegenwart hineinragt. Das können materielle Überbleibsel wie historische Gebäude, Stadtmauern, Denkmäler, Friedhöfe sein, das kann die Geschichtlichkeit von Begriffen sein wie „Demokratie“, „Parlament“ oder „Universität“, aber auch „Blue Jeans“, „New York“ oder „Muttertag“. Geschichte wird in der Werbung bemüht und dort als Kaufanreiz genutzt, z. B. durch das Deutungsmuster der „guten alten Zeit“ oder der „langen Tradition“ eines Produktes, die dessen Qualität garantieren soll. Geschichte wird aber nicht nur in der Werbung instrumentalisiert, sondern vor allem als Argument in politischen Zusammenhängen gebraucht, z. B. in Reden, Debatten oder politischen Talkshows. Geschichte dient dann beispielsweise der Identitätsbildung, der Machtbehauptung oder der Legitimation. Besonders offensichtlich wird die Geschichte in der Gegenwart bei Jubiläen, Gedenktagen oder Gedenkjahren. Es lassen sich viele Beispiele dafür finden, wie sich in den alltäglichsten Lebenszusammenhängen die Gegenwärtigkeit von Vergangenheit und Geschichte zeigt. Umgekehrt wird so zugleich die Geschichtlichkeit der Gegenwart offengelegt, die sich den Schülerinnen und Schülern aber nicht unmittelbar und von alleine erschließt.

Während die geschichtskulturellen Manifestationen im Geschichtsunterricht vielfältige Anknüpfungspunkte an die Lebenswelt der Schülerinnen und Schüler bieten, weisen die Produkte der Geschichtskultur ihrerseits Vergangenheitsbezüge auf, die sich im Unterricht näher untersuchen lassen. So entsteht eine doppelte Fragerichtung, warum und wie an etwas heute erinnert wird.

Schülerinnen und Schüler können sich zu Beginn vieler Unterrichtsreihen zu vielen Themen auf die Suche nach den Spuren dieser Themen in der gegenwärtigen Geschichtskultur machen. Die gefundenen Ergebnisse können dann als Ausgangspunkt für weitere Fragestellungen dienen, z. B. nach deren „Sitz im Leben".

3.2.2 Ursachenzusammenhang

Einen zweiten Aspekt von Gegenwartsbezug umschrieb Bergmann mit dem Begriff des „Ursachenzusammenhangs". Gemeint ist die unmittelbare Vorgeschichte für Erscheinungen der Gegenwart. Das können Institutionen, Grenzen, Strukturen, Probleme (Pandel 2017c, 333) sein. Es werden also in der Vergangenheit die entscheidenden Ursachen für diese Erscheinungen in der Gegenwart gesucht und die Folgen beschrieben. Es ist jedoch offensichtlich, dass ein Ursachenzusammenhang für die Gegenwart zeitlich nicht allzu weit ausgedehnt werden kann. Es geht hier häufig um Themen der neueren Geschichte und Zeitgeschichte.

3.2.3 Sinnzusammenhang

Der dritte Aspekt ist zugleich der schwierigste und heikelste. Ein „Sinnzusammenhang" ist nach Bergmann dann gegeben, wenn gegenwärtige Probleme mit strukturell ähnlichen Problemlagen in der Vergangenheit in Beziehung gesetzt werden. Besonders Fragen zu existenziellen Grundkonstellationen in menschlichen Gesellschaftsformationen, wie z. B. die Frage nach Herrschaft und Partizipation, nach Arbeit, nach Glaube und Religion, nach dem Umgang mit Armut, nach dem Umgang mit historischer Erinnerung oder nach der Konstruktion von Fremdbildern, konstituieren mögliche Sinnzusammenhänge für den Geschichtsunterricht. Eine zeitliche Nähe wird bei einem Sinnzusammenhang nicht vorausgesetzt. Die historischen „Problemlösungen" oder besser historischen Antworten auf die Problemlagen werden mit den gegenwärtigen konfrontiert (Pandel

2017c). Aufpassen muss man hier als Lehrender besonders auf die Gefahr möglicher Abwertungen oder abqualifizierender Werturteile, mit denen Schülerinnen und Schüler historische Phänomene belegen können. Hier ist besonders Wert zu legen auf das Potenzial der Alteritätserfahrung, namentlich der Wahrnehmung von historischen Perspektiven überhaupt. Eine solche Perspektivenwahrnehmung lässt die Gegenwart dann oft in einem neuen Licht erscheinen und trägt zur Förderung eines reflektierten Geschichtsbewusstseins bei.

Obschon das Prinzip der Gegenwartsorientierung für unsere Fragen an die Geschichte konstitutiv ist, kann und muss auch nicht in jeder Unterrichtsstunde ein unmittelbarer und expliziter Gegenwartsbezug hergestellt werden. Im Gegenteil: Gerade bei Sinnzusammenhängen dürfen trotz möglicher struktureller Ähnlichkeiten zur Gegenwart die historischen Differenzen nicht verwischt und anachronistisch verurteilt werden (Sachurteilsebene). Gleichwohl bietet sich ein Gegenwartsbezug oft in Einstiegen oder in Reflexions- oder Urteilsphasen des Unterrichts an, wenn die Lehrkraft die Schülerinnen und Schüler nach der Bedeutung der historischen Sachverhalte und dem Umgang mit ihnen heute fragt. Was dabei häufig bei Lehramtsanwärtern zu Enttäuschungen führt, ist die Annahme eines Gegenwartshorizontes bei Heranwachsenden, der bereits dem von Erwachsenen entspricht. Junge Menschen verfolgen politische Nachrichten bei Weitem nicht so interessiert und können viele Informationen noch gar nicht in ein Hintergrundwissen einordnen. Die von ihnen verlangten Gegenwartsbezüge werden dann oft zu Neuerarbeitungen eines zweiten Themas neben dem historischen. Dies muss in der Zeitplanung berücksichtigt werden.

3.2.4 Digitalisierung der Kommunikation und Gegenwartsbezug

Unbestritten unter Jugendlichen ist heutzutage der hohe Stellenwert digitaler Medien in der täglichen Kommunikation. Hier können sich Bereiche auch für den Geschichtsunterricht eröffnen, indem z. B. nach historischen Formen der Informationsübermittlung oder nach der Überwindung von Kommunikationshindernissen in der Geschichte gefragt wird. So könnte der aktuelle, vermutlich qualitativ andere Umgang mit Kommunikationsmedien problematisiert werden. Ansätze dazu macht der Kernlehrplan Geschichte für die Sekundarstufe I, Gymnasium (G8), für Nordrhein-Westfalen, indem sich drei von den zwölf Inhaltsfeldern auf die Geschichte der Kommunikations- und Austauschmöglichkeiten beziehen. Diese drei Inhaltsfelder (IF) tragen Titel wie „Was Menschen im Altertum (IF3), im Mittelalter (IF5) und heute (IF12) voneinander wussten (bzw. wissen)". Der Fokus bei diesen Inhaltsfeldern liegt auf den „gesellschaftlichen und individuellen Auswirkungen technischer Veränderungen des Informierens" und auf der „bewusste[n] Wahrnehmung historischer Selbst- und Fremdbilder wie auch Kulturmuster" (hier spezifiziert im Kernlehrplan Gesellschaftslehre 2011, 91). Die gegenwärtigen massiven Veränderungen im Kommunikationsverhalten, den Kommunikationsstrukturen und deren Auswirkungen werden konfrontiert mit strukturell entsprechenden Veränderungen von Kommunikationswegen und -medien und Weltbildern in der Geschichte (z. B. Innovationen in der Seefahrt, „Entdeckungen", Formen der Nachrichtenübermittlung in der Geschichte, Kulturkontakte etc.). Die sogenannte digitale Revolution, die unbestreitbar Teil der jugendlichen Lebenswelten geworden ist, kann für den Geschichtsunterricht auch neue Fragen an die Geschichte aufzeigen.

Literatur

Bergmann, Klaus: Der Gegenwartsbezug im Geschichtsunterricht, 3. Aufl., Schwalbach/Ts. 2012
Bergmann, Klaus: Gegenwarts- und Zukunftsbezug. In: Handbuch Methoden (2016a), S. 91-112

3.3 Wissenschaftsorientierung und Wissenschaftspropädeutik

Die beiden Begriffe Wissenschaftsorientierung und Wissenschaftspropädeutik scheinen im Zeitalter der Kompetenzorientierung etwas in die Jahre gekommen zu sein und muten fast altmodisch an. Doch sind sie keineswegs überholt, sondern liegen nur quer zu den gängigen Kompetenzmodellen und sind in diesen gewissermaßen „aufgehoben". Wissenschaftspropädeutisches Lernen steckt hinter vielen Kompetenzbeschreibungen, sei es der Methoden-, der Sach-, Urteils- oder Orientierungskompetenz. In den Präambeln vieler Richtlinien, Bildungs- oder Lehrpläne der Bundesländer tauchen beide Begriffe explizit auf, meistens in Kombination mit dem Begriff der Studierfähigkeit, die als ein zentrales Ziel der gymnasialen Oberstufe gilt.

3.3.1 Wissenschaft und Geschichtsunterricht

In historischer Sicht wurden Mitte der 1960er Jahre in der Bundesrepublik Forderungen nach Reformen im Bildungsbereich laut, um eine vielfach proklamierte „Bildungskatastrophe" (Georg Picht) zu verhindern. Bund und Länder reagierten darauf u. a. mit der Einsetzung des Deutschen Bildungsrates, der von 1966 bis 1975 tätig war. Im Jahr 1970 veröffentlichte die Bildungskommission des Deutschen Bildungsrates einen vielfach nachwirkenden „Strukturplan für das Bildungswesen", der es angesichts der zunehmenden Verwissenschaftlichung vieler Arbeitsbereiche der „Wissensgesellschaft" für erforderlich hielt, auch die Lehr- und Lernprozesse in der Schule wissenschaftsorientiert auszurichten, und zwar in allen Jahrgängen und an allen (!) Schulformen. Das bedeutete freilich nicht, „dass der Unterricht auf wissenschaftliche Tätigkeit oder gar auf Forschung abzielen sollte", sondern dass die Bildungsgegenstände der Schule „in ihrer Bedingtheit und Bestimmtheit durch die Wissenschaften erkannt und entsprechend vermittelt werden“ sollten. Diese „Wissenschaftsbestimmtheit“ der Unterrichtsthemen sollten die Schülerinnen und Schüler bewusst und „kritisch in den eigenen Lebensvollzug“ aufnehmen. In der Folge verabschiedete die Kultusministerkonferenz im Jahr 1972 die „Vereinbarung zur Gestaltung der gymnasialen Oberstufe in der Sekundarstufe II“, die in der Fassung vom 6.6.2013 bis heute noch gültig ist. Dort heißt es unter „Zielsetzung“: „Der Unterricht in der gymnasialen Oberstufe vermittelt eine vertiefte Allgemeinbildung, allgemeine Studierfähigkeit sowie wissenschaftspropädeutische Bildung“. Der Fachunterricht steht demnach unter dem Aspekt einer wissenschaftspropädeutischen Bildung. Der Unterricht in der gymnasialen Oberstufe solle so angelegt sein, dass mit dem Erlangen der Allgemeinen Hochschulreife auch die Studierfähigkeit der Schülerinnen und Schüler sichergestellt werde. Wissenschaftsorientierung und Wissenschaftspropädeutik spielten hierbei die entscheidende Rolle und spielen sie bis heute.

Wissenschaftsorientierung
Die Forderung nach Wissenschaftsorientierung richtet sich in erster Linie an die Lehrkräfte. Der Unterricht soll demnach auf der Basis wissenschaftlich gesicherter Erkenntnisse, fachspezifischer Methoden und aktueller Forschungsstände der jeweiligen Bezugswissenschaft gestaltet werden. Kurz gesagt, es darf nichts wissenschaftlich Falsches oder wissenschaftlich Unsinniges im Unterricht gelehrt und gelernt werden. Mitunter ergibt sich hieraus ein Spannungsfeld zwischen den allgemeindidaktischen Erfordernissen der konkreten Unterrichtsvorbereitung und -durchführung auf der einen Seite, wie z. B. durch die Berücksichtigung von Erkenntnissen aus der Lern- und Entwicklungspsychologie, und den etablierten Ansprüchen an die Wissenschaftlichkeit der jeweiligen Fachdisziplin auf der anderen Seite. Konkret, wie weit darf beispielsweise die didaktische Reduktion eines Lerngegenstandes gehen, ohne in Trivialitäten umzuschlagen? Wie weit darf ich als Lehrkraft ein Thema vereinfachen und elementarisieren, ohne den eigenen Anspruch auf wissenschaftliche Redlichkeit aufzugeben? Im Unterricht darf andererseits keine Vorwegnahme von Wissenschaft erfolgen, die im Versuch einer „Abbilddidaktik“ anstrebt, allumfassend und möglichst breit fachwissenschaftliche Erkenntnisse oder Forschungskontroversen im Unterricht abzubilden. Das Ziel des Geschichtsunterrichts besteht nicht darin, Wissenschaft zu betreiben oder junge Historikerinnen und Historiker auszubilden, sondern verstehend mit Geschichte umgehen zu können. Das kann im Unterricht nur exemplarisch und an ausgewählten Unterrichtsthemen geschehen.

Wissenschaftspropädeutik

Genau an dieser Stelle kommt die Wissenschaftspropädeutik ins Spiel, die sich auf das Lernen und die Lernprozesse in der Schule richtet. Der Begriff Propädeutik meint ganz allgemein die vorbereitende Einführung in eine Wissenschaft. Propädeutische Kurse sind z. B. häufig an Universitäten als Vorkurse zum Studium angesiedelt, z. B. „Mathematik für Studierende der Biologie und Chemie" oder „Mathematik für Betriebswirte".

Für den Geschichtsunterricht können nach Jörn Rüsen zwei Ebenen wissenschaftspropädeutischen Arbeitens und Lernens unterschieden werden, eine pragmatische und eine reflexive.

Auf der unterrichtspragmatischen Ebene üben die Schülerinnen und Schüler fachspezifische Methoden ein, z. B. um Quellen auf methodisch gesicherte Weise interpretieren oder Darstellungen kritisch analysieren zu können. Sicherlich fehlen in der Schule noch fachwissenschaftliche Aspekte der „Historischen Methode" wie z. B. die selbstständige Suche nach geeigneten Quellen („Heuristik"), da diese in den meisten Fällen von der Lehrkraft ausgesucht werden, oder die Untersuchung der Quellen auf Echtheit und Authentizität im Sinne der „äußeren Quellenkritik". Trotzdem kann die Lehrkraft auch hier wissenschaftspropädeutisch arbeiten, indem sie die Lernenden etwa durch folgenden Impuls anregt: „Nennt mögliche Quellen oder Textgattungen, die euch bei der Beantwortung unserer Leitfrage oder Problemstellung helfen können, und begründet eure Vermutungen". Oder: „Was genau sollte uns vorliegen, um unsere Problemfrage beantworten zu können, und wo könnten wir danach suchen?". Hier kann in Ansätzen die heuristische Suche nach geeigneten Quellen sehr gut eingeübt bzw. simuliert werden. Oftmals ergeben sich hier, besonders nach einem kurzen Austausch etwa durch ein Murmelgespräch mit einem Partner, erstaunliche Vermutungen. Sehr ergiebig für das wissenschaftspropädeutische Lernen sind auch breitere Lernangebote wie Lerntheke oder Lernbuffet. Hier wird ein ganzes Set an Materialien für die Beantwortung einer Leitfrage oder für die Erarbeitung mehrerer Teilaspekte eines Themas angeboten, aus dem die Lernenden dann selbstständig und begründend auswählen können. Die Leistung besteht dann in der Begründung für die Auswahl und Gewichtung der untersuchten Materialien. Gerade indem die Schülerinnen und Schüler die geschichtsdidaktischen Prinzipien der Multiperspektivität (der Quellen) und der Kontroversität (der Darstellungen) anwenden, werden sie auf der zweiten reflexiven Ebene des wissenschaftspropädeutischen Lernens dazu befähigt, Geschichte und Geschichtsschreibung mit ihren narrativen Aussagen als Konstrukte zu verstehen, über deren Plausibilität und Triftigkeit sie im Unterricht reflektieren können. Die Schülerinnen und Schüler erleben und verstehen das Fach Geschichte dann als eine Wissenschaft, deren Erkenntnisse und Deutungen gerade nicht eindeutig und monolithisch feststehen, sondern argumentativ und wissenschaftlich kontrolliert immer wieder neu verhandelt und konstruiert werden. Die Offenheit für divergente Interpretationen und die Erfahrung von Deutungskonkurrenzen in kontroversen Darstellungen zwingen zugleich zu einem methodisch genauen, reflektierten und transparenten Arbeiten im Fach, um der Beliebigkeit, Willkür oder Unwissenschaftlichkeit zu entgehen. An dieser Stelle zeigt sich nicht nur die Pluralität der wissenschaftlichen, sondern auch der eigenen Deutungsansätze innerhalb der Klasse oder des Kurses. Etwas bescheidener formuliert, beim wissenschaftspropädeutischen Lernen werden die Grenzen der eigenen Deutungsansätze, doch vor allem der etablierten Geschichtswissenschaft deutlich, die auch explizit im Unterricht markiert werden sollten: „Die Darlegung des Erforschten wird in dem Maße richtig [heute sagt man eher: plausibler] sein, als sie sich ebenso dessen bewußt ist, was sie nicht weiß, als dessen, was sie weiß" (Droysen 1977, § 89).

Wissenschaftspropädeutisches Lernen im Fach Geschichte bewegt sich also auf diesen zwei Ebenen im Unterricht: pragmatische Einübung und Anwendung wissenschaftlicher Methoden und auf der reflexiven Ebene die Bewusstmachung des je eigenen Umgangs mit Geschichte, vor allem mit Blick auf die uns umgebende Geschichtskultur und deren aktuelle Verbindung zur Lebenswelt der Schülerinnen und Schüler, die sogenannte „Lebensdienlichkeit des historischen Denkens" (Rüsen 1997, 340). Wissenschaftspropädeutik besteht demnach nicht in der ausschließlich repetitiven Einübung in eine bestimmte Forschungstechnik, sondern gerade in der subjektiven Aneignung derjenigen Erkenntnis- und Verfahrensweisen, die „zum Aufbau eines Orientierungs-, Deutungs-, Kultur- und Weltwissens beitragen. [...] Die reflektierte Auseinandersetzung mit dem Anderssein [historischer Kulturen] bewirkt in Kenntnis der Alternativen zum ‚Hier und Jetzt' eine kritische Distanz, somit die Einsicht in die historische Gebundenheit des eigenen Standortes und den Gewinn neuer Handlungsperspektiven. Durch die analytische Durchdringung der Wirklichkeit [...] befähigt [das Fach Geschichte] zur kompetenten Teilhabe am gesellschaftlichen Umgang mit Geschichte, an der Geschichts- und Erinnerungskultur, sowie zur aktiven Mitwirkung und Mitgestaltung unseres demokratischen Gemeinwesens" (Kernlehrplan für die Sekundarstufe II 2016, 11 f.). Sie soll die Schülerinnen und Schüler also zu einem „eigenständigen, diskursiv-argumentativ angelegten Verhältnis zur Geschichte [...] befähigen" (Rüsen 1997, 341).

3.3.2 Umsetzungen für das wissenschaftspropädeutische Lernen

Die einschlägige Ratgeberliteratur nennt hier vor allem drei Textsorten: Protokolle, Referate und Fach-/Hausarbeiten. Sie sind keineswegs fachspezifisch, werden es aber durch die Behandlung historischer Themen.

Protokolle
Es gibt Ergebnis-, Verlaufs- und Gedächtnisprotokolle. Vor allem die ersten beiden Protokollformen üben wichtige Arbeitstechniken ein, die in vielen Berufen zum Einsatz kommen. Dabei sollen nicht nur die korrekte Wiedergabe und Verdichtung auf das Wesentliche wichtig sein, sondern auch die richtige narrative und logische Verknüpfung historischen Geschehens und seiner Darstellung. Weiter übt ein Verlaufsprotokoll den Schreibenden darin, sich schon während der Stunde entsprechende Notizen zu machen und den Verlauf einer Diskussion oder Urteilsbildungsphase noch einmal schriftlich nachzuvollziehen. Zugleich wird der zutreffende schriftsprachliche Ausdruck geschult. Protokolle dienen auch zur Klausurvorbereitung. Es ist jedoch ratsam, die Anzahl der Protokolle pro Halbjahr und Schüler zu beschränken – maximal zweimal für jeden Schüler im Quartal – und nur für bestimmte Stunden vorzusehen, besonders für jene, in denen die Diskussion und Urteilsbildung im Mittelpunkt steht.

Referate
Beinahe jedes neuere Geschichtsschulbuch beinhaltet methodische Anleitungen zur Anfertigung eines Referats. Als wissenschaftspropädeutisch erweist es sich erst durch die eigenständige Entwicklung einer relevanten (durchaus auch provozierenden) Fragestellung und durch die Bestimmung der Funktion des Referats innerhalb des aktuellen Unterrichtszusammenhangs. Die Suche nach geeigneter Fachliteratur und die Auseinandersetzung mit ihr, z. B. durch das kritische Exzerpieren, üben ebenfalls wichtige Kompetenzen ein. Gerade bei der Vorbereitung eines Referats besteht die Chance, Quellen und Darstellungen heranzuziehen und zu analysieren, die über die im Unterricht dargebotene Literatur hinausgehen. Ein zweites Qualitätsmerkmal für den Erfolg und die Güte eines Referats liegt in der Präsentation. Hier können Fehler gemacht werden, z. B. wenn die Adressaten des Referats aus den Augen verloren werden. Unter wissenschaftspropädeutischen Aspekten ist ein Referat dann gelungen und lehrreich, wenn es über das Stadium einer bloßen Ereignisbeschreibung hinausgeht, d. h. wenn die Fragestellung im Vortrag tatsächlich kurz entwickelt, legitimiert und sinnvoll beantwortet wird. Dann kann es im Referat zur Darstellung von Genesen kommen, die nach Hans-Jürgen Pandel das gattungsspezifische Merkmal von Geschichtsschreibung schlechthin sind, sodass „Geschichte als fortgesetzter Wandel, als Entwicklung" dargestellt wird: mit „Aufstiegen und Untergängen, Fortschritten und Rückschritten, Lebensgeschichten und Karrieren" (Pandel 2017b, 182).

Erst das eigene Nachdenken über die Bedeutung und Relevanz des Referatsthemas für die eigene Lerngruppe innerhalb des aktuellen Unterrichtszusammenhangs führt den Referenten in die problemorientierte, wissenschaftspropädeutische Denkhaltung und in die eigenständige Urteilsbildung.

Facharbeiten
Die wissenschaftspropädeutische Königsdisziplin stellt sicherlich die Erstellung einer Facharbeit dar, denn sie beruht in der Regel auf eigenen Recherchen zu einem selbst gewählten Thema. Hier werden alle Kompetenzen eingeübt, die der Wissenschaftspropädeutik zugerechnet werden: Entwicklung einer fokussierten und lösbaren Frage- oder Problemstellung (z. B. „Die Phase der Machtübertragung an die NSDAP im Spiegel der lokalen Presse" statt „Die ‚Machtergreifung' der Nationalsozialisten"), Heuristik der Quellensuche, Bibliographieren und Recherchieren, Quellenarbeit, Analyse von Darstellungen, Erstellen einer sinnvollen Gliederung, Organisation des Schreibprozesses, Einhalten der Formalia, methodisch richtiges Zitieren und Paraphrasieren, eine gewisse Arbeitsdisziplin, Erfahrungen mit eigenen Erkenntnisgrenzen, Umgang mit Rückschlägen, Frustrationstoleranz, Korrekturarbeiten, Einhalten des Abgabetermins usw. Die Anfertigung dieser Arbeiten kann den „Jungforscherinnen und -forschern" im Idealfall viel Freude an der eigenen Neugier und der intensiven „Erforschung" eines interessanten Themas bereiten. Auch die Erfahrung eigener Leistungen und der Stolz auf das Erreichte werden oft als erfüllend erlebt.

Während die Anfertigung einer Fach- oder Hausarbeit in manchen Bundesländern eine Klausur in der Qualifikationsphase der Oberstufe ersetzt, handelt es sich bei den Beiträgen für den „Geschichtswettbewerb des Bundespräsidenten" der Körber-Stiftung (seit 1973) um freiwillige Leistungen von Schülerinnen und Schülern. Diese Arbeiten dürfen einen Umfang von maximal 50 Seiten haben. Nicht selten zeigen exzellente Wettbewerbsbeiträge, mit welch wissenschaftlicher Akribie die Ergebnisse zustande gekommen sind. Gemäß dem (inoffiziellen) Motto dieses Bundeswettbewerbs „Grabe, wo Du stehst!", wird hier oftmals Wissenschaftspropädeutik in *nuce* betrieben.

Wissenschaftspropädeutik und Kompetenzerwartungen
Auch wenn die hohen Kompetenzerwartungen des Faches Geschichte in der gymnasialen Oberstufe nicht immer eingelöst werden können und vielfach sogar eine Überforderung darstellen, so dürfte der Beitrag des Faches Geschichte zum wissenschaftspropädeutischen Lernen als beträchtlich gelten. Wissenschaftspropädeutik sollte daher als regulative Idee des Unterrichts mitgeplant werden, wobei nicht die wissenschaftliche Breite und bloße Rezeption der Fachkenntnisse im Vordergrund stehen sollten, sondern die eigenen Fragen an die Geschichte, auch die Frage, warum ein Thema überhaupt im Unterricht behandelt wird und im Lehrplan steht. Es kommt also darauf an, „was man an diesen [den historischen Gegenständen] thematisiert oder problematisiert" (Wunderer 2013, 32).

Literatur

Borries, Bodo von: Wissenschaftsorientierung. In: Handbuch Methoden (2016b), S. 30-48

Mieles, Bernhard: Wissenschaftspropädeutisches Arbeiten in der Sekundarstufe II. In: Geschichte lernen 68 (1999) S. 50-53

Müller, Bernhard: Wissenschaftspropädeutisches Arbeiten. In: Handbuch Methoden (2016), S. 308-324

Pandel, Hans-Jürgen: Geschichtsdidaktik. Eine Theorie für die Praxis, 2. Aufl., Schwalbach/Ts. 2017c

Pandel, Hans-Jürgen: Geschichtsunterricht in der Sekundarstufe II. In: Handbuch Praxis I (2017b), S. 176-188

Rüsen, Jörn: Wissenschaftspropädeutik im Geschichtsunterricht. In: Handbuch Geschichtsdidaktik (1997), S. 340-342

Spurensucher. Ein Praxishandbuch für historische Projektarbeit, hrsg. v. Michael Sauer, Hamburg 2014

Wunderer, Hartmann: Erinnerung an die Wissenschaftspropädeutik. In: Geschichte für heute 1 (2013), S. 22-34

3.4 Problemorientierung

Zu den überall geforderten Unterrichtsprinzipien jeglichen Geschichtsunterrichts gehört die Problemorientierung. Sie sollte regelmäßig den Stundenthemen im Geschichtsunterricht das Profil und die stundentragende Struktur geben, wird aber trotz breiter Propagierung bis heute in den Schulen weniger als zu erwarten umgesetzt. Ein Problem ist keine einfache Frage nach Verläufen oder Gründen („In welchen Etappen dehnte sich das Römische Reich aus?" oder „Warum brach der Krieg xy aus?"). Sondern es geht um das Feststellen einer nur lückenhaften Kenntnis oder eines unzureichenden Verständnisses, das zum historischen Sachverhalt einen Widerspruch oder eine Schwierigkeit (kognitive Dissonanz) nicht ohne Weiteres auflösen kann („Warum erklärte Hitler 1941 von sich aus den USA den Krieg?", „Wieso traf Hitler mit dem kommunistischen Erzfeind Stalin 1939 eine Vereinbarung?"), oder um das Aufzeigen einer offenen Entscheidungssituation („War der Krieg 1870/71 von Bismarck aus vermeidbar?"). Der unterrichtliche Weg ist aufwendiger, doch bietet ein problemorientierter Geschichtsunterricht viele Vorteile. Er bringt die Lernenden zum Denken, eröffnet Alternativen und zeigt auf, dass Geschichte aus menschlichen Entscheidungen besteht. Durch das Üben von Problemlösungen bildet sich ein modellhaftes strategisches Wissen heraus, wie vorzugehen ist.

Was ist ein „Problem"?
Der Begriff „Problem" wäre noch genauer zu definieren, was allerdings in der Geschichtsdidaktik bisher nicht eindeutig gelungen ist: Ein historisches Problem muss einen Widerspruch in sich aufweisen, zumindest einen Bruch mit den Erwartungen des historischen Betrachters. Es beinhaltet eine Schwierigkeit, den komplexen Sachverhalt ohne Weiteres zu verstehen. Wichtig ist vor allem der Unterschied zur bloßen Frage: „Warum wurde Karl der Große vom Papst im Jahre 800 zum Kaiser gekrönt?" stellt in dieser Formulierung kein Problem vor, sondern nur ein Verlangen nach Begründung. Anders dagegen so: „Warum verzichtete der Papst durch die Kaiserkrönung Karls auf seine bisherige unabhängige Stellung?" Hier wird dem Papst eine Wahl zwischen zwei Möglichkeiten zugewiesen, von denen jede Vor- und Nachteile aufweist.

Ein Missverständnis ist die Auffassung, der Frontalunterricht stehe im Gegensatz zur Problemorientierung. Einem guten längeren Vortrag kann auch ein Problem zugrunde liegen, an dem sich der Referent in seiner Behandlung des Themas orientiert und das die Zuhörer zum stummen Mitdenken motiviert. Doch ist es gerade reizvoll, Schülerinnen und Schüler die denkbaren Alternativen aktiv formulieren zu lassen, um ihr Mitdenken auch hörbar werden zu lassen.

Ein Problem kann auch mehreren Unterrichtsstunden einer Reihe zugrunde liegen: Wieso setzte sich gegen den von vielen Akteuren erklärten Willen zur deutschen Einheit die Spaltung Deutschlands zwischen 1945 und 1949 durch? In den einzelnen Stunden sollte das Problem zu Anfangs stets neu bewusstgemacht und mit dem aktuellen Stundenthema verknüpft werden.

Die Probleme können epochenspezifisch ausgerichtet sein: War der Dreißigjährige Krieg ein Glaubenskrieg? Passen Aufklärung und Absolutismus zueinander? Oder gegenwartsbezogen ausfallen wie in den Fragen: Warum ist der Föderalismus in Deutschland stärker als in anderen Ländern Westeuropas (z. B. im zentralistischen Frankreich) ausgeprägt? Auf welchen historischen Ursachen beruhen trotz gemeinsamer Vergangenheit die unterschiedlichen Mentalitäten in Ost- und Westdeutschland? Dann müssten im historischen Rückblick die Gegensätze erklärt werden.

Vor allem der Geschichtsdidaktiker Uwe Uffelmann hat mit dem Konzept des Problemorientierten Geschichtsunterrichts im Anschluss an den Didaktiker Hans Aebli seit den 1970er Jahren auf die Vorteile der Problemorientierung hingewiesen, zugleich aber ihren höheren Anspruch markiert:

„Diese Unterrichtskonzeption lehnt es prinzipiell ab, Fertigkost zu verabreichen; sie will die Lernenden vielmehr historische Einsichten gewinnen lassen, zu denen sie durch eigenes Suchen und Forschen, d. i. problembewusstes Erkennen, gelangen" (Uffelmann 1997, 282).

Das Zitat richtet sich gegen den im damaligen Gymnasium vorherrschenden wissensorientierten Geschichtsunterricht, der zur reinen Instruktion mit abgeschlossenen Häppchen in günstigen Portionen wurde. Doch weckte Uffelmann damit zu hohe Erwartungen. Historische Probleme, die in der Schule behandelt werden, sind in der Regel bereits durch die historische Forschung weitgehend gelöst und insofern zumindest für die Lehrkraft bereits eine „Fertigkost". Im Regelunterricht vollziehen die Schülerinnen und Schüler den Weg zur bereits vorher feststehenden plausiblen Lösung nach. Wenn es um wirkliche Forschungskontroversen geht, stellt sich zunächst die Frage, ob es möglich ist oder es sich lohnt, diese den Lernenden trotz ihres geringen Vorwissens überhaupt mit angemessenem Aufwand verständlich zu machen. Denn Fragen wie z. B. die Neuinterpretation des Investiturstreits durch eine andere Deutung der Quellen (aktuell etwa durch Johannes Fried 2012) sind sehr detailbezogen und dürften viele eher abschrecken. Selbst wenn dies gelingt, sind die meisten oft noch längst nicht in der Lage, die Problematik angemessen zu durchdringen, weil es ihnen überall am notwendigen Wissen fehlt.

Vor allem möchte Uffelmann aber erreichen, dass das Problem mit einem Lebensweltbezug der Schülerinnen und Schüler zusammenhängt, sodass ihm überhaupt eine starke motivierende Relevanz und Identitätsstiftung möglich wird. Das dürfte aber für viele übliche Schulthemen recht schwerfallen, immer von einer unmittelbaren Lebensweltrelevanz auszugehen. Konsequenterweise müssten diese Themen trotz ihrer Verankerung im Lehrplan dann wegfallen. Zwar lässt sich mit ein wenig Fantasie auch für die „Perserkriege" oder den „Investiturstreit" noch eine Lebensrelevanz konstruieren (Auch der Kleinere kann den Größeren schlagen, wenn ihn eine starke Überzeugung erfüllt. – Die Kirche soll sich nicht in staatlich geregelte Lebensbereiche wie die Ehe oder Scheidung einmischen.), doch bleibt der motivierende Erfolg in schulischen Zusammenhängen zweifelhaft. Stets neue „Betroffenheit" künstlich herzustellen, wird in der Routine des 6-Unterrichtsstunden-Takts zur Quälerei für alle Seiten.

Schließlich will Uffelmann ein Wissenschaftsverfahren mit abschließender tiefer Reflexion der Ergebnisse und des Vorgehens. Diesen hohen Anspruch erfüllen nur wenige Unterrichtsstunden, weil dies selten im Alltagsunterricht leistbar ist (oder es zu wenig geübt wird).

Einen Dämpfer erhielt der „problembasierte Unterricht" zuletzt durch die Hattie-Studie, die ihm nur eine geringe Effektstärke für das Lernen zugewiesen hat. Relativiert wird das jedoch durch die Effektstärke des „Problemlösens" im Unterricht, was bedeutet, dass es entscheidend ist, die Schülerinnen und Schüler in den Prozess stark einzubeziehen, um gute Lernergebnisse zu erzielen. Wenn die Probleme von vornherein unverständlich bleiben oder abgehoben scheinen, fehlt es an der Motivation (Zierer 2014, 128).

Die Problemorientierung liegt überwölbend über der ganzen Stunde oder Einheit, wird nach der ersten Entwicklung am besten mehrfach aufgegriffen und zum Abschluss sollte eine „Lösung“ des Problems aufgezeigt werden. (→ 4.1)

Literatur

Aspelmeier, Jens: „Ruinen als Mahnmale erkennen“ – Problemlösen im Geschichtsunterricht. In: Dreßler, Susanne (Hrsg.): Zwischen Irritation und Erkenntnis. Zum Problemlösen im Fachunterricht, Münster 2016, S. 85-100

Hensel-Grobe, Meike: Problemorientierung und problemlösendes Denken. In: Handbuch Praxis II (2017), S. 50-63

Pandel, Hans-Jürgen: Quelleninterpretation. Die schriftliche Quelle im Geschichtsunterricht, 4. Aufl., Wochenschau, Schwalbach/Ts. 2012

Uffelmann, Uwe: Problemorientierung. In: Handbuch Methoden (2016), S. 78-90

3.5 Multiperspektivität

Einen historischen Sachverhalt von mehreren Seiten zu sehen, ist eine Grundforderung an jeden Historiker, um die Handlungen der Beteiligten zu verstehen. Freilich gelingt das nicht immer, und in der Schule war lange Zeit die „eine“ (Mono)perspektive der Lehrkraft vorgegeben, die ihrerseits häufig auf den staatlichen Lehrplänen beruhte. Daher stieß die Forderung, in der Geschichtsvermittlung multiperspektivisch zu verfahren, auf breite Zustimmung in der Geschichtsdidaktik. Besonders Klaus Bergmann hat diese Art der Betrachtung in seinen Arbeiten gestärkt. Allerdings ist in der Schule bis heute ein entsprechendes Vorgehen immer noch nicht selbstverständlich, weil nach wie vor feste Lernergebnisse mit eindeutigen Aussagen von einigen Lehrkräften wie Schülerinnen und Schüler bevorzugt werden. Dabei ist Multiperspektivität alles andere als ein Bekenntnis zum puren Relativismus und nahezu der „Königsweg“ zum eigenen historischen Denken und zur narrativen Kompetenz, einen historischen Sinn entdecken und erzählen zu können. Bergmann sah darin auch eine Immunisierung gegen die Übernahme verordneter Geschichtsbilder, wenn die jungen Menschen es lernen, selbst zu Urteilen zu kommen. Dies betrifft nicht nur ältere Traditionen wie den „borussischen“ (Preußen- und Hohenzollern-zentrierten) Blick auf die Geschichte mit den großen Männern und leitenden Ideen, sondern besonders auch die Sozial-, Alltags- und Kulturgeschichte, die seit den 1970er Jahren zunehmend an Bedeutung gewannen. Wenn verschiedene soziale Interessen oder stark abweichende Mentalitäten aufeinandertreffen, sollte dies in den verwendeten Materialien deutlich werden. Auch der „weibliche Blick“ auf die Geschichte, dessen Fehlen neben dem üblichen männlichen häufig beklagt wird, ist eine Anwendung dieses Grundsatzes. Für Bergmann beginnt die Multiperspektivität in den Quellen aber erst, wenn auch konträre soziale Unterschiede dahinterstehen, nicht einfach nur zwei divergente Meinungen geäußert werden. Um den sozialen oder ideologischen Standpunkt zu entschlüsseln, ist ein gewisses Hintergrundwissen erforderlich. Wie breit dies sein soll, um zu einer befriedigenden Einordnung eines Standpunktes zu kommen, ist immer wieder strittig, zumal die dazu notwendige Hintergrundnarration ihrerseits wieder eine eigene Perspektive einnimmt. In der Schule ist keine vollständige Durchdringung der Sachverhalte erforderlich.

Bergmann hat drei Ebenen der Multiperspektivität unterschieden:

Multiperspektivität im engeren Sinne bezieht sich auf die Wahrnehmung der Zeitgenossen in den Zeugnissen der Vergangenheit: z.B. katholische und protestantische Quellen über Ereignisse des Dreißigjährigen Krieges wie den Tod König Gustav Adolfs oder Wallensteins. Oder Berichte zur Vertreibung 1945 aus deutscher und polnischer Sicht, die dieser Zeit entstammen. In der Unterrichtspraxis wird ein multiperspektivisches Verfahren aus Zeitgründen eher selten möglich sein. Leichter umsetzbar ist dagegen das biperspektivische Arbeiten, das bei allen Konfliktthemen angestrebt werden sollte.

Wenn verschiedene, auch widersprüchliche Deutungen durch spätere Betrachter oder Nachgeborene, insbesondere Geschichtsforscher, im Unterricht wahrgenommen werden, spricht man von *Kontroversität*. Die bekannteste historische Kontroverse der letzten Jahrzehnte war die „Fischer-Kontroverse“ zum Ausbruch des Ersten Weltkrieges, die in fast allen Schulbüchern auch bereits in die Sekundarstufe I erscheint. Weitere Beispiele sind der „Historikerstreit“ über das Verhältnis zwischen den nationalsozialistischen und den bolschewistischen Massenverbrechen (1980er Jahre), die Diskussionen um die Wehrmachtsaustellung und die Goldhagen-Debatte um die Breite des Antisemitismus unter den Deutschen (beide in den 1990ern). Doch sind die Unterrichtserfahrungen mit geschichtswissenschaftlichen Kontroversen nicht nur positiv. Zwar wirkt es für einige Schüler reizvoll, diese wie ein Wissenschaftler auf ihre Voraussetzungen und Folgen zu durchdenken, doch andererseits sind viele auch überfordert, aus ihrem geringen Vorwissen heraus und auf der Grundlage von kurzen Texten zu einem eigenen Urteil zu kommen. Nicht richtig scheint es aber, für ganz junge Schüler die Kontroversität auszuschließen. Beim Thema Ägypten können sie begeistert über mehrere Theorien streiten, wie die Pyramiden gebaut wurden. Auch kontroverse moralische Einschätzungen antiker Herrscher sind für sie attraktiv.

Als dritte Ebene wird die *Pluralität* angegeben, wenn historische und vor allem geschichtskulturelle Deutungen in ihren Folgen für die Orientierung in Gegenwart und Zukunft verglichen werden. Die Schüler erleben dies selbst im Unterricht, wenn verschiedene Deutungen entstehen und ausdiskutiert werden. Dies kann das Für und Wider eines Straßennamens (Hindenburg, Thälmann) nach einer historischen Persönlichkeit sein oder umfangreiche geschichtspolitische Debatten z. B. über die Stellung der Wehrmacht im NS-System mit Folgen für Gedenkstätten, Kasernennamen etc. Brisant wirken z.B. Diskussionen um die Bewertung als Genozid: in der Türkei wegen der Armenier 1915, in Deutschland und Namibia wegen des Herero-Krieges 1906.

Welchen Ertrag bringt Multiperspektivität im Unterricht, die zunächst einmal mehr Zeit kostet, da mehr Quellen und Darstellungen vorkommen müssen? Die Schüler werden darin trainiert, sich in andere Perspektiven hineinzudenken, seien es Gefühle, Rollen oder Standpunkte. Dies bahnt ein vertieftes Fremdverstehen an, das vor allem ihrer Persönlichkeit zugutekommt. Im idealen Falle wird so die Toleranz gegenüber dem Toleranzwürdigen gesteigert. Für mich selbst lerne ich Rollendistanz und Selbstreflexion. Durch mehrere Perspektiven entsteht darüber hinaus immer ein differenzierteres Bild der Geschichte, Pauschalisierungen werden verringert. Dies könnte auch zum Konfliktabbau beitragen, wenn historische Konflikte zwischen Ethnien, Staaten oder Religionen stehen.

Methodisch gibt es viele Möglichkeiten: So kann eine extrem einseitige Position als Provokation zu Anfang stehen, worauf Gegenpositionen interessant werden. Außer der Präsentation durch die Lehrkraft ist auch die selbstständige Suche durch die Lernenden möglich.

Literatur

Bergmann, Klaus: Multiperspektivität. Geschichte selber denken, 3. Aufl., Schwalbach/Ts. 2000

Bergmann, Klaus: Multiperspektivität. In: Handbuch Methoden (2016b), S. 65-77

Lücke, Martin: Multiperspektivität, Kontroversität, Pluralität. In: Handbuch Praxis I (2017), S. 281-288

3.6 Handlungsorientierung

Im Zusammenhang mit Schule und Unterricht ist Handlungsorientierung in den letzten Jahren ein beliebter Begriff geworden, der allerdings vieldeutig bleibt und je nach Interesse ausgelegt wird. Die wesentlichen Konzepte sind von der Geschichtsdidaktik aus anderen Zweigen der Erziehungswissenschaften wie der Deutschdidaktik oder der Theaterpädagogik übernommen worden, wobei es schon unklar bleibt, ob ein didaktisches Prinzip historischen Lernens oder eine Entscheidung zur methodischen Gestaltung gemeint ist. Eine bessere Aktivierung der Lernenden über das Kognitive hinaus ist ausschlaggebend, Erfahrungsbezug und Selbstorganisation des Lernens werden möglich. Besonders das Plädoyer des in der deutschen Ausbildung geradezu „kanonischen" Didaktikers Hilbert Meyer für die Handlungsorientierung hat im Referendariat für deren Verbreitung gesorgt:

„Handlungsorientierter Unterricht ist ein ganzheitlicher und schüleraktiver Unterricht, in dem die zwischen dem Lehrer/der Lehrerin und den Schülerinnen und Schülern vereinbarten Handlungsprodukte die Gestaltung des Unterrichtsprozesses leiten, so dass Kopf- und Handarbeit der SchülerInnen in ein ausgewogenes Verhältnis zueinander gebracht werden können" (Jank/Meyer 2011, 354).

Vorteile:

- Die Lernenden identifizieren sich besser mit dem Unterricht durch aktive Teilhabe.
- Alle tragen Verantwortung für den Unterrichtsverlauf: Sie können mehr Fantasie einsetzen und zeigen bessere Bereitschaft zur Mitarbeit. Weniger Disziplinprobleme treten auf.
- Die Lernenden können ihre Arbeitsergebnisse selbst bewerten.
- Demokratische Kritik und Kontrolle der Unterrichtsarbeit wird möglich.
- Viele Kompetenzen werden gefördert.

Schwierigkeiten:

- In der Regel besteht ein hoher Ressourcenbedarf, Vorbereitungs- und Organisationsaufwand. Der zeitliche Aufwand ist hoch, Abstimmung mit anderen Lehrkräften erforderlich.
- Einzelne Lernende, besonders schwächere, können überfordert werden und die Orientierung verlieren.
- Probleme bei Schulwechsel oder Lehrerwechsel drohen.

In der klassischen Pädagogik und der Reformpädagogik gab es einen ganzheitlichen Anspruch, der Lernende müsse mit „Kopf, Herz und Hand" (Pestalozzi) einbezogen werden. Damit sollte einem verkopften und erfahrungsarmen Unterricht entgegengewirkt werden, z. B. indem emotionale Erlebnisse, die Nutzung vieler Sinne oder praktische Tätigkeiten im Unterricht ermöglicht werden: mit einer Gänsefeder zu schreiben, eine historische Szene nachzuspielen oder ein historisches Bild zu gestalten. Handlungsorientierten Unterricht kennzeichnen hohe Schüleraktivität und teilweise selbstständige Entscheidungen, es wird nicht nur zugehört und gedacht, sondern man sieht, hört, fühlt etwas. Eine große Anzahl sinnvoller Vorschläge hat bereits in der Nachkriegszeit der Braunschweiger Schulrat Hans Ebeling gesammelt und damit stark den Hauptschulunterricht der 1950er und 1960er Jahre inspiriert.

Als Gewinn gelten eine breitere Beteiligung aller Schülerinnen und Schüler sowie ein vertieftes Verständnis, das sich auch im besseren Behalten niederschlägt.

Allerdings hat der Geschichtsunterricht wenig direkt anschauliches Material zur sinnlichen Erfahrung wie die Blume im Biologieunterricht anzubieten. Man kann zwar alte Münzen aus dem Kabinett und Geldscheine aus der Inflationszeit zeigen, auch mit Feuersteinen versuchen, Funken zu schlagen. Bilder sind naturgemäß anschaulich, aber oft nachträglich angefertigt und/oder mit Symbolik aufgeladen. Geschichte beruht meist auf Darstellungen und schriftlichen Quellen, die in geringerer oder größerer Distanz zum Geschehen entstanden sind. Realerfahrungen sind im Unterricht kaum möglich. Durch Geschichte geweckte Emotionen sind im Bereich der Geschichte immer auch kritisch zu sehen, da sie leicht zu missbrauchen sind. Wer über spannende Erzählungen Bewunderung für „Helden“ wie Ernst Thälmann, den der DDR-Geschichtsunterricht in hohen Ehren hielt, erzeugt, läuft Gefahr, das Denken der Zuhörer auszuschalten und ihre Einstellungen zu manipulieren. Wer die Spannung im Unterricht nutzt, sollte auch eine Phase dahinter setzen, in der über die Erzählung wieder rational überlegt wird.

Die Geschichtsdidaktikerin Bärbel Völkel möchte das handlungsorientierte Lernen zum Probehandeln für die Lebenswelt machen. Doch wie soll in der Vergangenheit gehandelt werden? Das Verstehen der Vergangenheit geschieht in Erzählungen durch Perspektivenübernahme in der Imagination. Wenn über Handlungen Erfahrungen gemacht werden sollen, über tatsächliches Handeln im Unterricht, müssen die Schülerinnen und Schüler für einen kurzen Moment in den Schuhen von Menschen der vergangenen Zeit gehen und mit deren Augen schauen. So kommen sie in eine persönliche subjektive Beziehung zu den Menschen der Vergangenheit und schaffen sich wenigstens einen sekundären Erfahrungsraum. Auf die Identifikation sollte aber immer die Reflexion folgen, also eine Distanzierung vom historischen Objekt und Betrachtung aus der Gegenwart heraus. Völkels Beispiel ist eine Rollendiskussion über die Zulassung von Frauen zum Universitätsstudium um die Jahrhundertwende 1900, die das gegenwärtige Verständnis von Frauenemanzipation in die Bearbeitung einbringt. Das engagierte Simulations- und Rollenspiel ist zwar kein reales Handeln, kommt diesem aber recht nah. „Ein historischer Sachverhalt wird in eine fachdidaktische Vermittlungsstruktur gebracht, durch die ‚tote Menschen‘ in ihren Handlungen, Motiven und Absichten wieder lebendig werden können.“ (Völkel 2016, 56)

Im Weiteren ist es auch möglich, Produkte zu erstellen: ein Modell basteln, Getreide mit Mahlsteinen mahlen, einen Film drehen (Typ: produktives Gestalten).

Schülerinnen und Schüler können wie ein Historiker oder eine Museologin handelnd forschen: ein Denkmal erkunden, ins Archiv gehen und Archivquellen suchen, Zeitzeugen befragen, eine Beschriftung für ein Objekt erstellen, ein Museumskonzept entwerfen (Typ: reales Handeln).

Schülerinnen und Schüler können Geschichte für die Geschichtskultur inszenieren: eine Ausstellung in der Klasse einrichten, eine Podiumsdiskussion veranstalten, Tänze nachtanzen (Typ: simulatives Handeln).

So attraktiv sich dies anhören mag, so muss vorher immer der Zeitbedarf realistisch bedacht, die Motivation der Beteiligten errungen und die Lösbarkeit der Ziele abgesichert werden. Vor allem soll ein historisches Erkenntnisziel über allen Aktivitäten die Führung behalten.

Wie verhält sich Spielen zur Handlungsorientierung? Es gibt Vorschläge für Gedächtnisspiele wie Memory, Brettspiele mit historischen Themen, Computerspiele. Das oben Gesagte zum Verhältnis des Zeitbedarfs zum Ergebnis gilt ebenso. Auch wenn es im beschränkten Maß nur eingesetzt wird, um die Behaltensleistungen zu steigern, spricht wenig dagegen. Doch darf sich kein Geschichtsunterricht darin erschöpfen.

Literatur

Günther-Arndt, Hilke: Methodik des Geschichtsunterrichts. In: Geschichts-Didaktik (2014b), S. 179-181

Jank, Werner/Meyer, Hilbert: Didaktische Modelle, 10. Aufl., Berlin 2011

Sauer, Michael: Geschichte unterrichten. Eine Einführung in die Didaktik und Methodik, aktual. 12. Aufl., Seelze-Velber 2015, S. 87-90

Völkel, Bärbel: Handlungsorientierung im Geschichtsunterricht, 3. Aufl., Schwalbach/Ts. 2012

Völkel, Bärbel: Handlungsorientierung. In: Handbuch Methoden (2016), S. 49-64

3.7 Werteorientierung, Werteerziehung und historische Urteilsbildung

Im Rahmen geschichtsdidaktischer Prüfungen wird gerne gefragt: Inwiefern leisten das Fach Geschichte und der Geschichtsunterricht einen Beitrag zur Werteerziehung? Die Antwort ist schwierig, da die Frage verschiedene Ebenen des umfangreichen Komplexes der Werteerziehung in der Schule anspricht, und zwar auf einer normativen, einer fachdidaktischen und einer unterrichtspragmatischen Ebene.

Auf der normativen Ebene ist zunächst der allgemeine Bildungs- und Erziehungsauftrag der Schule zu nennen, den die Landesverfassungen und Schulgesetze der Bundesländer vorgeben. Auch die Ziele und Aufgaben von Unterricht werden dort näher ausgeführt und spezifiziert. Einen umgreifenden Bezugsrahmen bilden dabei die Normen und Werte des Grundgesetzes. Schule soll die Schülerinnen und Schüler dazu befähigen, innerhalb der freiheitlich-demokratischen Grundordnung für die Wahrung ihrer Rechte einzutreten, und das in mündiger, kritischer, emanzipatorischer und friedlicher Form sowie in sozialer Verantwortung gegenüber den Mitmenschen. An diesen Erziehungsauftrag sind alle Lehrkräfte gebunden.

Auf einer konkreteren normativen Ebene weisen die Lehrpläne der Bundesländer die Aufgaben und Ziele des Faches Geschichte aus. (→ 3.) Es soll z.B. die Schülerinnen und Schüler dazu befähigen, historisches Lernen auf die eigene Gegenwart und Zukunft zu richten: „Durch die analytische Durchdringung der Wirklichkeit mit ihren gesellschaftlich gewordenen und wirksamen Strukturen schafft das Fach Geschichte personale und soziale Orientierung der Schülerinnen und Schüler und befähigt sie zur kompetenten Teilhabe am gesellschaftlichen Umgang mit Geschichte, an der Geschichts- und Erinnerungskultur sowie zur aktiven Mitwirkung und Mitgestaltung unseres demokratischen Gemeinwesens" (Kernlehrplan für die Sekundarstufe II 2016, 12). Das Kerncurriculum in Hessen – seit 2016 in Kraft – bringt die Werteorientierung des Faches in dem Bereich der sogenannten „Orientierungskompetenz für Zeiterfahrung" wie folgt auf den Punkt: „Der Umgang mit Geschichte erfolgt mit dem Ziel, gewonnene Einsichten lebensweltlich bedeutsam werden zu lassen, sie auf die eigene Person zu beziehen und sie im Hinblick auf die Relevanz für gegenwärtiges und zukünftiges Handeln zu gewichten. Zentrale Bedeutung kommt hier der Identitätsbildung zu, mit dem Ziel, sich selbst besser zu verstehen und Orientierung für das eigene Handeln zu finden. Dabei bewerten die Betrachtenden der historischen Welt das Handeln und Denken der Menschen in der Vergangenheit auf der Grundlage normativer Prinzipien, die sie als universell gültig erachten und von denen sie erwarten, dass auch andere sie als gültig anerkennen. Solche Bewertungsgrundlagen sind z. B. die Menschenrechte und die demokratische Grundordnung oder Werte wie Freiheit, Gerechtigkeit, Solidarität und Friedfertigkeit. Ein Urteil in diesem Sinne ist ein Werturteil" (Kerncurriculum Gymnasiale Oberstufe 2016, 12). Den Lernenden wird also die Überlegung aufgegeben, mit welchen Begriffen und Maßstäben sie Geschichte deuten und bewerten. Weiter heißt es dazu im hessischen Kerncurriculum: „Im Geschichtsunterricht der gymnasialen Oberstufe erkennen die Lernenden, dass sie gegenwärtige Maßstäbe an das Handeln historischer Akteure anlegen. Sie reflektieren, welche Maßstäbe ihrer Bewertung zugrunde liegen, sie legen eigene Bewertungsmaßstäbe offen und stellen diese zur Diskussion. Des Weiteren ermitteln sie normative Urteile in Quellen und Darstellungen und setzen sich mit ihnen unter dem Maßstab sowohl der Zeitgenossen als auch der Gegenwart auseinander (normative Triftigkeit)." (Kerncurriculum Gymnasiale Oberstufe 2016, 12).

In den Einheitlichen Prüfungsanforderungen (EPA) (KMK 2005) wird die Fähigkeit, ein historisches Urteil zu treffen, zu einer der drei Teilkompetenzen der historischen Kompetenz. Von da aus ist sie in viele Lehr- und Rahmenpläne der Länder eingegangen. Sie wird im Folgenden definiert.

3.7.1 Urteilskompetenz

„Die Prüflinge kommen zu einem durch Argumente begründeten Urteil (Sachurteil, Werturteil). Das Sachurteil beruht auf der Auswahl, Verknüpfung und Deutung historischer Sachverhalte innerhalb eines Bezugsrahmens, die zu einem Urteil führen. Gelungene Sachurteile weisen sich durch sachliche Angemessenheit, innere Stimmigkeit und ausreichende Triftigkeit von Argumenten aus. Darüber hinaus werden beim Werturteil ethische, moralische und normative Kategorien auf historische Sachverhalte angewendet und eigene Wertmaßstäbe reflektiert. Es werden Zeitbedingtheit bzw. Dauerhaftigkeit von Wertmaßstäben berücksichtigt." (KMK 2005, 7)

Pandel bestreitet allerdings, dass es sich dabei um eine „Kompetenz" handelt (2017c, 218 ff.; 2016, 31), wobei er „Erkenntnis" und „Kritik" als zentrale Operationen sehr hochschätzt. Er wirft den Vertretern einer Urteilskompetenz vor, einen äußerst vagen, teilweise widersprüchlichen „Urteilsbegriff" zu benutzen, der die Kriterien einer messbaren Kompetenz nicht erfüllen kann.

Mit dem Konzept der historischen Urteilsbildung kommt man auf der fachdidaktischen Ebene zum Kern der Werteorientierung im Geschichtsunterricht, denn hier geht es um die Beurteilung und Bewertung historischer Tatsachen durch die Lernenden. Die historische Urteilsbildung nimmt sowohl in der älteren geschichtsdidaktischen Literatur zum Begriff des Geschichtsbewusstseins (Jeismann 1980; → 3.1) als auch in der aktuellen Diskussion rund um die konkurrierenden Kompetenzmodelle eine prominente Rolle ein.

Nach Jeismann werden mittels der historischen Analyse Aussagen bzw. Tatsachenfeststellungen über die Vergangenheit erarbeitet, die für andere anhand der benutzten Quellen oder Darstellungen nachprüfbar sind. Sie werden auch historische Sachaussagen genannt. Beispiel: „Der Föderalismus [der Weimarer Republik] wurde mit dem Gleichschaltungsgesetz vom 21.3.1933 abgeschafft" (Schülerbeitrag zit. n. Schönemann u. a. 2011, 67). Wenn mehrere historische Sachaussagen nun in einen historischen Kontext gestellt und aufeinander bezogen werden, ergibt sich ein Sachurteil, z. B.: „Seine [Hitlers] Politik war nun [nach Wiedereinführung der Wehrpflicht ab 1935, Vierjahresplan und Flottenabkommen mit Großbritannien] auf einen Krieg ausgerichtet" (ebd.). Es handelt sich hier um ein Sachurteil, weil der Lernende sich auf die Sachaussagen stützt, die er zuvor in seinem Text genannt oder auch analysiert hat und miteinander verknüpft. Er bringt sie in einen historischen Zusammenhang und weist ihnen eine bestimmte Bedeutung zu. Hermeneutisch formuliert, der Lernende versucht, historische Sachverhalte durch Verknüpfung zu deuten und zu „verstehen", um sie (anderen oder sich selbst) erklären und erzählen zu können *(sinnbildende Narrativität)*.

Nun ist der Begriff des *Verstehens* mehrdeutig. Er kann so etwas wie „Verstehen von etwas" meinen, also „verstehen" im Sinne von „in der Lage sein, etwas erklären zu können", unabhängig davon, wie der Erklärende zu dem verstandenen Sachverhalt nun persönlich steht (sieht man einmal davon ab, dass schon die Auswahl der Sachaussagen selbst eine implizite Wertung des Sachverhalts vonseiten des Erklärenden darstellen kann). Der Begriff „Verstehen" kann aber auch im Sinne von „Verständnis für etwas haben" gebraucht werden. In diesem Fall nimmt der Verstehende eine wertende Haltung zu dem verstandenen Sachverhalt ein und fällt ein Werturteil. Bei einem Sachurteil hingegen liegt der Schwerpunkt der Denkoperation „Verstehen" klar auf der zuerst genannten Variante, also „verstehen" im Sinne von „Verstehen von etwas, erklären".

Das Sachurteil des Schülers in dem oben genannten Fall ist vom Typ „finales Sachurteil", (A {a1, a2, a3} läuft auf B hinaus: „Seine Politik war nun auf einen Krieg ausgerichtet" (ebd.). Dieses Sachurteil – unabhängig von der hier vielleicht etwas simplifizierenden Form der Personalisierung durch das Personalpronomen „seine" – ist anhand der Quellen überprüfbar, es ist empirisch triftig. Darüber hinaus hat der Schüler das Sachurteil zwar knapp, aber sachlogisch, schlüssig und plausibel dargestellt *(narrative Triftigkeit)*. Da Sachurteile immer auf der Auswahl, Verknüpfung und Deutung von Sachaussagen beruhen, kann es „bessere oder schlechtere Sachurteile geben, je nachdem, wie gut oder schlecht sie durch Sachaussagen abgesichert werden können" (Wunsch 2014, 197). Auf der Ebene dieser Sachurteile ergeben sich in der Geschichtswissenschaft die Spielräume für unterschiedliche kontroverse Deutungen.

Entscheidend für die Abgrenzung eines Sachurteils von einem Werturteil ist, dass bei einem Sachurteil der persönliche Standpunkt des Urteilenden nur eine geringe Rolle spielt. Er nimmt keine persönliche Wertung vor. Dieses geschieht erst in einem Werturteil. Es baut auf Sachaussagen und Sachurteilen auf und bewertet historische Phänomene nach gegenwärtigen Maßstäben. Entscheidend ist hierbei, dass der Bewertende nicht nur einfach eine bloße Meinung äußert, sondern die Maßstäbe seiner Bewertung offenlegt und benennt. Diese Wertmaßstäbe können persönlicher, politischer, ethischer, moralischer, normativer, erkenntnistheoretischer, ideologischer oder auch methodologischer Natur sein. Erst diese Offenlegung der eigenen Bewertungsmaßstäbe und normativen Bezugspunkte ermöglicht es im Geschichtsunterricht den anderen, auf die gewählten Maßstäbe Bezug zu nehmen und die Überzeugungskraft der Bewertungen zu diskutieren. Die Reflexion eigener oder fremder Bewertungsmaßstäbe ist sicherlich, auch in Ansätzen, anspruchsvoll und müsste im Unterricht zweifellos mehr trainiert werden. Das folgende Werturteil stammt aus einer Abiturklausur von 2008 und kann im Hinblick auf die Offenlegung der Bewertungsmaßstäbe als gelungen angesehen werden:

„Beim Recht der Deutschen spricht Hitler auch von einleuchtenden Wünschen wie Ruhe, Arbeit und Leben. Da lässt sich auch nichts gegen einwenden, aber wenn Hitlers Forderungen für Deutschland so weit gehen, dass sie die Rechte anderer einschränken oder außer Kraft setzen, dann ist eine Empörung gerechtfertigt. Und nun war das Abtreten des Sudetenlandes unter der Androhung eines Krieges sicherlich eine solche Überschreitung von Kompetenzen, wie Demokratie, Recht und Gleichberechtigung sie vorgeben und auf die Hitler sich ja bezieht. Und die natürliche Kritik der anderen Staaten ist eine reine Konsequenz aus diesem aggressiven und rücksichtslosen Verhalten Deutschlands." (zit. n. Schönemann u.a. 2011, 68f., 79, 108)

In diesem Werturteil legt der Schüler die Bewertungsmaßstäbe für seine Bewertung der NS-Außenpolitik („aggressiv" und „rücksichtslos") offen: Hitler habe die demokratischen und rechtlichen Regeln gebrochen und die Rechte anderer eingeschränkt; somit habe er seine „Kompetenzen überschritten"; die „Empörung" der anderen Staaten sei demnach „gerechtfertigt" und deren Kritik eine „reine Konsequenz" aus Hitlers Kompetenzüberschreitung.

Das folgende Beispiel zeigt, dass mit der Nennung der Bewertungsmaßstäbe auch eine Wertargumentation vorliegt: „Mit dem Versailler Vertrag wurde nach dem ersten Weltkrieg die Stärke des Heeres festgelegt, sowie die territoriale Neuordnung Deutschlands bzw. Europas, welche zu Verlusten Deutschlands führte. Da nun das Deutsche Reich gegen den Versailler Vertrag verstößt, ist die Kritik der anderen Länder an Deutschland nachvollziehbar und auch gerechtfertigt." (zit. n. Schönemann u.a. 2011, 79f.) Der Schüler nennt hier den Vertragsbruch Deutschlands als Grund für „die Kritik der anderen Länder". Seinem dann folgenden Werturteil „nachvollziehbare und gerechtfertigte Kritik" legt er einen juristischen Wertmaßstab zugrunde, auch wenn er diesen nicht als solchen explizit benennt.

Diese Beispiele zeigen, dass sich die Schülerinnen und Schüler nur deshalb eine kritische Meinung und ein Werturteil bilden konnten, weil sie zuvor die Motive der politischen Handlungen der NS-Regierung erkannt und diese vor dem Hintergrund der zeitgenössischen und gegenwärtigen Wertmaßstäbe bewertet hatten.

Besonders schwer fällt in der Schule die Beurteilung/Bewertung von Darstellungen oder ganzer Forschungskontroversen. (→ 3.5) Hier müssen nicht nur die Sachaussagen, Sachurteile und Werturteile eines Autors sorgfältig erarbeitet und auseinandergehalten, sondern auch die persönlichen Überzeugungen und Wertmaßstäbe des Autors oder der jeweiligen Autoren herausgearbeitet werden. Erst wenn diese hinreichend geklärt und erkannt sind, können die Schülerinnen und Schüler auf diese im eigenen Sach- und Werturteil dann Bezug nehmen. An dieser Stelle wird also die Reflexion über den Status fremder und auch eigener Aussagen verlangt. Hier lassen sich vier Dimensionen von Reflexivität bei der Abwägung fremder und eigener Aussagen definieren (hierzu und die folgenden Zitate nach Schönemann u.a. 2011, 70f.):

1. Typ „geschichtstheoretische Reflexion": Beispiel: „Historische Ereignisse werden nicht nur durch Personen, sondern auch durch Strukturen beeinflusst."
2. Typ „inhaltliche Reflexion": Beispiel: „Der Autor fokussiert ausschließlich innenpolitische Zusammenhänge und lässt außenpolitische weitgehend unberücksichtigt."
3. Typ „terminologische Reflexion": Beispiel: „Der Begriff ‚Nationalismus' ist auf zweierlei Weise definiert."
4. Typ „methodologische Reflexion": Beispiel: „Der Autor begründet seine Thesen mit den Ergebnissen seiner Zeitzeugenbefragung, jedoch wird an keiner Stelle seines

Textes deutlich, auf welche Fragen genau die Zeitzeugen letztlich geantwortet haben. Es werden hier lediglich die Antworten der Zeitzeugen herangezogen und in Auszügen präsentiert. So muss der Leser bei der Auswertung dieser Antworten im Hinblick auf die These des Autors mit Vorsicht vorgehen, weil die Art und Weise der Fragestellungen doch einen ganz erheblichen Einfluss auf den Inhalt und auch die Form der Antworten haben können“ (eigenes Beispiel).

Auf der dritten, unterrichtspragmatischen Ebene stellt sich die Werteerziehung im Geschichtsunterricht auf vielfältige Weise als Förderung des moralischen Bewusstseins (nach Pandel 2007, 20; → 3.1) dar. Zunächst soll die Lehrkraft die historische Urteilsbildung der Schülerinnen und Schüler durch entsprechende Lernaufgaben anregen. Einen ersten Schritt bildet die Thematisierung und Erklärung der gängigen EPA-Operatoren des Anforderungsbereiches III, besonders die Operatoren „beurteilen“ und „bewerten, Stellung nehmen“ (Operatorenliste der EPA Geschichte, KMK 2015, 11, 14). In den Diskussionen über Werturteile erweist sich die Lehrperson durch das eigene Handeln als Vorbild und werteerziehend, indem sie stets und explizit Begründungen von den Schülerinnen und Schülern einfordert, die Pluralität unterschiedlicher Deutungen zulässt, aber auch deutlich Grenzen bei werteverletzenden Beiträgen setzt und keine verfassungswidrigen oder strafrechtlich relevanten Verstöße zulässt. Überdies gilt auch im Geschichtsunterricht der *Beutelsbacher Konsens* von 1976, der seinerzeit zunächst für den Politikunterricht formuliert worden war: Die Lehrkraft darf nicht parteipolitisch indoktrinieren oder die Lernenden mit ihrer politischen Meinung überwältigen. Auch muss sie wissenschaftlich Kontroverses im Unterricht als kontrovers markieren.

Die Schülerinnen und Schüler sollten aber auch die Werte des Grundgesetzes und ihren historischen Hintergrund kennen. Der Geschichtsunterricht mit seinen vielfältigen Themen bietet an vielen Stellen die Möglichkeit aufzuzeigen, dass auch Werte eine Geschichte haben und ihr Verständnis sich in der Geschichte wandelt. Erst durch diese Erfahrung können die Schülerinnen und Schüler die tragenden Ideen der Menschenrechte in kritischer Auseinandersetzung für sich und andere anerkennen. Das Spannungsfeld zwischen der staatlichen Normenvorgabe und individuellen Positionierung bleibt allerdings auch im Geschichtsunterricht bestehen (aktuelle Streitfragen z. B. Grundrecht auf Asyl) und kann nur diskursiv immer wieder neu ausgehandelt werden. Dieses Spannungsfeld ist immer zukunftsoffen zu gestalten.

3.7.2 Geeignete Methoden

Welche Methoden helfen der Lehrerin und dem Lehrer, Werturteilskompetenzen bei ihren Schülerinnen und Schülern zu fördern?

Franziska Conrad sieht folgende methodische Formen als besonders geeignet hierfür an:

- Diskussion über historische Dilemmasituationen, z. B. bei der Anwendung von politischer Gewalt (Revolutionen) oder bei Tyrannenmord; hier werden die eigenen Wertmaßstäbe reflektiert.
- Historischer Vergleich, z. B. zu Fragen nach der Stellung von Frauen in der Gesellschaft oder zum Umgang mit Fremden.
- Erzählungen über eine Zeitreise verfassen; hier besteht die Schwierigkeit in der Vorgabe, den beschriebenen Menschen in der Vergangenheit gerecht zu werden, ohne die eigenen Maßstäbe zu relativieren.
- Dialoge mit historischen Persönlichkeiten oder Befragungen; z. B. Simulation einer Befragung von Graf von Stauffenberg durch zwei Lernende.
- Auseinandersetzung mit impliziten Werturteilen in Historikerbegriffen. In Geschichtsnarrationen oder in Schulgeschichtsbüchern; z. B. der Begriff „Befreiungskriege“ (1813-1815): Kampf der Soldaten gegen Napoleon, aber für die Macht der eigenen Fürsten – eine Befreiung wovon und wofür?
- Auseinandersetzung mit Werturteilen in Produkten der Geschichtskultur, z. B. in historischen Spielfilmen (historische Akteure werden mit einer „modernen“ Psyche ausgestattet).
- Simulation einer Sitzung im Gemeinderat, z. B. zur Frage „Soll die Hindenburgstraße umbenannt werden?“
- Simulation einer Mieterversammlung, die über die Anbringung einer Gedenktafel diskutiert, die an vertriebene jüdische Hausbewohner während der NS-Zeit erinnern soll.
- Diskussion im Schülerrat über einen Namensgeber für die Schule oder über die Verpflichtung, dem Namensgeber der Schule gerecht zu werden.
- Inszenierung eines Tribunals, das sich bei der Beurteilung der Schuldfrage eines „Angeklagten“ an rechtsstaatlichen Verfahrensstandards und Rechtsnormen orientiert; Aufgabe der Lernenden ist es, eine spätere Jury dahingehend zu befähigen, einen gerechten Schuldspruch fällen zu können. Der Clou dieser Methode liegt darin, dass sich die Schülerinnen und Schüler im Tribunal mit der Frage nach der individuellen Verantwortung und Schuld eines „Angeklagten“ im historischen Kontext auseinandersetzen müssen und eben nicht in dem (anachronistischen) Fällen eines tatsächlichen Schuldspruchs (Conrad 2011, 23 f.).

Werteorientierung und historische Urteilsbildung können im Geschichtsunterricht immer dann gelingen, wenn die Schülerinnen und Schüler auch dazu aufgefordert werden, über die eigenen Bewertungsmaßstäbe nachzudenken und offen darüber zu reflektieren, mit welchen Begriffen, Normen und Werten sie (ihre) Geschichte deuten.

Literatur

Becker, Axel: Historische Urteilsbildung. In: Handbuch Praxis I (2017), S. 316-325

Conrad, Franziska: Werturteilskompetenz. Methodische Anregungen. In: Geschichte lernen 139 (2011), S. 20-23; wieder abgedruckt in: Geschichte lernen Sammelband Hefte 139, 123 und 116, Bausteine des Unterrichtens, S. 22-24

Detjen, Joachim: Verfassungswerte. Welche Werte bestimmen das Grundgesetz? Bundeszentrale für politische Bildung, Bonn 2009

Freiheit, Gleichheit, Gerechtigkeit. Werteordnung und Wertevermittlung. Zwölf Bausteine für Unterricht und außerschulische politische Bildung, hrsg. v. d. Bundeszentrale für politische Bildung, erarb. v. Andreas Brunold u. a., Bonn 2010

Hoffmann, Frank: Überlegungen zur Planung von Geschichtsunterricht mit dem Ziel der Förderung historischer Urteilskompetenz (http://www.schulentwicklung.nrw.de/materialdatenbank/nutzersicht/getFile.php?id=4014, 6.4.2016)

Jeismann, Karl-Ernst: „Geschichtsbewusstsein". Überlegungen zur zentralen Kategorie eines neuen Ansatzes der Geschichtsdidaktik. In: Süssmuth, Hans (Hrsg.): Geschichtsdidaktische Positionen. Bestandsaufnahme und Neuorientierung, Paderborn u. a. 1980, S. 179-222

Kayser, Jörg/Hagemann, Ulrich: Urteilsbildung im Geschichts- und Politikunterricht. Berlin 2005

Rüsen, Jörn: Werturteile im Geschichtsunterricht. In: Handbuch Geschichtsdidaktik (1997), S. 304-308

Schönemann, Bernd/Thünemann, Holger/Zülsdorf-Kersting, Meik: Was können Abiturienten? Zugleich ein Beitrag zur Debatte über Kompetenzen und Standards im Fach Geschichte, 2. Aufl., Berlin-Münster 2011

Wunsch, Andreas: Werturteile. In: Wörterbuch Geschichtsdidaktik (2014), S. 197-198

3.8 Kompetenzorientierung

Das folgende Zitat steht am Beginn eines zentralen amtlichen Dokumentes zum deutschen Geschichtsunterricht, den *„Einheitlichen Prüfungsanforderungen in der Abiturprüfung Geschichte"* (2005), beschlossen durch die deutsche Kultusministerkonferenz.

„Ziel des Geschichtsunterrichts ist der Erwerb historischer Kompetenz, d. h. der Fähigkeit zum selbstständigen historischen Denken. Dieses Denken zeigt sich in der Fähigkeit zur Untersuchung, Klärung und Darstellung geschichtlicher Phänomene, zur Deutung von Zusammenhängen und Zeitverläufen, zum historischen Diskurs sowie zu Folgerungen für Gegenwart und Zukunft" (KMK 2015, 5).

Die Abiturprüfungsordnungen aller Bundesländer richten sich danach. Damit ist auch die Zielsetzung des Unterrichts in der gymnasialen Oberstufe festgelegt, der wiederum in der Sekundarstufe I vorzubereiten ist. Weil es eine Durchlässigkeit zwischen den Schulformen geben soll, gilt dies mit Einschränkungen auch für die Absolventen mit Mittlerer Reife (MSA).

Historisches Denken gehört nicht zur natürlich mitgegebenen Grundausstattung des Menschen, es muss mühselig über Jahre erlernt werden, und nicht alle Schülerinnen und Schüler beherrschen es am Ende in gleicher Weise. Gegenstand des vorhergehenden Unterrichts sind geschichtliche Phänomene, Zusammenhänge und Zeitverläufe. Die Abiturienten sollen in der Lage sein, diese zu untersuchen, zu klären, darzustellen und zu deuten. Sie sollen darüber einen Diskurs führen sowie daraus Schlüsse über den historischen Bezug hinaus ziehen können. Diese geistigen Operationen gelten als die zentralen Unterrichtstätigkeiten bzw. langfristig zu erwerbenden Kompetenzen.

Kompetenzorientierung ist aktuell in aller Munde, doch besonders in der Geschichtsdidaktik ein schillernder Begriff. Richtig klar ist es im Fach nicht, was einen kompetenzorientierten Unterricht von anderen Formen unterscheidet. Unter Kompetenzen werden in der Allgemeinen Didaktik Problemlösungsfähigkeiten verstanden, also in der Lage zu sein, Probleme in der Alltags-, späteren Berufs- und Lebenswelt aufzulösen. Was bedeutet dies für einen jungen Menschen in der Schule? Er geht schließlich dorthin, um Lebenswelten erst kennenzulernen, in denen er sich vielleicht später bewegen wird. Besonders ist es nicht einfach zu sagen, welche Alltagsprobleme der Geschichtsunterricht dem Kind oder dem Jugendlichen außerhalb der Schule zu lösen hilft. Diese sind längst nicht so offensichtlich, wie manche „lebenswelt"-orientierten Pädagogen glauben machen wollen.

Die Kompetenzorientierung hat die *Lernzielorientierung* in den Lehr- und Rahmenplänen ersetzt. Diese war seit den 1960er Jahren maßgeblich, um aus dem Umgang mit einem historischen Stoff ein zielgerichtetes Geschehen, eben Unterricht, zu machen. Die Lernzieltheorie entstand in den USA und setzte sich auch in Deutschland durch. „Wer nicht weiß, wohin er will, der darf sich nicht wundern, wenn er ganz woanders ankommt" (Robert F. Mager n. Mark Twain 1965, 1). Die Lernziele wurden in verschiedene Ebenen und Dimensionen, Abstraktionsgrade und Reichweiten unterteilt. Davon ist vieles bis heute sinnvoll und bleibt deshalb erhalten.

Nach dem Abstraktionsgrad werden Richtziele, Grobziele und Feinziele unterschieden. Erstere steuern längere Unterrichtseinheiten, letztere Unterrichtsstunden und -phasen.

Im Blick auf die geistig-psychischen Dimensionen gibt es kognitive, emotionale und instrumentale (oder psychomotorische) Ziele. Für den Geschichtsunterricht sind vor allem die kognitiven zentral. Emotionale Ziele wie Mitleid mit Opfern oder Bewunderung für Helden (z. B. im Widerstand) in der Geschichte stehen leicht unter Manipulationsverdacht oder gelten als kaum planbar.

Nach der kognitiven Schwierigkeit wird die Unterscheidung in Reproduktion, Reorganisation, Transfer, problemlösendes Denken getroffen. Sie ist den drei Anforderungsbereichen der EPA in allen Fächern zugrunde gelegt worden, wobei die Zuordnung im Detail durchaus schwierig sein kann. (→ 3.1)

3.8.1 Kompetenzbegriff und Kompetenzmodelle

Ab den 1990er Jahren kam vermehrt der Kompetenzbegriff in der Pädagogik auf. Ein Vorläufer (zuerst in der Berufspädagogik) war die Schlüsselqualifikation, die durch ihr hohes Transferpotenzial zum Handeln in verschiedenen Situationen und Herausforderungen befähigen soll. In diesem Jahrzehnt begannen die großen internationalen Testreihen wie PISA, die bestimmte sprachliche oder mathematische Kompetenzen zu messen versuchten. Besonders in Deutschland hat das schlechte Abschneiden zu vielen bildungspolitischen und bildungswissenschaftlichen Aktivitäten geführt. Hier hat sich die Definition des Psychologen Erich Weinert durchgesetzt, die zuerst im OECD-Bericht 1999 erschien. Danach sind *Kompetenzen*

„die bei Individuen verfügbaren oder durch sie erlernbaren kognitiven Fähigkeiten und Fertigkeiten, um bestimmte Probleme zu lösen, sowie die damit verbundenen motivationalen, volitionalen [die willentliche Steuerung von Handlungen und Handlungsabsichten, der Verf.] und sozialen Bereitschaften und Fähigkeiten, um die Problemlösungen in variablen Situationen erfolgreich und verantwortungsvoll nutzen".

Weitere wichtige Klärungen der Begriffe *Kompetenz, Kompetenzmodell und Bildungsstandards* besorgte ein Expertenteam um Eckart Klieme:

„Kompetenzen [...] werden hier verstanden als Leistungsdispositionen in bestimmten Fächern oder *‚Domänen'"* (Klieme 2007, 22); d. h. „erworbene, also nicht von Natur aus gegebene Fähigkeiten, die an und in bestimmten Dimensionen der gesellschaftlichen Wirklichkeit erfahren wurden und zu ihrer Gestaltung geeignet sind, Fähigkeiten zudem, die der lebenslangen Kultivierung, Steigerung und Verfeinerung zugänglich sind, so, dass sie sich intern graduieren lassen, z. B. von der grundlegenden zur erweiterten Allgemeinbildung; aber auch Fähigkeiten, die einen Prozess des Selbstlernens eröffnen, weil man auf Fähigkeiten zielt, die nicht allein aufgaben- und prozessgebunden erworben werden, sondern ablösbar von der Ursprungssituation, zukunftsfähig und problemoffen" (Klieme 2007, 65).

Wenn Kompetenzen domänenspezifisch aufzufassen sind, müssen sie für Geschichte anders lauten als für die anderen Fächer. Dieses wird oft nicht beachtet, wenn etwa fachübergreifend Personal-, Selbst- oder Sozialkompetenz genannt werden. Diese sind auch zu entwickeln, genügen aber nicht als Zielbestimmung für eine Geschichtsstunde.

Kompetenzmodelle sind „theoretische Beschreibungen *der Struktur* dieser spezifischen Fähigkeiten und der *Stufen* ihres Erwerbs", um „Kompetenzerwartungen für schulische Lernfelder und Fächer zu explizieren, mit klarem Fokus auf die jeweiligen *Kernbegriffe und Leitideen* und deren Entfaltung im *Bildungsgang*". (Klieme 2008, 222 f.)

Für die „Domäne" Geschichte musste all dieses erst noch bestimmt werden, mehrere konkurrierende Modelle liegen bis heute vor. In den unterschiedlichen Varianten werden zig Kompetenzen aufgeführt, womit der Eindruck großer Beliebigkeit entsteht. Vor allem die Existenz einer „Sach"-kompetenz ist umstritten, da sie häufig einfach als breites Sachwissen missverstanden wird. Eine Kompetenz ist aber kein verfügbares Wissen, sondern eine Fähigkeit, wie mit Wissen umzugehen ist. Nur in diesem Sinn ist die Sachkompetenz haltbar, wobei Sachwissen einen wesentlichen Teil dieser Kompetenz bildet (Deile 2014).

Das Resultat der didaktischen Überlegungen sind *Bildungsstandards*, die in Deutschland von der KMK für die Fächer Deutsch, Mathematik, Englisch, Französisch und Naturwissenschaften festgelegt worden sind. Auf sie beziehen sich die Vergleichsarbeiten in verschiedenen Jahrgangsstufen.

„Nationale Bildungsstandards formulieren *verbindliche* Anforderungen an das Lehren und Lernen in der Schule. Sie stellen damit innerhalb der Gesamtheit der Anstrengungen zur Sicherung und Steigerung der Qualität schulischer Arbeit ein zentrales Gelenkstück dar. Bildungsstandards benennen *präzise, verständlich und fokussiert die wesentlichen Ziele der pädagogischen Arbeit, ausgedrückt als erwünschte Lernergebnisse der Schüler_innen.*" – „Sie legen fest, welche Kompetenzen die Kinder oder Jugendlichen bis zu einer bestimmten Jahrgangsstufe mindestens erworben haben sollen. Die Kompetenzen werden so konkret beschrieben, dass sie *in Aufgabenstellungen umgesetzt und prinzipiell mit Hilfe von Testverfahren* erfasst werden können" (Klieme 2007, 9).

Für das Fach Geschichte sind diese jedoch bis auf Weiteres nicht zu erwarten, da hier fachdidaktische und (besonders zur DDR-Geschichte) parteipolitische Kontroversen eine Einigung auf Bundesebene schwierig machen. Von festen Testverfahren für historische Kompetenzen ist demnach auch keine Rede. Die Reaktion auf den inhaltsbezogenen Vorschlag des Geschichtslehrerverbandes von 2010 (zuerst 2006), der sich eine höhere Verbindlichkeit im Unterricht versprach, hat dies deutlich gezeigt. Pandel beschreibt die Situation im Fach Geschichte:

„Wir kommen zurzeit in der Geschichtsdidaktik bzw. im Geschichtsunterricht auf knapp 30 grundverschiedene Kompetenzmodelle. Die Zahl der einzeln aufgeführten sog. Kompetenzen geht allein [...] in die Hunderte, weil Wissensziele als Kompetenzen ausgegeben werden („Kompetenzerwartung"). Hinzu kommen noch allgemeinpädagogische Modelle, die beanspruchen, auch im Fach Geschichte anwendbar zu sein" (Pandel 2016, 21).

Zu Kompetenzen gehören eine Reihe von Eigenschaften: Sie sollten

- domänenspezifisch sein: für ein begrenztes Fach oder einen Fachbereich gelten,
- eine komplexe und kreative Fähigkeit aufzeigen, die variabel einsetzbar ist,
- mehrgliedrig sein: Fähigkeiten, Fertigkeiten, Regeln, Techniken einschließen,
- das Ergebnis („output"-orientiert) eines Unterrichts in Schülerfähigkeiten ausdrücken,

- eine zutreffende Diagnose der Schülerkompetenzen zu Beginn als Ausgangspunkt nutzen,
- anwendungsorientiert sein: in späteren Situationen für eine Anwendung zur Verfügung stehen,
- Multiperspektivität und Pluralität unterstützen,
- differenziert sein. Individualisierung ermöglichen und
- von Metareflexion der Lehrkraft und der Lernenden begleitet sein.

Nach Pandel sollten Kompetenzen auch nur in begrenzter Zahl aufgeführt werden, sonst tritt die besagte Inflation ein. Beliebige Bindestrich-Kompetenzen füllen die Rahmenpläne. In der geschichtsdidaktischen Diskussion sind mehrere Kompetenzmodelle vorgelegt worden, ohne dass sich eines davon als überlegen durchgesetzt hätte. Daneben gibt es auch noch meist von den Bildungsministerien ausgehende fachübergreifende Modelle, die nicht nur Fachkompetenzen im Unterricht ansetzen, sondern möglichst allen Plänen eine gleiche Grundstruktur geben sollen. Die Ausbilderinnen und Ausbilder, Referendarinnen und Referendare müssen daher in der Regel diesen folgen und das vom Lehr- oder Rahmenplan verwendete Modell anwenden, das schließlich eine verbindliche schulrechtliche Verordnung darstellt.

3.8.2 Kompetenzorientierter Geschichtsunterricht

Worin unterscheidet sich nun kompetenzorientierter Unterricht von anderen herkömmlichen Formen? Oder ist das ein Scheingegensatz, weil guter Unterricht schon immer kompetenzorientiert war, ohne dass er so genannt worden ist? Im Sinne obiger Eigenschaften ist dies zumindest vorstellbar, da auch frühere Lehrergenerationen im günstigen Fall schon Interesse an langfristigen Ergebnissen hatten, grundlegende Einsichten und Fähigkeiten höher schätzten als kurzfristige Vielwisserei, den Transfer der gewonnenen Ergebnisse stets im Auge hatten und mehrere Meinungen in einem Unterricht wertschätzten, auch individuelle Auseinandersetzungen jenseits der allgemeinen Norm integrierten. Dies gilt freilich nicht für jeden Geschichtsunterricht früherer Zeiten. Kompetenzorientierung bedeutet vor allem die Aufforderung, vom Ende her zu denken, was nach der Stunde und Reihe in den Schülerköpfen bleiben soll.

In der bisherigen Diskussion haben sich durchaus einige Stärken der Kompetenzorientierung im Fach Geschichte gezeigt:

- Schüler werden auf einen künftigen offenen Umgang mit Geschichte gezielt vorbereitet.
- Der Gegenstand Geschichte selbst wird wesentlich als veränderlich aufgefasst.
- Kompetenzförderung ist ein langwieriges Geschäft, eine Kompetenz ist nicht nur in einer Stunde zu erreichen, sondern ein Hintergrundziel der gesamten Lehr- und Lernzeit. Geschichte setzt auf langfristige historische Bildung.

Doch die Kompetenzorientierung droht teilweise auch zu einer Entfachlichung zu führen, sobald fachunspezifische Kompetenzen wie die Präsentationsfähigkeit statt fachlicher Inhalte und Methoden im Mittelpunkt stehen. Besonders umstritten ist die Rolle und erforderliche Breite des historischen Wissens zur Kompetenzbildung. Ohne einige feste Wissensbestände scheinen aber Transferleistungen kaum möglich zu sein. Wer die Begriffe „Sozialismus“ oder „Faschismus“ nicht mit historischem Wissen anfüllen kann, kann mit ihnen auch nicht im politischen Raum umgehen. Mögliche Missverständnisse liegen daher darin, den Wert historischen Wissens zu unterschätzen. Kompetenzen können nicht inhaltsleer gewonnen werden, ohne Wolle ist kein Stricken möglich. Daher kann der Aufbau eines (begrenzten) festen Daten- und Begriffsnetzes auch eine Komponente der Kompetenzorientierung sein. Skeptiker weisen hier auf die geringen abrufbaren Erfolge im bisherigen Unterricht hin, doch lassen sich durchaus Gegenbeispiele nach einer entsprechenden Zielorientierung finden.

Die Kognitionspsychologie stützt diese Auffassung durch die Unterscheidung mehrerer Wissensarten, die bei der Verarbeitung von neuen Informationen z. B. in einem Text zusammenwirken. Dazu gehört metakognitives Wissen (Wissen über sich selbst), unspezifisches strategisches Wissen, etwa wie beim Lesen vorzugehen ist, und domänenspezifisches Wissen, das sich nur auf den Bereich der Geschichte bezieht. Dieses ist entweder deklaratives Wissen, also Begriffe, Fakten, Personen ..., oder prozedurales Wissen, Handlungswissen über erfolgversprechende Methoden, typische Konzepte und Relationen im historischen Kontext (s. u.). Gerade das domänenspezifische Wissen wirkt entscheidend auf den Aufbau historischen Denkens ein (Günther-Arndt 2014d).

3.8.3 Kompetenzentwicklung und die Lernziele einer Einzelstunde

Kompetenzen sind nicht auf einmal da, sondern werden in kleinen Schritten erreicht, im Idealfall gefördert durch gelungene schulische Lernprozesse. Eine Lehrkraft möchte vor allem langfristige Erfolge durch geschickte Förderung und sinnvolle Aufgaben gewährleisten. Lernerfolge stellen sich nicht von selbst ein, die Kompetenzen müssen systematisch aufgebaut werden.

Das Fach Geschichte weist im Vergleich leider einige Besonderheiten auf, die dem Lernen teilweise entgegenwirken, derer man sich aber stets bewusst sein muss:

1. Historisches Wissen ist vielfach „deklaratives Wissen“, Wissen über Begriffe, Personen, Sachverhalte, Ereignisse usw. (knowing that ...). Es ist prinzipiell unendlich und wenig strukturiert, d. h. nur Weniges lässt sich schlüssig voneinander ableiten. Die Vergessensrate für solche „chaotischen“ Wissensgebiete ist noch höher als für den sonstigen Schulstoff. Behalten wird zudem häufig das eher Unwichtige, z. B. worauf die Opfer beim Prager Fenstersturz gefallen sind, nicht aber, wofür sie standen. So entsteht mit der Zeit ein recht breites episodisches und semantisches Wissen, Be-

griffe müssen verstanden und über Vernetzung in einem gedanklichen System verfügbar werden.

2. Das prozedurale oder heuristische Wissen (knowing how ...) umfasst die komplexen und teilweise wenig fachspezifischen geistigen Prozesse, wie triftige historische Aussagen erzeugt werden. Man kann sie als das „Werkzeug des Historikers" bezeichnen, das teilweise automatisiert, als eine Fertigkeit, besteht. Dazu gehören auch die Kategorien, unter denen Geschichte erschlossen wird: Dauer und Wandel, Wirklichkeit und Möglichkeit, Ursachen und Folgen, Interessen und Motive, Macht, Freiheit. Dazu zählen fachunspezifische Denkoperationen wie Zergliedern, Vergleichen, Ordnen. Eine praktische Umsetzung dessen bilden im Unterricht erstellte Mindmaps (auch Concept Maps).
3. Das Verständnis historischer Wahrheit ist schwierig: Sie ist nicht eindeutig, beruht auf Perspektiven und Interpretationen, ohne dass es in historischen Relativismus und reinen Subjektivismus ausschlagen darf. Dagegen steht immer noch das „Vetorecht der Quellen", das allerdings aufgrund möglicher Deutungsvarianten oft gar nicht allzu eindeutig ausfällt. Selbst vermeintlich reine „wahre Fakten" sind stark interpretationsbedürftig. Am 30.1.1933 wurde Adolf Hitler Reichskanzler der Weimarer Republik. Das ist zweifellos ein Fakt, dennoch darf allein zum Wort „wurde" weiter gefragt werden: Wie geschah das genau (Berufung, Wahlen, Lobbygruppen)? Welche Vorgeschichte ermöglichte das (Vorgespräche, Koalitionen, Absprachen)? Welche Handlungsmöglichkeiten eröffnete das den Beteiligten? Unter den Schülerinnen und Schülern gibt es dagegen das Bedürfnis nach eindeutigen Lösungen, vor allem wenn für Leistungskontrollen gelernt werden soll.

Zu einem Kompetenzmodell gehört die ausdrückliche Festlegung von mehreren Stufen für die Kompetenzen. Die Schwierigkeit, welche Kompetenzen es überhaupt im Geschichtsunterricht gibt, verlängert sich in die Festlegung von Niveaustufen, die nach dem Prinzip einer Entwicklung von einfachen Ansätzen zur Perfektion vorgenommen werden. Es gibt z. B. eine Unterscheidung der Graduierungen „basal – intermediär – elaboriert" im Modell der FUER-Gruppe, doch bleiben die Kriterien in der praktischen Anwendung verschwommen. Man kann sich dadurch helfen, dass nur von Ausprägungsgraden gesprochen wird. Für die Referendarausbildung bedeutet das, dass mit jeder Einzelstunde eine Erweiterung der historischen Kompetenzen angestrebt wird, ohne dass sich präzise festlegen lässt, in welchem Maße dies für jeden einzelnen Lerner geschieht. Lernziele allerdings sollen abrechenbar sein und werden deshalb operationalisiert. Auf dem Nachweis von Lernerfolgen beruht nicht zuletzt die Benotung von Lehrproben.

Kompetenzen lassen sich nur über einen längeren Zeitraum aufbauen, Lernziele „beschreiben Zwischenschritte auf dem längeren Weg des Kompetenzaufbaus" (Bonsen/

Hey o. J.) und helfen bei der Planung, Steuerung und Evaluation der einzelnen Stunde. Sie sollen operationalisiert formuliert werden und spezifisch für die gehaltene Stunde sein, also nicht: „Die Schüler werten schriftliche Quellen aus", sondern unter Benennung der für die Stunde ausgewählten Quellen.

Literatur

Bonsen, Elisabeth/Hey, Gerhard: Kompetenzorientierung – eine neue Perspektive für das Lernen in der Schule. IPTS Schleswig-Holstein (o. J.)

Klieme, Eckart u. a.: Zur Entwicklung nationaler Bildungsstandards. Expertise, Bonn 2017

Pandel, Hans-Jürgen: Kompetenzen – ein Rückblick nach 12 Jahren. In: Geschichte für heute 3 (2016), S. 20-34

Pandel, Hans-Jürgen: Geschichtsdidaktik. Eine Theorie für die Praxis, 2. Aufl., Schwalbach/Ts. 2017c

Peters, Jelko: Geschichtsstunden planen, St. Ingbert 2014

Sauer, Michael: Geschichte unterrichten. Eine Einführung in die Didaktik und Methodik, aktual. 12. Aufl., Seelze-Velber 2015, S. 21-27

3.9 Beitrag zur Politischen Bildung

Geschichte trägt wesentlich zur Politischen Bildung bei. Dieses Unterrichtsprinzip wirkt heute wie eine bare Selbstverständlichkeit, doch um 1900 wäre der Satz als zu einseitig von vielen Gymnasiallehrern im wilhelminischen Deutschland abgelehnt worden. Individuelle Bildung hat auch eine emotional-ästhetische, eine kulturelle oder eine philosophisch-religiöse Seite, die damals vielen sogar als wichtiger galt. In dieser Zeit setzte die Diskussion um die staatsbürgerliche Bildung ein, für die zunächst das Fach Geschichte am ehesten geeignet schien. Einen Politikunterricht gab es noch nicht. Die Debatte um die Politische Bildung hob die Beziehung zum Staat hervor und unterlag sofort ideologischen Ansprüchen an eine korrekte Einstellung zur bestehenden Obrigkeit. In der Weimarer Republik erhielt die Politische Bildung auf einmal den Auftrag zum Bekenntnis zu Republik und Demokratie. Daher stand das neu eingeführte Fach Staatsbürgerkunde sogar in der Reichsverfassung (Art. 148) – allerdings ohne Wirkung, denn die meisten Länder setzten es nicht um. Demokratieerziehung war noch ein heißes Eisen, zumal wenn die meisten Geschichtslehrer damit ihre Schwierigkeiten hatten und ängstlich waren, sich die Finger daran zu verbrennen. Für den Nationalsozialismus wiederum galt der Geschichtsunterricht als Gelegenheit, völkisches und rassistisches Denken zu lehren.

Nach 1945 begann (hier abgesehen von der SBZ) die Politische Bildung mit dem Willen zur reeducation der Westalliierten und dem Versuch deutscher Pädagogen, aus der Katastrophe die richtigen Lehren zu ziehen. Als fremde „westliche“ Idee galt vielen Geschichtslehrkräften immer noch der vermeintlich angelsächsische Parlamentarismus. Christentum und Abendland schienen noch wichtiger zu sein, um von der NS-Ideologie im „Dritten Reich“ wegzukommen. In der Debatte um die Gemeinschaftskunde wurde heftig gerungen, als die Deutschen wieder souverän ihre Schulangelegenheiten regeln durften. Die Geschichtslehrer wollten ihre Stellung in der Schule behalten, ohne aber stark auf Gegenwartsfragen einzugehen. Seit der Einführung des Sozialkunde-/Politik-Unterrichts nach 1945 besteht eine gewisse Spannung, wofür die Fächer auf dem Gebiet der Politischen Bildung jeweils zuständig sind. So gibt es heute in vielen Themen wie der Geschichte der Bundesrepublik oder der Europäischen Union Überschneidungen. Schwerpunkte lassen sich nur unscharf bestimmen: für die Geschichte die Frage „Wie ist es dazu gekommen?“, für Sozialkunde/Politik die Frage „Wie funktioniert es? Wie könnte es nun weitergehen?“

Kernziel der fächerübergreifenden Politischen Bildung ist die *Demokratieerziehung*, zu der auch eine Menschenrechts- und Grundwerteerziehung gehört. Strittig ist aber, in welchem Verhältnis dies im Fächerkanon umgesetzt wird, wie Geschichtsunterricht zum Politikunterricht/zur Sozialkunde steht und welche Rolle dabei noch die weiteren Schulfächer des gesellschaftlichen Bereiches und darüber hinaus (Deutsch, Kunst, Musik) leisten. Hinzu kommt, dass die Bezugsdisziplin Geschichtswissenschaft sich von der politischen und sozialen Geschichte recht weit gelöst hat und heute oftmals geschichtskulturelle Inhalte erforscht („cultural turn“). Im Geschichtsunterricht ist die Weckung politischen Bewusstseins eine der zentralen Dimensionen, wenn es um Machtfragen in der Gesellschaft geht. (→ 3.1) Doch darf der Geschichtsunterricht sich heute nicht nur als „Dienstleister“ für den Politikunterricht verstehen, weil er viele Inhalte bietet, die darüber hinausgehen und ihren eigenen Wert beanspruchen.

Auch die Aufwertung der außerschulischen Lernorte wird mittlerweile mit dem Ziel der Demokratieerziehung verbunden: Teilweise obligatorische Gedenkstättenbesuche sollen über die Auseinandersetzung mit der konkreten Geschichte des Ortes und teilweise grausamen Details einen Beitrag zur Menschenrechts- und Demokratieerziehung leisten. Dazu wird häufig der Lernweg über die biografische Personifizierung gewählt, die Empathie begünstigt. Neben der Ausstellung eignet sich hier besonders die filmische Aufzeichnung von Interviews und persönlichen Erzählungen. Dies gilt für KZ-Gedenkstätten wie für Gedenkstätten zur SBZ- oder DDR-Geschichte. Die meisten Gedenkstätten sind immer noch Kriegsopfern gewidmet, Soldatenfriedhöfe und Gedenkmale gibt es bereits für die Toten des 19. Jahrhunderts. Ihre Einbeziehung in den Unterricht soll diesen in die Gesellschaftspraxis erweitern. Im Jahr 2014 hat die deutsche Kultusministerkonferenz dazu eine Erklärung verabschiedet, die einen umfassenden Auftrag an die Schulen in der Erinnerungskultur beinhaltet.

Handlungsorientierung als Ziel der Politischen Bildung
Der Politischen Bildung liegt ein anderes Verständnis von Handlungsorientierung (→ 3.6) in der allgemeinen Unterrichtsmethodik zugrunde: Danach darf der Unterricht nicht damit zufrieden sein, schulisch relevantes Wissen oder Prüfungsstoff zu vermitteln, sondern soll auch zu politischen Einstellungen und Handlungen anregen, die über die Schule hinaus wirken. In Nordrhein-Westfalen gilt Handlungskompetenz als oberstes Ziel des Schulunterrichts. In politischer Hinsicht könnte dies z. B. die erste Teilnahme an oder sogar die Vorbereitung einer politischen Demonstration sein.

Doch der Geschichtsunterricht tut sich schwerer als der Politikunterricht, für die Schülerinnen und Schüler unmittelbar handlungswirksam zu sein. In Ausnahmefällen wird vielleicht eine historische Beschriftung verbessert, ein Leserbrief mit historischem Inhalt verfasst werden können. Das Feld des Geschichtsunterrichts sind die langfristigen Einstellungen und Bereitschaften für künftiges Handeln. Wer über die Beschäftigung mit dem Imperialismus ein Interesse für Herrschaftsverhältnisse in den Entwicklungs- und Schwellenländern aufgebaut hat, wird auf die Probleme aktueller Entwicklungshilfe anders reagieren, als wer erst gar kein historisches Verständnis dafür mitbringt.

Damit stellt sich auch die Frage. In welchem Maße Referendarinnen und Referendare im Unterricht politische Meinungen äußern sollen. Keinesfalls ist er als öffentlich Bediensteter zum neutralen Schweigen verdonnert, aber zur Mäßigung im Umgang mit Abhängigen. Konkret bedeutet dies, im Unterricht sind mehrere Meinungen zulässig, die eigene darf nicht aufgezwungen werden. Wer andere zur historisch-politischen Meinungsbildung erziehen soll, gibt am besten ein Vorbild, wie eine begründete Meinung aussehen kann. Verfassungsfeindlichen Äußerungen einzelner Schülerinnen und Schüler muss er entgegentreten. Insbesondere darf im Geschichtsunterricht nicht der Holocaust geleugnet werden, wogegen sogar das Strafrecht steht. (→ Anhang: Text/Quelle 4 und 5)

Literatur

KMK: Stärkung der Demokratieerziehung. Beschluss (2009) (https://www.kmk.org/fileadmin/Dateien/veroeffentlichungen_beschluesse/2009/2009_03_06-Staerkung_Demokratieerziehung.pdf, 25.4.2017)

KMK: Erinnern für die Zukunft. Empfehlungen zur Erinnerungskultur als Gegenstand historisch-politischer Bildung in der Schule, Beschluss (2014) (http://www.kmk.org/fileadmin/Dateien/pdf/PresseUndAktuelles/2014/2014-12-11-Empfehlung_Erinnern_fuer_die_Zukunft.pdf, 20.12.2016)

Mounajed, René: „Holocaust-Education" und Menschenrechtserziehung im Geschichtsunterricht. In: Handbuch Praxis II (2017), S. 263-289

Pandel, Hans-Jürgen: Geschichte und politische Bildung. In: Handbuch Geschichtsdidaktik (1997), S. 319-323

Pandel, Hans-Jürgen: Geschichtsdidaktik. Eine Theorie für die Praxis, 2. Aufl., Schwalbach/Ts. 2017c, S. 32-38

Sutor, Bernhard: Historisches Lernen als Dimension politischer Bildung. In: Handbuch politische Bildung (2014), S. 347-362

3.10 Alters- und Schulformpassung

Zu den unliebsamen Erfahrungen eines Geschichtslehrers gehört, dass die große Anfangsbegeisterung der Schülerinnen und Schüler gegenüber dem Fach Geschichte in späteren Jahren spürbar nachlässt. In das Fach werden kaum noch Aktivitäten freiwillig eingebracht. In manchen Klassen verpuffen alle Diskussionsimpulse, gibt es kaum politisches Interesse über den Unterricht hinaus. Woran liegt dieser sichtbare Verlust von Unterrichtsfreude? Vor allem aber: Lässt er sich verhindern?

Zum einen nimmt in der jugendlichen Entwicklung die Schulfreude überhaupt ab, und falls sie doch erhalten bleibt, dann oft eher wegen der Gelegenheit zur Gemeinschaft mit anderen. Der Lernfreude speziell im Geschichtsunterricht wirken mit der Zeit die hohen Anforderungen an begriffliche Abstraktion, hypothetisches Denken, die Komplexität der Ereignisse und die trotz aller Bemühungen fehlende Anschaulichkeit des Faches entgegen. Diese Erfahrung wachsender Schwierigkeiten teilt das Fach aber mit anderen und das gehört zu den allgemeinen Lernbedingungen. In den verschiedenen Schulformen zeigen sich diese mehr oder weniger krass.

3.10.1 Alterspassung

In enger Verbindung mit dem kindlichen Interesse am Geschichtsunterricht besteht das Problem: *Welche historischen Themen und Fragen eignen sich für welche Altersstufen?* Besonders dringlich stellt sich diese Frage in der Sachkunde der Grundschule, wenn es gilt, die ersten Grundlagen zu schaffen. Dort beginnen die Kinder den Geschichtsunterricht nicht in der Altsteinzeit, sondern mit Themen, zu denen sie leichter einen Bezug haben: die Familiengeschichte, die lokale Geschichte, besondere Gebäude wie die Dorfkirche oder ein Denkmal. Sie sollen erstmals eine umfassendere Zeitvorstellung gewinnen und erlernen diese meist an einem einfachen Zeitstrahl. Römer und Wikinger lebten nicht gleichzeitig, konnten sich also nicht begegnen – anders als in den Asterix-Filmen üblich.

Zur Vertiefung der Problematik sei auf den umstrittenen Vorstoß aus der Holocaust-Pädagogik hingewiesen, die in Israel von der dortigen Holocaust-Gedenkstätte Yad Vashem propagiert wird. In Israel ist es üblich, bereits in der Vor- und Grundschule das Thema Holocaust über angepasste Formen in Bilderbüchern und geeigneten Erzählungen zu behandeln. Von der israelischen Gedenkstätte sind diese Materialien ins Deutsche übersetzt worden mit der Erwartung, auch in deutschen Grundschulen dieses Thema behandeln zu können. Das didaktische Ziel ist dabei, eine Sensibilisierung für die Ausgrenzung von Menschen mit andersartigen Merkmalen zu erreichen, die in den Kindern eine ethische Haltung fördert, dies als ungerecht zu verurteilen. Man könnte es als besonderen Weg der Menschenrechtserziehung ansehen. Dazu hat es in Deutschland einzelne Schulversuche gegeben. Dennoch bestehen erhebliche Bedenken, ein schwierig zu verstehendes und grausames Thema wie die Judenverfolgung zum Unterrichtsgegenstand zu machen. Besonders wird auf die Unvergleichbarkeit des Holocaust hingewiesen, der eine noch so gut gemeinte ahistorische Instrumentalisierung nicht sinnvoll macht.

Auf den auch zeitlich nur geringen historisch ausgerichteten Sachkundeunterricht der Grundschule folgt die Orientierungsstufe mit dem Fachunterricht, der meist in der 6. Klasse beginnt (teilweise schon in der 5. Klasse). Aus der Lernpsychologie erfahren wir, dass die älteren Reifungstheorien zur geistigen Entwicklung inzwischen überholt sind, auch wenn sie immer noch im Umlauf sind. Danach durchlaufen alle Kinder ähnliche Lernphasen oder -stufen, in denen sie bestimmte Inhalte begreifen und erlernen können und andere nicht. Waltraud Küppers sprach 1966 von affinen und diffugen Stoffen: Affin sind danach vor allem Erzählungen über Ereignisse und Personen, deren Handlungen mit einer relativ einfachen Alltagspsychologie zu erklären sind (z. B. Machthunger, Rivalität, Rache). Das starke Erbe des Historismus im deutschen Geschichtsunterricht machte daraus meist eine Geschichte der großen Persönlichkeiten nach dem Motto „Männer machen Geschichte“. Diffuge Themen seien dagegen Gesellschaftsstrukturen oder Verfassungen, die eher in die Oberstufe gehörten.

Neuere Theorien wiesen auf die Abhängigkeit der Lernergebnisse vom bisher Gelernten hin und stellten keine einfache Reifung der Kinder fest, sondern einen stark von der Lernumgebung und Sozialisation beeinflussbaren Prozess. In der Lerntheorie der frühen 1970er Jahre gab es sogar die optimistische Hoffnung, man könne jeden Gegenstand jedem Kind in jedem Alter lehren, wenn man es nur richtig anstelle. „Jedes Kind kann auf jeder Entwicklungsstufe jeder Lehrgegenstand in einer intellektuell ehrlichen Form erfolgreich gelehrt werden“ (Bruner 1970). Damit schien die Stufentheorie überholt. In der Folgezeit befassten sich die Lehrbücher bereits sehr früh z. B. auch mit antiken Verfassungsschemen und anderen komplizierteren Modellen und Strukturen. Es hat etwas gedauert, bis die geringe Resonanz dieser Ansprüche bei den Schulkindern den Optimismus dämpfte.

Zudem dominierte seit den 1970er Jahren Jean Piagets Entwicklungspsychologie und bleibt in modifizierter Form vor allem in der Ausbildung der Grundschullehrkräfte bis heute zentral. Danach wird dem Alter von etwa elf bis zwölf Jahren eine Schlüsselstelle in der geistigen Entwicklung zugewiesen. Vom konkret operationalen Denken gehen die Kinder über zu formal-abstraktem Denken. Erst jetzt hat ein Begriff wie „Gesellschaft“ oder „Staat“ eine Chance, mehr zu bedeuten als einfach „viele Leute“. Mit dieser Begründung setzt hier in den meisten Bundesländern der historische Fachunterricht ein. Der vorhergehende Unterricht gilt nur als Anbahnung von begrenzter Reichweite, was ihn aber keinesfalls entwertet. Für die folgenden Jahre bis zum Abitur geben Piagets Theorien allerdings wenig her. Insbesondere können keine passenden Stoffe danach ermittelt werden. Aus den 1970er Jahren erhalten geblieben ist aber der veränderte Umgang mit der *Personalisierung*, die kindlichen Vorstellungen entgegenkommt. So werden nicht nur die Biografien der Mächtigen (Caesar, Napoleon) in den Unterricht eingebracht, sondern auch von normalen Menschen und Opfern historischer Ereignisse *(Personifizierung).*

Hinzu kommt, dass die neuere Lernpsychologie sich vom Konzept eines Gleichschritts für alle Individuen und in allen Lernbereichen (Domänen) verabschiedet hat. Es gibt keine einheitliche Entwicklung, die alle Kinder gleich durchlaufen, sondern individuell verschiedene Wege. In einer Klasse können Kinder mit weit auseinanderliegenden Fähigkeiten sitzen, manche können einen Perspektivenwechsel vornehmen, andere noch nicht; manche können Gruppen als plural strukturiert auffassen, andere nur als homogen. Moralische Bewertungen werden teils nur durch Rollenkonformität gestützt oder teils bereits durch universalisiertes Denken (nach Kohlbergs moralischen Stufen). Das Geschichtsbewusstsein entwickelt sich zudem getrennt von anderen Denkprozessen. Daher sind die historischen Denkfähigkeiten in den folgenden Jahrgangsstufen oft sehr unterschiedlich entwickelt, abhängig vom bisher Erlernten, vom Interesse, auch von der gesamten, allerdings instabilen Entwicklung der Persönlichkeit. Wer diese Zuwächse in einer Lerngruppenbeschreibung eines Unterrichtsentwurfs genau einstufen möchte, stände in jeder Klasse vor einem unlösbaren Problem.

3.10.2 Lehrpläne, Inhalte und Chronologie

Noch stärker als in anderen Schulfächern bestehen starke Erwartungen in der Gesellschaft an die Schule, welche „relevanten“ Inhalte im Fach Geschichte zu behandeln sind: Es geht nicht ohne den Nationalsozialismus und den Holocaust, die Reformations-, die Demokratie- und die Geschlechtergeschichte, den Kolonialismus usw. Jede Vollständigkeit der Inhalte ist zwar von vornherein illusionär, jeder Inhaltskatalog stellt einen ausgehandelten Kompromiss dar, den man aus individueller Sicht oder prinzipiell ohne Weiteres infrage stellen könnte. Wenn der Staat aber über seine Lehr- oder Rahmenpläne mit gewissen Freiräumen einen „Kanon“ vorgibt, erfolgt das aus einer Mischung von Relevanz- und pragmatischen Überlegungen. Eine Kommunikationsfähigkeit über gesellschaftlich relevante historische Themen soll im Nachwuchs gesichert, das gesellschaftliche System als Ergebnis wertvoller historischer Erfahrungen und überlegter Entscheidungen deutlich werden. Der Plan soll garantieren, dass nicht jeder in seiner Schule und Klasse etwas anderes lernt, Schulbücher müssen danach geschrieben und Prüfungen abgehalten werden. Die meisten Eltern halten das für richtig.

In den meisten Ländern ist ein Lehrplan üblich, in dem die Schülerinnen und Schüler in einem Zeitraum von vier bis sechs Jahren der Sekundarstufe I einmal die Menschheitsgeschichte von der Steinzeit an, wenn auch sehr ausgedünnt und mit starker Schwerpunktbildung, durchgehen. Die „Inseln" des Interesses wechseln dabei je nach den für wichtig gehaltenen Kriterien. Im 19. Jahrhundert war dem humanistischen Gymnasium die griechisch-römische Antike besonders wichtig und wurde in einer heute unvorstellbaren Detailliebe behandelt. Auch das dynastiegeschichtliche Interesse der herrschenden Häuser fand sich in den Themen wieder, in Preußen (Hohenzollern) wie in Bayern (Wittelsbacher). Staat und Nation wurden im wilhelminischen Geschichtsunterricht favorisierte Schwerpunkte, später teilweise auch in „völkischer" Deutung. Inzwischen gilt das 20. Jahrhundert mit der Geschichte von Demokratie und Diktatur als die wichtigste Epoche und erhält immer mehr Unterrichtszeit. Im aktuellen Zeitalter von Globalisierung und Migration verschiebt sich das Interesse in andere Epochen und Regionen (China, Afrika, islamische Welt). Die jüngeren Schulbücher enthalten bereits Kapitel zum 21. Jahrhundert mit der Auseinandersetzung um Islamismus und Terrorismus usw.

Die jeweils jüngste Geschichte wird allerdings kaum in den Schulen erreicht. Leider machen viele junge Lehrer diese Erfahrung bei der Übernahme neuer Klassen, dass sie hinter den Lehrplanzielen zurückliegen und die Grenze zur Gegenwart kaum erreichen können. In den 1950er Jahren wurde dies mit der Befangenheit der Lehrer wegen des Nationalsozialismus erklärt. In den 1990er Jahren traf dieser Vorwurf vor allem die ostdeutschen Lehrkräfte wegen der DDR-Geschichte. Beklagt wird dieses Phänomen aber schon in früheren Epochen, und selbst zweifellos unbefangene Lehrkräfte unterliegen ihm ebenso. Dies ist zwar bedauerlich, stellt sich aber angesichts der Fülle möglicher Themen immer wieder als Realität heraus. Als Hauptgründe für den Rückstand mancher Lerngruppen gelten fehlende Reihenplanungen, das Reiten von Steckenpferden durch die Lehrkräfte, aber auch das Fehlen vorentlastender Hausaufgaben, um Lesezeit im Unterricht zu sparen. Zur Verbesserung ist eine langfristige Planung in allen Schuljahren notwendig, am besten in der Schulfachschaft. Um das Unterrichtsfach Geschichte in den Augen der Gesellschaft zu rechtfertigen, sollten die Fachschaften dieses Problem nicht auf die leichte Schulter nehmen.

Der Zweck des chronologischen Vorgehens ist ohnehin kein vollständiger Überblick, den kein Historiker je haben kann, sondern eine Fähigkeit, sich in den zentralen Epochen zu orientieren und immer wieder hinzukommendes neues Wissen in das angelegte System einzufügen. In dieser Orientierungsfähigkeit sehen sehr viele Lehrkräfte sogar einen Kern ihres Unterrichts. Einlösbar ist dies allerdings nur in grober Form und selbst dies nur bei einem Teil der Schülerschaft. So hat es Tests mit Schülern der Sekundarstufe I und II gegeben, sie sollten vorgegebene historische Personen in die richtige zeitliche Reihenfolge bringen. Das Ergebnis war ernüchternd. Allzu großer Skepsis ist aber entgegenzuhalten: Es gibt auch erfolgreichen Geschichtsunterricht, bei dem ansehnlich viele Jugendliche etwas gelernt haben.

Wer in der Abiturstufe die Schülerinnen und Schüler fragt, merkt schnell, welch geringe Ausprägung die historische Orientierung erst erreicht hat und welche tiefen Lücken sie noch aufweist. Das liegt einesteils an der geringen Wiederholung der historischen Stoffe im Curriculum. Was im Kopf nach der Erstbegegnung nie mehr bewegt wird, steht nicht mehr zur Verfügung. Eine Abhilfe dagegen könnten spiralförmig angelegte Curricula sein, die antike und mittelalterliche Themen auch später wieder einbeziehen. Das hat schon der amerikanische Psychologe Jerome S. Bruner vorgeschlagen.

Ein weiterer Grund dafür ist, dass die Reihenfolge der Durchnahme in der Schule sich nicht im Gedächtnis als richtige Reihenfolge der Epochen festsetzt. Fast alle Länder ordnen aber ihren Geschichtsunterricht nach diesem Prinzip, obwohl die Vorstellung nicht haltbar ist, oder dass das Spätere nur zu verstehen sei, wenn das Frühere, aus dem es hervorgegangen ist, bereits bekanntgemacht sei: „Hitler kann man nur von der Niederlage im Ersten Weltkrieg und dem Versailler Vertrag aus verstehen!“ Das ist gewiss richtig, dennoch sind Schülerinnen und Schüler zu einem ersten Verstehen mit geringeren Ansprüchen auch ohne die Vorgeschichte des Nationalsozialismus in der Lage. So lesen viele Klassen im Deutschunterricht Erzählungen aus der NS-Zeit (Anne Frank etc.) ohne den vorherigen chronologischen Durchlauf. Kinder sind in der Lage, einige historisch-genetische Zusammenhänge zu verstehen, auch wenn sie nicht alle früheren Voraussetzungen kennen. Sie verstehen diese aber wesentlich besser, nachdem sie die chronologischen Prozesse erfahren haben. Für die Beibehaltung des chronologischen Prinzips in der Sek. I spricht auch, dass kaum bessere Ideen einer sinnvollen Anordnung vorliegen.

Ebenso kann nicht behauptet werden, dass die früheren historischen Probleme einfacher zu verstehen seien als die späteren. Vielmehr verfahren die Lehrkräfte nach den Curricula so, dass in den früheren Epochen einfachere Zusammenhänge für den Unterricht ausgewählt werden. Deswegen sind z.B. die Olympischen Spiele bei den Hellenen beliebter als das komplexe Verfassungsschema zur attischen Demokratie. Freilich können die jungen Schülerinnen und Schüler auch über Fragen der politischen Mitbestimmung in der Demokratie sehr gut diskutieren, z.B. über die Frage, ob man Strategen durch das Volk wählen lassen soll oder ob es für die Teilnahme an der Vollversammlung eine Geldentschädigung geben soll. Schwieriger wird es, wenn Fragen nach Machtbalance und sozialem Ausgleich gestellt werden.

Für die Sekundarstufe II galt lange, dass ein vertiefter zweiter chronologischer Durchgang anzustreben sei. Seit den 1970er Jahren verzichtete man dabei weitgehend auf die Geschichte vor der Französischen Revolution, weil sich sonst der Anspruch auf Vertiefung kaum realisieren ließ. Dafür musste die zeitliche Tiefendimension der Geschichte geopfert werden. Vielmals wurden unter Verzicht auf chronologische Ordnung Themen wie „Revolutionen" oder „Krieg und Frieden" gebildet. Wenn Epochen wie die Weimarer Republik oder der NS-Staat dabei mehrfach angesprochen wurden, schuf dies wieder neue Probleme. Eine wirklich zufriedenstellende Lösung dafür gibt es bis heute nicht. Viele Pläne legen einen chronologischen Gang zugrunde und legen dann passende, doch nur unchronologisch scheinende Themen darüber, zu denen allenfalls Ergänzungen treten.

3.10.3 Schulformpassung

Eine Schwachstelle der Geschichtsdidaktik ist die Befassung mit den unterschiedlichen Schulformen im deutschen Schulsystem. Die greifbaren Unterrichtsvorschläge sind fast immer auf den Gymnasialunterricht bezogen. Mit den Lernschwierigkeiten an Real- und Hauptschulen und den neuen Integrationsformen hat sich kaum jemand befasst. In besonderem Maße gilt dies für die Hauptschule und die Förderschule und damit alle Fragen der *Inklusion*, die auch die Gymnasien betrifft, wenn zum Beispiel Autisten die Aufnahmekriterien erfüllen. Dazu gibt es bisher kaum geschichtsdidaktische Veröffentlichungen oder ausgereifte Konzepte. Der Rat zur Binnendifferenzierung ist wohlfeil, doch darf dies aus didaktischer Sicht nicht zur puren Beschäftigungstherapie werden.

Als Schulform gibt es die Hauptschule in immer weniger Bundesländern (in Bayern heißt sie jetzt Mittelschule), doch besteht nach wie vor der Schulabschluss (auch Berufsreife genannt) mit der entsprechenden Schülerschaft, die nach der 9. Klasse die Schule verlässt. Hier hält sich manches Bewährte aus der älteren Volksschuldidaktik erhalten, doch die an deren Stelle getretenen „Sekundarschulen" (bzw. Mittelschulen oder andere Namen), die zugleich in ihren Lerngruppen zum Mittleren Schulabschluss (MSA) führen, verfügen noch über keine spezielle Didaktik. Die Förderung des elementaren Leseverstehens und die Anschaulichkeit sowie Handlungsorientierung erfordern vielmals einen anderen Unterricht. Ein begrenzter Wortschatz in der deutschen Sprache und geringes grammatisches Verständnis lassen das Lesen von Quellen zum Problem werden. Nach manchen Beobachtern herrscht bei einer Teilgruppe der Schülerinnen und Schüler nahezu ein faktischer Analphabetismus, wofür die ansehnliche Zahl derer spricht, die in Deutschland ohne Lesevermögen ihr Leben verbringen. Die sprachliche Überforderung durch Geschichtsschulbücher ist für einen noch größeren Teil der Schüler empirisch schon länger erwiesen. Für den Unterricht stellen sich die Fragen, ob und wie die drei Anforderungsbereiche überhaupt zu realisieren sind.

In der aktuellen Schuldebatte steht die Forderung nach *Inklusion* stark im Vordergrund und dringt auch in die Fachrahmenpläne ein. Historische Bildung für alle impliziert, dass auch lernschwachen Kindern eine Entwicklung ihres Geschichtsbewusstseins ermöglicht wird. Inklusion zieht immer ein differenziertes Angebot von Lernchancen nach sich.

Hinzu kommt, dass wir in der Jugend den Übergang zu einer neuen Oralität und Visualität erleben, das Lesen längerer Texte kommt bei einem, insbesondere männlichen, Teil ganz aus der Mode, gelesen werden eher Kurztexte aus digitalen Quellen. Hoch im Kurs stehen aber visuelle Clips zu allen möglichen Themen. Der Geschichtsunterricht sollte darauf reagieren. Doch bleibt die wissenschaftspropädeutische Orientierung der gymnasialen Oberstufe auf die Studierfähigkeit bestehen, zu der ohne Zweifel das intensive Lesen auch zukünftig gehören wird.

Literatur

Borries, Bodo von: Fallstricke interkulturellen Geschichtslernens: Opas Schulbuchunterricht ist tot. In: Georgi, Viola B./Ohliger, Rainer (Hrsg.): Crossover Geschichte. Historisches Bewusstsein Jugendlicher in der Einwanderungsgesellschaft, Hamburg 2009, S. 25-45

Borries, Bodo von: Alters- und Schulstufendifferenzierung. In: Handbuch Methoden (2016a), S. 113-135

Inklusiv – Exklusiv. Historisches Lernen für alle, hrsg. v. Sebastian Barsch/Wolfgang Hasberg, Schwalbach/Ts. 2014

Geschichtsunterricht ohne Verlierer!? Inklusion als Herausforderung für die Geschichtsdidaktik, hrsg. von Bettina Alavi/Martin Lücke, Schwalbach/Ts. 2016

Pandel, Hans-Jürgen: Geschichtsunterricht in den unterschiedlichen Schulformen (insbes. Sek. I). In: Handbuch Praxis I (2017a), S. 167-175

Peters, Jelko: Geschichtsstunden planen, St. Ingbert 2014

4. Historischer Lernprozess: Lehr-Lernkonzepte, Aufgabenkultur

Die Frage aller Fragen für die Referendarin und den Referendar lautet: Wie ist ein Lernprozess aufzubauen, in dem die Schülerinnen und Schüler einen Zuwachs an historischem Wissen und Kompetenzen erreichen können? Zu suchen ist eine günstige Verlaufsstruktur einer Einzelstunde oder einer Unterrichtseinheit.

4.1 Lehr-Lernkonzepte

Den Verlauf eines Lernprozesses prägen verschiedene Faktoren, die in der Planung entschieden werden. Da ist zunächst der „Grundtyp", wie gelehrt und gelernt wird. Hilke Günther-Arndt (2015c) unterscheidet grob vier methodische „Grundformen"

- Erarbeitender Geschichtsunterricht
- Aufgabenzentrierter Geschichtsunterricht
- Projektförmiger Geschichtsunterricht
- Erkundender Geschichtsunterricht

Alle Typen vereinigen eine Aufteilung des Themas in eine sinnvolle Sachstruktur (z. B. Voraussetzungen – Ereignis – Folgen) mit einer Abfolge von geistigen Tätigkeiten der Lernenden (Stufung der EPA-Anforderungsbereiche) sowie Verfahrensweisen, Materialien und einer Zeitplanung (Phasierung). Im Grundsatz gilt hier das Gleiche wie in anderen Fächern, im Einzelnen aber setzen sich fachspezifische Anliegen durch. Am einfachsten ist die schlichte Aufteilung in die Artikulationsstufen Einstieg – Erarbeitung – Zusammenfassung. Auf Geschichte angewandt heißt es schon besser: Historische Frage – Untersuchung – Ergebnis/Reflexion. Doch für die Unterrichtsplanung ist ein präziser Aufbau mit weiteren Untergliederungen von Vorteil. Zurückgestellt werden hier zunächst die Überlegungen zu den thematischen Darstellungskonzepten (→ 6.5) und zu den fachmethodischen Lernformen (Quellenarbeit, Umgang mit historischen Darstellungen, Filmen usw.).

4.1.1 Erarbeitender Geschichtsunterricht

Günther-Arndt identifiziert diesen Typ weitgehend mit dem lehrerzentrierten Frontalunterricht vor einer Lerngruppe, der in deutschen Schulen recht häufig anzutreffen ist, wenn den Statistiken zu trauen ist. Doch lässt sich das Vorgehen auch mit offeneren Unterrichtsgesprächen und selbstständigen Gruppenphasen kombinieren. Drei Artikulationsstufen werden mindestens unterschieden, Erweiterungen sind vielfach möglich:

- Einstieg mit Fragestellung/Problem
- Erarbeitung (neuer Stoff)
- Ergebnis mit Zusammenfassung/Sicherung/Festigung

Die Lehrkraft steuert und lenkt besonders zu Anfang weitgehend die Kommunikation, die vor allem von der thematischen Orientierung geprägt ist. Sie stellt die Leitfrage oder das Problem vor, das oft aus einer Wiederholung entwickelt wird. Im Frontalunterricht finden und formulieren es nicht die Schülerinnen und Schüler unter einigen Mühen, sondern es wird ihnen zügig und straff mitgeteilt. Ein hinführendes didaktisches Materialangebot (Zitat, Bild, Karikatur) kann dies allenfalls unterstützen. Ein Thema steht zum Abschluss des Einstiegs mit einer Leitfrage im Mittelpunkt des weiteren Stundenablaufs und wird systematisch aufbereitet. Die Materialien liegen vollständig vor, optimalerweise im Schulbuch, und werden nach vorgegebenen Arbeitsaufträgen abgearbeitet. Diese sind nach Schwierigkeitsgrad gestuft, mindestens in eine erfassende und eine deutende Aufgabe. Drittens kann auch eine Beurteilung verlangt werden, um das abschließende Auswertungsgespräch vorzubereiten. Nach der Erarbeitung werden die Teilergebnisse gesammelt und in einer Synthese zusammengefasst. Die Sicherung kann dabei die mündliche Gesamtzusammenfassung (durch Schüler oder bei Zeitnot durch die Lehrkraft selbst), das Tafelbild oder eine Fixierung auf einer Folie sein. Die selbstständigen Denkleistungen und Sprechanteile der Lernenden sind relativ gering, das Ergebnis ist großenteils vorhersehbar. Ein Vorteil dieses routinemäßigen Vorlaufes ist die Sicherheit für alle Beteiligten, die besonders schwächeren Schülerinnen und Schülern entgegenkommt. Dem steht eine relativ geringe Anforderungshöhe entgegen, was allerdings nicht für alle Schülerinnen und Schüler zutrifft. Eine Differenzierung der Aufgaben könnte sich in heterogenen Lerngruppen an den subjektiven Voraussetzungen orientieren und Wahlmöglichkeiten schaffen.

Zu dieser Form sind einige Varianten und Verfeinerungen erwägenswert:

Einstieg

Für den Einstieg werden in der Allgemeinen Didaktik (z.B. Hilbert Meyer: Unterrichtsmethoden I, S. 122ff.) einige Funktionen genannt: Hinführung, Abruf von Vorkenntnissen, Motivation, Schaffung eines Orientierungsrahmens (Information), Disziplinierung.

Geschichtsspezifisch ist dies nicht, aber im Wesentlichen übertragbar. Der Geschichtsdidaktiker Gerhard Schneider hat zu den Entscheidungen für den Einstieg ein Schema entwickelt. Für junge Lehrkräfte ist es wichtig, eine Technik zu entwickeln, die in einer angemessenen Einstiegszeit zu einer Fragestellung bzw. zu einer Problemorientierung führt. Beispiele dafür liegen in der Literatur zahlreich vor (Schneider 2013 mit vielen Beispielen und Verfahren).

Zentrales Ziel des Einstiegs				
Typ 1 Weckung des Schülerinteresses	Typ 2 Aktivierung von Vorkenntnissen, Voreinstellungen und Vorerfahrungen		Typ 3 Problematisierung des Unterrichtsgegenstandes	Typ 4 Beruhigung, Disziplinierung der Schüler
Wie werden diese Ziele erreicht?				
Durch Einstimmung, Verfremdung, Brainstorming	Durch Nachfrage, Überprüfung, Information, Erinnerung, Wiederholung, Verknüpfung von Bekanntem mit Unbekanntem		Durch Provokation, Bluff, Schock, Kontraste, Vergleich, Akzentsetzungen, Zuspitzung	Durch Meditation, Suggestion
Was soll bei den Schülern ausgelöst werden?				
Neugier, Interesse, Spannung, Entdeckerfreude, Gefühlsäußerungen **→ Öffnung für Neues**	Anwendung und Festigung von Kenntnissen, Wiederholung, Sicherung schon vorhandener Kenntnisse, Übung **→ Anwendung vorhandener Kenntnisse**		Widerspruch, Wertung, Verblüffung, Fragen, Verantwortungsbereitschaft **→ Schaffung von Problembewusstsein**	Ruhe, Konzentration, Disziplin, Aufmerksamkeit, Gefühlsäußerungen → ???
Mit welchen Medien kann dies geschehen?				
Feature, Sachüberreste, autobiografische und erzählende Texte, Lokaltermin, Erkundung, Erzählung	Befragung/Interview, Rätsel, Puzzle, Rollenspiel, Streitgespräch, gelenktes Gespräch, fiktiver Dialog		Kontroverse Quellen, Film, Video, Karikatur, Zeitungsbericht	Traumreise, Zeitreise
Was soll am Ende der Einstiegsphase stehen?				
Klärung der Vorkenntnisse und des Vorverständnisses der Schüler	Vermittlung eines Orientierungsrahmens		Fixierung und Nennung des Unterrichtsthemas	Verständigung über Arbeits- und Sozialformen

Abb. 3: Ziele, Typen und Medien des Einstiegs (nach Schneider 2013, 26)

Am Beginn sollte etwas stehen, das Interesse entfacht, emotional anspricht und zu einer Frage zur weiteren Erarbeitung führt. Eine Erzählung, ein Bild erregt eine erste Neugierde. Bei der näheren Betrachtung und Kommentierung stellen sich widersprüchliche Wahrnehmungen in den Weg, die als solche deutlich herausgestellt werden. So entstehen für Schülerinnen und Schüler kognitive Konflikte oder Dissonanzen. Aus diesen ist eine *leitende Fragestellung* zu formulieren, zu deren Beantwortung im Folgenden geeignete Materialien ausgewertet werden, bis ein Ergebnis für alle erreicht und kommuniziert ist. Daraus können neue Fragen erwachsen, die die Diskussion weiterführen (Problematisierung am Stundenende). Oder das Ergebnis wird mit einem neuen überraschenden Sachverhalt konfrontiert.

Die Frage ist nach dem Geschichtstheoretiker Johann G. Droysen der Ausgangspunkt jeder historischen Erarbeitung, sie steckt nicht in den Quellen selbst. Daher sollte der Entwicklung einer weiterführenden Fragestellung auch ausreichend Unterrichtszeit gegönnt werden.

Dazu gehört erstens ein genaues Wahrnehmen des gegebenen Materials sowie zweitens die Formulierung einer sinnvollen Leitfrage. Manche Fachdidaktiker halten dies sogar für eine eigene fachspezifische Kompetenz, an einem gegebenen Material oder an einer Situation etwas Fragwürdiges zu finden. Deshalb ist die Vorgabe der Fragestellung durch die Lehrkraft nicht ideal. Das sollte nur geschehen, wenn die Lerngruppe nichts Weiterführendes anzubieten weiß. Den Versuch ist es aber immer wert. Im problemorientierten Einstieg (→ 3.4) können die Schülerinnen und Schüler selbstständig das Problem erkennen und formulieren. Wenn dies geplant ist, muss auch die notwendige Zeit zur Verfügung gestellt werden. So wichtig dies ist, so ist auf der anderen Seite die langweilige Routinefrage zu vermeiden: Warum ist xy so? Ein guter Impuls bzw. ein gutes Problem sollte mehrere weiterführende Fragen ermöglichen.

Mit einem historischen Holzschnitt über Hexenzauber (Augsburg 1486) könnte eine Stunde über Hexenwahn in der Frühen Neuzeit eröffnet werden. Nach der Beschreibung bleibt zu klären, was das Bild mit Hexen zu tun haben könnte. Die Wahrnehmung der einen Frau mit leerem Milcheimer und der anderen, die auf einem Zaubersymbol steht, mag zur Vermutung führen, das Vieh sei durch eine Hexe verzaubert worden. Wie glaubhaft ist das? Wie entstanden solche Ideen in dieser Zeit? Warum wurde der Zauber Frauen zugeschrieben? Wie viele haben das geglaubt? Eine zusammenfassende *Leitfrage* für die Stunde kommt an die Tafel: Unter welchen Beschuldigungen standen Hexen und wer erhob sie aus welchen Motiven?

Abb. 4: Hans Vintler: Milchzauber, Holzschnitt, Tugendspiegel, Augsburg 1486.

Eine häufige Variante ist die zusätzliche Aufnahme einer Hypothesenbildung an der zweiten Stelle. Mögliche Antworten auf die Leitfrage werden zunächst ohne weitere Bewertung gesammelt (auf einer Nebentafel). Das sprachliche Umwälzen der Fragestellung macht diese oft erst verständlich, zumindest werden Alternativen in der Beantwortung erwogen und die Frage wird geschärft. Nach der Ergebnisphase werden die Hypothesen überprüft und als Ausgangspunkt einer Auswertung genutzt. Damit wird die Spekulationslust angestachelt, doch muss auf sinnvolle Überlegungen geachtet, Absurdes ausgeschlossen werden. Dann ergeben sich oft mehrere, auch gegensätzliche Ideen.

Eine weniger häufige Variante an dieser Stelle ist eine Überlegung zum Weg, wie die Frage zu beantworten ist, woher die Informationen und Quellen stammen könnten (von Pandel Heuristik [= Findekunst] genannt). Die triviale Schülerantwort lautet vorschnell: „Aus dem Lehrbuch!" Doch sollte dann weitergefragt werden, woher das Wissen denn stammen könne und wo man noch mehr herausfinden könnte. Das sind insofern keine unnötigen Umwege, als mit den Möglichkeiten auch über die (Un-)Sicherheit der zu findenden Informationen geurteilt werden kann.

Neben den problematisierenden Einstiegen gibt es weitere Möglichkeiten. Schneider führt verschiedene Wege an, die völlig legitim sind, um den Anschein immer gleicher Schemen zu vermeiden. Geschichte darf nicht immer nur kopflastig daherkommen, sie kann die Fantasie wecken oder auf Tempo und Findigkeit setzen. Auch hier sollte dies ein Weg in das historische Thema sein:

- Weckung der Neugier
- Überraschung
- Brainstorming
- Feature
- Fantasiereise
- Spiele
- Internetrecherche

Erarbeitung

In dieser Stufe vollzieht sich historisches Lernen in der Auseinandersetzung mit historischen Materialien. Zur Beantwortung der gestellten Frage ist eine Untersuchung notwendig, an deren Ende eine historische Erklärung steht. Ihre Form sollte eine (noch so kleine) Narration sein. Dafür sind passende Quellen beliebiger Art zu nutzen, um durch eine Rekonstruktion die Geschichte sinnbildend zu erzählen. Ein anderer Weg ist die Nutzung von Darstellungen (z.B. Autorentext im Schulbuch), um etwas herauszufinden. Dabei ist es nur richtig, auch diese Texte immer wieder infrage stellen zu lassen. Eine Kombination von beiden, Quelle und Darstellung, ist vermutlich der üblichste Weg im deutschen Unterricht. Die Schülerinnen und Schüler sollten aber immer vorweg angeben, aus welchem Text sie ihr Wissen beziehen, besonders bei Quellen, wer diese für wen wann geschrieben hat, und dabei ihr Verständnis für verschiedene Textsorten trainieren. Nicht vergessen werden sollten Zwischensicherungen beim Übergang in den Teilphasen durch Zusammenfassung oder im Tafelbild.

Bei einer starken Instruktion durch die Lehrkraft, die alle Einzelschritte des Lernweges von der Sachstruktur ausgehend vorher geplant hat und bei der die Schülerinnen und Schüler nur den geplanten Weg nachvollziehen, besteht die Gefahr, dass hier nur „träges Wissen“ gebildet wird, das von ihnen nicht interessiert angenommen wird, angewendet werden kann und damit nutzlos ist. Die Verarbeitung von neuen Informationen im Schülerkopf geschieht immer auf der Basis des individuell Vorhandenen, das sehr unterschiedlich gegeben ist. Die individuelle Konstruktion, der Gewinn neuen Wissens ist durch die Lehrkraft nur möglichst günstig anzubahnen. Zu beachten sind daher immer die Vorkenntnisse, das sprachliche Niveau der Materialien, die Textlängen und das passende Niveau der Arbeitsaufträge. Die meisten Geschichtsstunden in der Ausbildung scheitern übrigens an zu umfangreichem oder zu schwierigem Material. (→ 6.)

Ergebnis – Weiterführung – Transfer

In der die Stunde beschließenden Phase des Ergebnisses sollen die Schülerinnen und Schüler ihre Erträge vorstellen. Die Form ist dabei variabel vom gemeinsamen Unterrichtsgespräch, in das sie ihre Beiträge einbringen und abgleichen, bis zur Präsentation von Gruppenarbeiten vor der ganzen Klasse. Es geht dann um die Fähigkeit, Arbeitsergebnisse richtig darzustellen und verständlich präsentieren zu können.

Hier ist auch der Platz für die Erstellung eines die Stundeninhalte wiedergebenden Tafelbilds in gemeinsamer Formulierung von Schülern und Lehrkraft. Eine Variante liegt in der Aufdeckung von vorbereiteten Ergebniszusammenfassungen, die allerdings immer das Risiko tragen, mit dem gerade zuvor von den Schülerinnen und Schülern Erarbeiteten weniger deutlich zu tun zu haben, wenn es nicht eindeutig voraussehbar war.

Ein häufiger Fehler in Unterrichtsentwürfen ist es, zu viele Präsentationen vorzusehen. Vor der Vollständigkeit sollte die ergiebige Auswertung stehen, mit der Chance nachzufragen, mit der Hervorhebung des Wesentlichen. Hier ist auch der Ort, sich auf die Anfangsfragen und ersten Vermutungen zurückzubeziehen. Eine wichtige Möglichkeit ist der Weg, mit einem Sach- oder Werturteil zu enden, das in einer Diskussion gefunden werden soll (Beispiel: „Hexenprozesse beruhten auf Aberglauben und angemaßter Gewalt.").

Eine andere Weiterführung besteht in einem Transfer auf andere Sachverhalte oder in die Gegenwart. Unter Transfer versteht Gerhard Schneider „die Reaktivierung und Übertragung von bereits Gelerntem und das An- und Verwenden von Kenntnissen, Einsichten, Fähigkeiten, Fertigkeiten, die in früheren Unterrichtszusammenhängen erworben wurden, in neuen Lern- und außerschulischen Lebenszusammenhängen" (Schneider 2009, 10). In gewissen Zügen entspricht das dem Gegenwartsbezug, doch kann man auch in Längsschnitten hervorragend den Transfer üben. Er unterscheidet weiter den Methodentransfer, den ereignis- bzw. inhaltsbezogenen Transfer, den Transfer begrifflich-kategorialen Wissens und den Transfer zum Verständnis geschichtskultureller Gegebenheiten in der Lebenswelt der Schüler (Beispiel: Welche Hexenvorstellungen gibt es heute noch?).

Transfer kann die reine Wiederholung interessanter machen und der großen Vergessensrate im Geschichtsunterricht entgegenwirken.

Für die Lehrerausbildung nimmt der Erarbeitende Unterricht immer noch die beherrschende Stellung ein, weswegen er hier das Hauptgewicht bekommen hat. Er passt in die 45-Minuten-Stunde als Prüfungsformat, offenbart deutlich die Lehrerkompetenzen und entspricht am ehesten dem erwarteten Durchschnittsunterricht. Doch lässt sich ein gewisser Wandel feststellen, dass auch die anderen Formen wie die Doppelstunde immer öfter in Schulen zu beobachten sind.

4.1.2 Aufgabenzentrierter Geschichtsunterricht

In diesem Grundtyp sind die Artikulationsstufen unvermeidlich zu vermehren, die Planbarkeit nimmt aufgrund vieler Schülerfreiräume ab:

Überblick – Planung der Schritte (Arbeitspass) – Arbeitsphase – Zwischenauswertung im Plenum – Präsentation

Im aufgabenbasierten Unterricht (auch in der Form Werkstattlernen, Freiarbeit) kommt die Selbsttätigkeit des Schülers in individualisierter Form zum Tragen. Dafür gibt es inzwischen verschiedene Ausprägungsgrade, die in den Schulen praktiziert werden. Im Vorfeld konzipiert die Lehrkraft ein Bündel von Pflicht-, Wahl und Förderaufgaben mit Rücksicht auf die unterschiedlichen Interessen und Fähigkeiten der Lernenden. Dieser Grundtyp ist weit weniger voraussehbar als die erstgenannte. Der Arbeitsaufwand für die Lehrkräfte ist enorm, es empfiehlt sich daher die Teamarbeit zur Vorbereitung und die Verwendung mehrfach nutzbarer Materialien.

Beim Stationenlernen bereitet die Lehrkraft mehrere Stationen mit Aufgaben und Materialien vor, die von den Schülern zu bewältigen sind. Die Reihenfolge kann dabei frei oder vorgegeben sein, auch können zusätzliche Stationen freiwillig und zur Förderung absolviert werden. Das Lerntempo wird in der Regel nicht vorgegeben, um eine Individualisierung zu ermöglichen, aber andererseits nicht beliebig. Die Reihenfolge ist in der Regel dann gleichgültig, wenn keine linearen Abfolgen oder kausalen Zusammenhänge im Wege stehen. So können die Aspekte der ägyptischen Hochkultur oder des römischen Alltagslebens in weitgehend beliebiger Reihenfolge erschlossen werden. Mindestens zwei zusammenhängende Stunden sind dafür zu veranschlagen.

Die Planarbeit verfährt im Kern nach denselben Prinzipien. Sie ist auf einen längeren Zeitraum (z. B. drei Wochen) angelegt, der in einem Plan ausgefüllt wird. Häufig werden auch andere Fächer mit ihren Stunden einbezogen. Jeder Schüler absolviert ihn nach eigener Entscheidung, erfüllte Aufgaben werden durch die Lehrkraft abgehakt. Peter Gautschi hat eine Variante „Leitprogrammarbeit“ genannt, wobei es um „programmiertes Lernen“ geht: Die Schüler bekommen einen genauen Plan mit einem stufenweise eingeteilten Lernprogramm. Jede Stufe wird mit einer kleinen Prüfung abgeschlossen. Erfolgversprechend ist diese Form nur, wenn das Arbeitsprogramm von den Lernenden auch zur Selbstmotivation akzeptiert wird.

Entscheidend für die Qualität der Ergebnisse sind die Lernaufgaben, die daher mit Recht zurzeit in das Interesse der Geschichtsdidaktik gerückt sind. (→ 4.2) Falls dieser Grundtyp in einer Prüfungssituation gezeigt werden soll, hat zwar die Lehrkraft während der Arbeitsphase eine nur moderierende Rolle, doch werden sich die Prüfer das Planungskonzept genau auf seine Stimmigkeit anschauen. An manchen Seminaren ist dieses Format in Prüfungssituationen nicht zulässig, da die Lehrkraft hier in der Interaktion kaum beobachtet werden kann.

4.1.3 Projektförmiger Geschichtsunterricht

Ein Projekt ist durch möglichst große eigenständige Planungsbeteiligung der Lernenden gekennzeichnet, angefangen bei der zündenden Ideeninitiative. Die Artikulationsstufen liegen nur noch grob in der Hand der Lehrkraft:

Initiative – Planung – Durchführung – Präsentation – Auswertung
Die relativ größte Selbständigkeit zeigt der Projektförmige Unterricht, der im deutschen Schulwesen freilich weitgehend auf Ausnahmesituationen oder Schulen mit besonderen, alternativen Lernformen beschränkt bleibt. Projektunterricht setzt auf die Übertragung der Themenfindung, der Materialien und der Arbeitswege auf die Entscheidungen der Projektteilnehmer. Am Ende steht ein Produkt, das der Öffentlichkeit vorgestellt wird. Ein Musterbeispiel ist die Beteiligung an einem historischen Wettbewerb wie dem Geschichtswettbewerb des Bundespräsidenten, der alle zwei Jahre unter einem weit gefassten Thema (zuletzt 2016/17 „Gott und die Welt. Religion macht Geschichte") durch die Hamburger Körber-Stiftung ausgerichtet wird. In der Regel werden neue Quellenbestände erfasst und ausgewertet und insofern wird tatsächlich Forschendes Lernen praktiziert. Ansonsten dürfte das Entdeckende Lernen nur selten zu Erkenntnissen gelangen, die die bisherige Geschichtsforschung völlig neu bereichern. Doch ist einzuräumen, dass die Beteiligung an einem historischen Wettbewerb meist eine Ausnahmesituation darstellt. Auch bei einem Projekt im Rahmen einer Projektwoche sind die Lehrervorarbeiten meist größer, als in der Projektidee eigentlich gedacht. Daher spricht man mit reduziertem Anspruch von Projektförmigem Geschichtsunterricht, wenn zumindest erhebliche Teile der Idee (Festlegen der Vorgehensweise, intensive Kooperation, Produktorientierung) entsprechend umgesetzt werden. Um die Vorzüge Projektförmigen Unterrichts zumindest teilweise kennenzulernen, besteht an vielen Schulen die Möglichkeit von Kurzprojekten, um in dieser Form eine aktuelle Fragestellung zu bearbeiten, einen Gedenktag vorzubereiten. Das ist für die Referendare die Gelegenheit, sich in dieser Form zu erproben.

4.1.4 Erkundender Geschichtsunterricht

In dieser Form muss die Schule verlassen werden, um einen außerschulischen Lernort mit originalen Quellen aufzusuchen. Das kann ein Museum, ein Archiv, ein Denkmal, eine Gedenkstätte oder eine ganze Stadt (z. B. Rom) sein. Für derartige Exkursionen gibt es fachspezifische Anforderungen, die in der sonst seltenen Begegnung mit Realobjekten eine besondere didaktische Chance sehen. Besondere Beachtung finden Gedenkstättenbesuche, an erster Stelle KZ-Gedenkstätten, aber auch zur Geschichte der DDR oder zum Ersten Weltkrieg. (→ 3.9) Eine Sonderform sind auch Zeitzeugengespräche. (→ 7.5) Man sollte anerkennen, dass die genannten Ausnahmeformen in den Erinnerungen ehemaliger Schüler besonders nachwirken. Angesichts der gestiegenen Beachtung der Erinnerungskultur wäre es eine verschenkte Chance, diese Form zu vernachlässigen. Allerdings ist sie schon wegen des Aufwands und der Kosten eine Ausnahmesituation. Für die Referendarausbildung spielt der erkundende Geschichtsunterricht bisher eine marginale Rolle, insbesondere in den Prüfungen.

Literatur

Baumgärtner, Ulrich: Wegweiser Geschichtsdidaktik. Historisches Lernen in der Schule, Paderborn 2015

Bernhardt, Markus: Erarbeitung. In: Handbuch Methoden (2016), S. 619-633

Borries, Bodo von: Unterrichtsplanung – Artikulationsschemata – Lehrervorbereitung. In: Handbuch Praxis II (2017a), S. 181-201

Günther-Arndt, Hilke: Historisches Lernen und Wissenserwerb. In: Geschichts-Didaktik (2014a), S. 24-49

Günther-Arndt, Hilke: Umrisse einer Geschichtsmethodik. In: Geschichts-Methodik (2015b), S. 9-23

Meyer, Hilbert: Unterrichtsmethoden. II. Praxisband, Frankfurt/M. 1989

Pandel, Hans-Jürgen: Geschichtsdidaktik. Eine Theorie für die Praxis, 2. Aufl., Schwalbach/Ts. 2017c

Peters, Jelko: Geschichtsstunden planen, St. Ingbert 2014

Sauer, Michael: Geschichte unterrichten. Eine Einführung in die Didaktik und Methodik, aktual. 12. Aufl., Seelze-Velber 2015

Sauer, Michael: Verarbeitung, Dokumentation und Präsentation von Lernergebnissen. In: Handbuch Methoden (2016), S. 634-648

Schneider, Gerhard: Transfer. Ein Versuch über das Behalten und Anwenden von Geschichtsbewusstsein, Schwalbach/Ts. 2009

Schneider, Gerhard: Gelungene Einstiege. Voraussetzung für erfolgreiche Geschichtsstunden, 7. Aufl., Schwalbach/Ts. 2013

Thünemann, Holger: Unterrichtsplanung und Verlaufsformen. In: Geschichts-Methodik (2015), S. 257-268

4.2 Aufgabenkultur

Peter Gautschi hat betont, dass sich die Kompetenzorientierung erst in einer neuen Aufgabenkultur bewähren könne. Zur Qualität der Aufgaben als deren „Rückgrat“ hat sich eine Diskussion über die „Aufgabenorientierung“ und „fachliche Aufgabenkultur“ entwickelt. Neue Aufgabenformen lassen sich in allen vier in 4.1 beschriebenen Formen einsetzen (Wenzel 2017, 23 ff.).

Qualitätskriterien: Gute Aufgaben im Geschichtsunterricht ...

- ... knüpfen an Vorwissen und aktivieren dieses.
- ... bauen Kompetenzen (an Rahmenlehrplänen orientiert) auf.
- ... berücksichtigen den motivationalen Charakter (Spaß- und Neugierfaktor).
- ... repräsentieren authentische, sinnvolle und bedeutsame historische Situationen.
- ... stärken das Bewusstsein, etwas zu bewältigen, sind also „machbar".
- ... enthalten einen Neuigkeitswert, sodass fachspezifisches Wissen und Können erweitert werden.
- ... berücksichtigen die Heterogenität und beinhalten binnendifferenzierende Anteile (z. B. Unterschiede im Umfang, im kognitiven Niveau etc.).
- ... fördern wiederabrufbare und übertragbare Kenntnisse und Fähigkeit, d. h. ein Transfer wird vorbereitet/gefördert.
- ... fördern Austausch und diskursive Aussprache, um Gedanken und Lösungen gemeinsam zu entwickeln, zu vergleichen, auszuhandeln etc.
- ... betreffen (gesellschaftlich) relevante Inhalte und erschließen sie exemplarisch.
- ... bauen strukturiertes Wissen und Können kumulativ auf.
- ... eröffnen bzw. fördern unterschiedliche Herangehensweisen und Lösungsmöglichkeiten.
- ... befördern eine hohe Eigentätigkeit.
- ... fordern kognitiv (knapp über den vorhandenen Fähigkeiten) heraus.
- ... sprechen Interessen und Bedürfnisse der Lernenden an.
- ... sind verständlich, d. h. sinnvoll strukturiert und selbsterklärend (Sprache, Operatoren etc.).
- ... überzeugen (z. B. durch Metahinweise) von der Sinnhaftigkeit der Bearbeitung.
- ... sind in ihrer Gesamtheit vielfältig und aufeinander bezogen.
- ... zeigen Kontrollmöglichkeiten (Selbst- und Fremdkontrolle) auf.

Abb. 5: Qualitätskriterien für Lernprozesse anregende Aufgaben im (Geschichts-)Unterricht (nach Wenzel 2017, 26)

4.2.1 Aufgabentypen

Dabei lassen sich verschiedene *Aufgabentypen* unterscheiden:

1. *Diagnoseaufgaben*: erfassen den Lernstand und die Lernvoraussetzungen am Beginn eines Lernprozesses
2. *Lernaufgaben:* regen fachspezifische Lernprozesse an und gestalten sie
3. *Prüfungsaufgaben:* dokumentieren den Lernerfolg am Ende

1. Mit der Erhebung des Lernstandes im Wissen und in der Kompetenzausprägung sollen zu Beginn individuelle Fördermaßnahmen eine Grundlage erhalten. Reine *Diagnoseaufgaben* sind im Geschichtsunterricht bisher jedoch so gut wie unbekannt. Eine Erfassung des Lernstandes erfolgt meist aus Eindrücken im Unterrichtsgespräch und ersten Leistungskontrollen, also Prüfungsaufgaben. Etliche Fehlerquellen liegen hier in der Nachwirkung eines falschen ersten Eindrucks, in Vorurteilen und Fehlzuweisungen jeglicher Art sowie im „Halo-Effekt", wenn ein alles überstrahlender Aspekt eines Schülers andere Wahrnehmungen überdeckt. Einige Vorschläge ermöglichen den Schülerinnen und Schülern, vor einer Prüfung ihre Defizite zu erkennen und sie auszugleichen. Vor allem sollten die Aufgaben die historischen Kompetenzen auch messen können und nicht nur Teilaspekte davon, wie es ein rein faktisch angelegter Multiple-Choice-Test leisten würde.
2. Die *Lernaufgaben* sind entscheidend für den Lernprozess. Daher sollte die Erweiterung von Wissen und Kompetenzen auch von einer Schülerreflexion, wie der Prozess abgelaufen ist, begleitet werden. Christian Heuer (2011) und Birgit Wenzel (2015) haben eine Reihe von Kriterien für gute Aufgaben formuliert, u. a.:
   - hohe Verständlichkeit und Prägnanz für das Wesentliche
   - Transparenz durch korrekte Operatoren in richtiger Gliederung
   - angemessenes Anspruchsniveau zwischen Langeweile und Überforderung
   - Anknüpfung an Bekanntes (Sicherheit)
   - variante Gestaltung (Abwechslung)
   - Differenzierung für verschiedene Lernniveaus
   - effektive Kooperationsförderung
   - Einladung zum „Erzählen"

   Freilich sind das noch keine geschichtsspezifischen Kriterien. Aufgaben sollen das historische Denken und Verstehen fördern und zur Orientierung in Vergangenheit und Gegenwart beitragen. Daher hat Thünemann (2013) die Kriterien fachlich weiter zugespitzt:

   Zu Beginn erzeugen *historische Leitfragen* problemorientierte Lernimpulse. Zur Förderung des Geschichtsbewusstseins kommt es erst nach intensiver *Durchdringung von historischen Materialien* durch Prozesse wie Fremdverstehen, Alteritätserfahrung, Perspektivübernahme und historisches (Sach-)Urteil. Wenn es zentral um die narrative Kompetenz geht, dann sind auch entsprechende *Arbeitsaufträge zur Narration* zwingend geboten. *Historische Werturteile* stehen am Ende, wenn sich die Lernenden zur Bedeutung des Gelernten aus ihrer Sicht der Gegenwart äußern. Dabei sind die Ergebnisse offen, solange rationale Argumente vorgetragen werden. Schließlich geht es immer um *historische Reflexion*, das Nachdenken über den eigenen Standpunkt, die Grundlagen der eigenen Einschätzungen.

Noch konkreter werden Peter Gautschi und Hans Utz: Ein kompetenzorientiertes Aufgabenset umfasst

- mindestens drei Materialien (aus verschiedenen Quellengattungen oder Darstellungsarten) aus oder über die Vergangenheit,
- eine Reihe von Fragen und Impulsen zur kognitiven Aktivierung in verschiedenen Kompetenzbereichen.
- Die Materialien unterscheiden sich in den beschriebenen Zeitpunkten (mindestens zwei) und Perspektiven der Beschreibung (mindestens zwei). (Gautschi/Utz 2016)

3. Vor den *Prüfungsaufgaben* steht eine Reflexion des vorangegangenen Unterrichts, damit z. B. erkannte Fehler vermieden werden können. Die Prüfungsaufgaben sind in der Sek. II formal weitgehend durch die Einheitlichen Prüfungsanforderungen (EPA) bestimmt. Zum Bestehen der Prüfung erwarten die Schülerinnen und Schüler, darauf vorbereitet zu werden. So ist insbesondere der Dreischritt durch die Anforderungsbereiche immer wieder zu üben. Der Geschichtsdidaktiker Peter Gautschi hält die Umsetzung des Kompetenzansatzes in überzeugende Aufgaben für die zentrale Bewährungsprobe des Ansatzes (Gautschi 2016, 11-15).

4.2.2 Kreative Aufgaben, Kreatives Schreiben

In jüngeren Unterrichtsvorschlägen erscheinen immer mehr sogenannte *„kreative" Aufgaben*, in denen die Lernenden den gelernten Stoff umwälzen, indem sie sich in die historischen Personen hineinversetzen und Briefe schreiben, Rollenkarten für Rollenspiele entwickeln oder Erzählungen aus neuen Perspektiven entwerfen. Bereits in früheren handlungsorientierten Ansätzen (Ebeling 1965) oder bei Bergmann, um eine Personifizierung der Schrift- und Namenlosen in der Geschichte zu ermöglichen, finden sich diese Ideen. Hier wirken motivationale Vorbilder des Literaturunterrichts auf das Fach Geschichte ein und kommt die historische Fantasie zu voller Blüte. Ein gegenwärtiger Befürworter derartiger Aufgabenformen ist Josef Memminger (2007). Zwischen Faktizität und Fiktion angesiedelt, können kreative Aufgaben der „Wiederholung, Vertiefung und Festigung gelernter historischer Inhalte", der „Wahrnehmung der Multiperspektivität von

Geschichte" und dem „empathischen Nachvollziehen und Verstehen" dienen. Die Verschriftlichung erhöht den Grad der Auseinandersetzung mit einem historischen Thema immens. Das Schreiben aus einer anderen Perspektive, das „Umerzählen", stellt einen hervorragenden Weg in die Perspektivität dar. Schülerinnen und Schüler neigen allerdings dazu, fehlendes Detailwissen in der Geschichte durch Übertragungen aus der ihnen bekannten Gegenwart zu ersetzen. Möglicherweise gelangen so Klischees in den Unterricht, wenn vieles aus Spielfilmen und anderen Quellen übertragen wird. Das ist allerdings auch so, wenn sich Lernende historische Vorgänge aus der Faktenwelt vorstellen. Der Widerpart ist Hans-Jürgen Pandel (2017c, 448-450), der polemisch-ironisch anmahnt, dass die Lernenden in der Regel den Aufgaben von ihrem Vorwissen her gar nicht gerecht werden können. Ein weiteres Argument liegt im fehlenden nachschulischen Anwendungsbezug derartiger Aufgabenformate, da im späteren Leben meist keine historischen Rollenspiele mehr erfolgen und keine fiktiven Briefe mehr auserdacht werden. In solchen Streitfragen müssen sich Referendarinnen und Referendare entscheiden, was ihnen wichtiger ist, und die Prüfer müssen anerkennen, dass es offene Fragen um den Geschichtsunterricht gibt. Dabei geht es sicherlich zentral um das kritische Geschichtsbewusstsein und weniger um die Förderung fiktionaler historischer Literatur. Wenn letztere aber dazu beiträgt, durch das Hineinversetzen in historische Persönlichkeiten und Zusammenhänge ein Geschichtsbewusstsein anzubahnen, ist sie aus guten Gründen zu vertreten. Auch ist im Umgang mit Kindern das Spiel eine altersgemäße Handlungsorientierung.

Literatur

Gautschi, Peter: Plausibilität der Theorie, Spuren der Empirie, Weisheit der Praxis. Zum Stand der geschichtsdidaktischen Kompetenzdiskussion. In: Geschichte für heute 3 (2016), S. 5-18

Gautschi, Peter/Utz, Hans: Menschen im Deutsch-Französischen Krieg 1870/71. Ein kompetenzorientiertes Aufgabenset für die Sekundarstufe I. In: Geschichte lernen 174 (2016), S. 20-29

Hartung, Olaf: Schreiben. In: Geschichts-Methodik (2015), S. 221-232

Hartung, Olaf/Memminger, Josef: Schreibend Geschichte lernen. Mehr als ein „mündliches Fach" – die Vielfalt des Schreibens im Geschichtsunterricht entdecken. In: Geschichte lernen 176 (2017), S. 2-11

Heuer, Christian: Gütekriterien für kompetenzorientierte Lernaufgaben im Fach Geschichte. In: Geschichte in Wissenschaft und Unterricht 62 (2011), S. 443-458

Köster, Manuel/Bernhardt, Markus/Thünemann, Holger: Basisartikel: Aufgaben im Geschichtsunterricht. Typen, Gütekriterien und Konstruktionsprinzipien. In: Geschichte lernen 174 (2016), S. 2-11

Memminger, Josef: Schüler schreiben Geschichte. Kreatives Schreiben im Geschichtsunterricht zwischen Fiktionalität und Faktizität, Schwalbach/Ts. 2007

Wenzel, Birgit: Aufgaben im Geschichtsunterricht. In: Geschichts-Methodik (2015), S. 75-83

Wenzel, Birgit: Aufgaben(kultur) und neue Prüfungsformen. In: Handbuch Praxis II (2017), S. 23-36

5. Geschichte als Konstrukt

Abb. 6: Zeichnung von Iulian Grigoriu

Diese Karikatur versucht ihren Witz daraus abzuleiten, dass eine als unwissend dargestellte Frau Geschichte als wissenschaftliche Disziplin mit einer beliebigen unterhaltsamen Erzählung verwechselt. Doch für den Kundigen, der den Unterschied zwischen Vergangenheit und Geschichte als erzählter Vergangenheit kennt, der dem Karikaturisten offenbar nicht geläufig ist, verliert die Karikatur sofort ihren Witz. Da Geschichte immer erzählt wird, weil es gar nicht anders geht, wird auch der Professor nur *(s)eine* Geschichte erzählen können – und damit liegt die Frau der Karikatur letzten Endes richtig. Historische Forschung wird durch das Entdecken neuer Quellen und durch sich ständig verändernde Fragestellungen vorangetrieben, die immer wieder neue Geschichte(n) entstehen lassen. In den vergangenen Jahren hat sich für das Verhältnis von aus Quellen referierter Geschichte und Geschichtsschreibung der Terminus *„Narrativität“* durchgesetzt.

Während im allgemeinen Sprachgebrauch *„Vergangenheit“* und *„Geschichte“* oft synonym verwendet werden, werden die beiden Begriffe in der Fachdidaktik differenziert: Mit „Vergangenheit“ wird alles das bezeichnet, was einmal passiert, also „vergangen“ ist. „Geschichte“ dagegen bezeichnet die erzählte Vergangenheit, es handelt sich dabei um Erzählungen, die sich mal mehr, mal weniger, aber niemals ganz mit der Vergangenheit decken. Das Spektrum der „Geschichte(n)“ ist groß, die Spannweite reicht von bewusst verzerrenden Deutungen, wie sie vor allem in den Traditionsquellen vorliegen, bis hin zu Darstellungen, die um Glaubwürdigkeit bemüht sind, diese aber dennoch nur annähernd erreichen (können). Bei „Geschichte“ handelt es sich also immer insofern um konstruierte Vergangenheit, als diese im Moment des Erzählens gedeutet wird. Der Deutung liegen aber stets subjektive Interessen zugrunde, die bewusst und/oder unbewusst auf die Erzählung der Vergangenheit Einfluss nehmen. Niemand erzählt Geschichte aus Langeweile: Politiker möchten sich rechtfertigen, Historiker erklären, Journalisten unterhalten, Zeitzeugen aufrütteln und warnen. Sie alle folgen beim Zugriff auf die Vergangenheit einer bestimmten Motivation, die es aufzudecken gilt.

Dieser Sachverhalt ist – zumal jüngeren Schülerinnen und Schülern – zunächst nicht klar, da sie wie ganz selbstverständlich davon ausgehen, dass es eine objektive Geschichte geben *muss*, die die jeweilige Lehrkraft ihnen vermitteln kann und der es möglichst nahe zu kommen gilt. Dass dem nicht so ist, müssen sie erst nach und nach und auf eine kindgemäße Weise lernen.

Geschichte als *Konstrukt* tritt uns zunächst in den Quellen gegenüber. Bei einem Großteil der Quellen in den aktuell in Umlauf befindlichen Schulbüchern handelt es sich um Propagandaquellen. Sie rechtfertigen und beschönigen bereits stattgefundene Handlungen, häufig handelt es sich dabei um mehr oder weniger offene Gewaltakte gegen äußere Feinde oder Teile der eigenen Bevölkerung, oder propagieren einen als wünschenswert beschriebenen Zustand, der angestrebt werden soll, aber so bisher noch nicht eingetreten ist. Letzteres gilt vor allem für religiöse Offenbarungen, staatsphilosophische Schriften, politische Testamente und Parteiprogramme. So oder so haben all diese Quellen gemein, dass sie vergangenes Geschehen nicht nur nicht spiegeln, weil sie dies auch gar nicht wollen, sondern geradezu „quer“ zur Vergangenheit stehen und entsprechend gelesen werden müssen. Der Versuch, mit den Quellen und gleichsam gegen sie die Vergangenheit zu *rekonstruieren*, ist eine anspruchsvolle Übung, die bereits einiges an intellektuellen Fähigkeiten und methodischen Kenntnissen voraussetzt. Jüngere Schülerinnen und Schüler werden dadurch schnell überfordert, ohne dass auf der anderen Seite ein zufriedenstellender Ertrag festzustellen wäre, da Unterrichtsstunden häufig schon beendet sind, bevor die Quellen richtig eingeführt, gelesen, verstanden, gedeutet, beurteilt und historisch eingeordnet worden sind. Unzufriedenheit auf beiden Seiten des Pults ist das Ergebnis. Für die zu beobachtende nachlassende Motivation im Geschichtsunterricht gibt es sicherlich viele Gründe, eine davon scheint aber in einer überbordenden Quellenarbeit zu liegen, die einerseits anstrengend ist, andererseits zu wenig Ertrag erbringt. Lerngruppen müssen also behutsam an Quellenarbeit herangeführt werden.

Haben Schülerinnen und Schüler schließlich verstanden, dass Quellen immer ein gewisses Maß an Subjektivität besitzen und daher mit dem entsprechenden Methodenrepertoire kritisch behandelt werden müssen, erfolgt der zweite Schritt. Die Jugendlichen müssen erkennen, dass das, was für die Quellen gilt, auch für die scheinbar neutralen Autorentexte, die Darstellungen, zutrifft.

Im Gegensatz zu Quellen sind Darstellungen meist das Ergebnis um Objektivität bemühter Forschungsarbeit oder überlegten Schreibens. Doch auch sie bleiben letzten Endes einer bestimmten Sichtweise oder Intention verhaftet. Dies wird z. B. dann schnell deutlich, wenn man Darstellungstexte von Schulbüchern aus der alten Bundesrepublik und der DDR über die Zeit von 1945 bis 1990 im Unterricht gegenüberstellt. Dann wird klar, dass es sich auch bei den Darstellungen um kontextabhängige Deutungen handelt, die durch eine subjektive Auswahl von Argumenten und Belegen zu stützen versucht wird. Auch hier wird Geschichte konstruiert. Die Aufgabe des Lesers ist es, diese Perspektive zu erkennen oder zu *dekonstruieren*.

Was für Textquellen und Darstellungen zutrifft, gilt letzten Endes auch für alle Arten von Bildquellen, denen Schülerinnen und Schüler häufig ein besonders hohes Maß an Glaubwürdigkeit zugestehen. Ob klassische Ölgemälde, Fotografien oder Videosequenzen aus dem Internet – sie alle sind im Kampf um die Deutungshoheit der Vergangenheit manipulierbar.

Das oben Gesagte über Geschichte als gedeutete Vergangenheit soll im Folgenden an drei Beispielen verdeutlicht werden. Bewusst wurden dabei drei Klassiker des Geschichtsunterrichts ausgewählt: eine Textquelle aus der Antike, eine Bildquelle aus dem 19. und eine kombinierte Bild-Text-Quelle aus dem 20. Jahrhundert. An ihnen soll exemplarisch gezeigt werden, wie Vergangenheit interessengeleitet zu Geschichte verdichtet wird und welche Herausforderungen an den Geschichtsunterricht daraus entstehen.

5.1 Die Erziehung der Kinder bei den Spartanern – und was wir über sie (nicht) wissen

Ein beliebtes Thema im Geschichtsunterricht ist die Erziehung der Kinder in der Gesellschaft der Spartaner. Dies rührt zum einen daher, da die Begegnung mit etwa Gleichaltrigen in der Vergangenheit fast immer auf ein großes Interesse bei Schülerinnen und Schülern stößt. Zum anderen weckt der Umgang mit den spartanischen Jungen und Mädchen, die im Alter von sieben Jahren ihren Familien entrissen und einer harten Ausbildung übergeben worden sein sollen, angeblich um das Überleben der Gemeinschaft zu sichern, das Interesse und auch das Mitleid der Schülerinnen und Schüler. Unterrichtsstunden über die Erziehung der Spartaner bergen stets ein hohes Motivationspotenzial. Daher sind entsprechende Kapitel in zahlreichen gängigen Schulbüchern für die Sekundarstufe I abgedruckt. In der häufig zu findenden Quelle des griechischen Gelehrten Plutarch über den sagenhaften Gesetzgeber Lykurg heißt es etwa über die Erziehung der Jungen:

„Der Vater durfte nicht entscheiden, ob er ein neugeborenes Kind aufziehen konnte. Er musste es zu der Sprechhalle bringen, dem Ort, wo die Ältesten saßen und das Kind untersuchten. Wenn es wohl gebaut und kräftig war, ordneten sie seine Erziehung an. War es aber schwächlich und missgestaltet, so ließen sie es zur sogenannten ‚Ablage' bringen, einem Felsabgrund am Taygetosgebirge. Sie meinten, für einen Menschen, der nicht von Anfang an gesund und kräftig heranwachsen könne, sei es besser, nicht zu leben, sowohl um seiner selbst wie um des Staates willen."

Dass der im 1./2. Jahrhundert n. Chr. lebende und schreibende Plutarch hier über Vorgänge berichtet, die zu diesem Zeitpunkt über 500 Jahre zurücklagen und über die er keine zuverlässigen Quellen hatte, wird in den zum Text gehörenden Arbeitsaufträgen nicht thematisiert; stattdessen werden die Ausführungen des Plutarch für bare Münze genommen. Doch worauf beruhen unsere vermeintlichen Erkenntnisse über die Spartaner – und die des Plutarch?

Eine der wenigen Quellen zur Geschichte des frühen Sparta ist die sogenannte Große Rhetra, formal ein Orakel an die Spartaner mit der Anweisung, bestimmte Institutionen einzurichten. Der kurze Text ist zwar bei Plutarch überliefert, stellt aber unzweifelhaft ein authentisches Dokument aus Sparta dar. Dafür spricht auch, dass der spartanische Dichter Tyrtaios (7./6. Jh. v. Chr.) die Rhetra kennt und auf sie anspielt. Seine überlieferten Elegien, überwiegend Aufrufe an die Kriegergemeinschaft der Spartiaten zum tapferen Kampf, bilden die wichtigste Quelle zum frühen Sparta. Danach allerdings verstummen die Spartaner literarisch; es gibt keine lokale Geschichtsschreibung oder Ähnliches. Durch Herodot verfügen wir über etwas mündliche Überlieferung, die wohl auch aus Sparta stammt. Aus diesem Grund beginnt die Mythisierung Spartas und seiner Lebensordnung, die bis heute andauert, bereits in der Antike, mit der frühesten Schrift, die sich ausschließlich und ausführlich mit dieser Polis befasst: Xenophons „Verfassung der Spartaner". Das „Sammelbecken" des antiken Spartamythos ist dann Plutarch selbst. Doch worum ging es ihm tatsächlich?

Plutarch lebte und schrieb während der Regierungszeit Hadrians, in der das Römische Reich den Höhepunkt seiner territorialen Expansion erreicht hatte. Das Imperium war groß und mächtig, aber auch anfällig geworden. Der Druck von außen auf die Grenzen des Reiches nahm zu, der innere Zusammenhalt der römischen Gesellschaft, die immer heterogener geworden war, begann zu bröckeln. Plutarch spürte diese Krisensymptome – und versuchte entgegenzusteuern, indem er unter Rückgriff auf eine weit entfernte Vergangenheit das Bild eines idealen Staates entwarf, der einem feindlichen Umfeld erfolgreich Widerstand leistete, und dieses der von zunehmender Dekadenz gekennzeichneten Gesellschaft des Römischen Reiches als Ideal entgegenhielt. Um seine Behauptungen abzusichern, berief er sich auf den legendären Gewährsmann Lykurg, von dem nicht nur nicht sicher ist, ob es ihn überhaupt gab, sondern von dem vermutet werden kann, dass Plutarch ihn selbst erschaffen hatte.

Nun könnte man es dabei belassen, hätte sich das Sparta-Bild Plutarchs nicht als äußerst dauerhaft erwiesen. Dies liegt daran, dass es immer dann wieder bemüht wurde, wenn eine Gemeinschaft in eine Krisensituation geriet. So trat Lykurg im Gesellschaftsvertrag von Jean-Jacques Rousseau wieder als Idealherrscher auf. Als geradezu idealtypisch konnten die Ausführungen Plutarchs in der Zeit des Nationalsozialismus gelten, in der sie eine Renaissance feierten. Wenn es bei Plutarch heißt:

„Zum Führer [!] der Horde wählten sie denjenigen, der sich durch Klugheit und Mut im Kampf auszeichnete. Ihn bewunderten sie, hörten auf seine Befehle und unterwarfen sich seinen Strafen. So bestand die Erziehung vor allem darin, Gehorsam einzuüben. Lesen und Schreiben lernten sie nur so viel, wie sie brauchten. Die übrige Erziehung war darauf gerichtet, dass sie lernten, eifrig zu gehorchen, Anstrengungen zu ertragen und im Kampf zu siegen",

dann wird die große Übereinstimmung mit der nationalsozialistischen Ideologie deutlich.

Erneut wurde die spartanische Gesellschaft mit Bezug auf Plutarch instrumentalisiert, zur Rechtfertigung einer Ausgrenzungspolitik nach innen und einer Expansionspolitik nach außen. Hinzu kam, dass sie nun rassistisch unterlegt wurde.

Ein letztes Beispiel soll die anhaltende Aktualität des Sparta-Mythos verdeutlichen: In dem im Jahre 2006 erschienenen amerikanischen Actionfilm „300" lässt Regisseur Zack Snyder 300 titelgebende und wohlbewaffnete Spartaner dem zahlenmäßig weit überlegenen Heer des persischen Königs Xerxes im Kampf gegenübertreten. Der Film startet mit den Worten:

„Gleich nach seiner Geburt wurde der [spartanische] Knabe wie alle Spartaner genau begutachtet. Wäre er klein oder kümmerlich gewesen, kränklich oder missgestaltet, hätte man ihn ausgesondert. Sobald er aufrecht stehen konnte, erhielt er seine Weihe im Feuer des Nahkampfes."

In dieser Eingangsszene ist eine Synthese aus Plutarch und der späteren Adaption durch die NS-Propaganda (Weihe, Nahkampf) zu hören. Der Film, der bei Jugendlichen wegen seiner spektakulären Schlachtenszenen gleichermaßen bekannt wie beliebt ist, greift das traditionell verzerrte Bild der spartanischen Gesellschaft wieder auf. Es ist dabei kein Zufall, dass diese amerikanische Produktion ausgerechnet vor dem Hintergrund des Streites um das iranische Atomprogramm entstand.

Mit dem scheinbaren Wissen aus Fernseh- und Kinofilmen, Ausstellungen, Comics und Jugendbüchern kommen Kinder und Jugendliche in den Geschichtsunterricht. Dessen Aufgabe sollte es sein, die Schülerinnen und Schüler erst einmal dort abzuholen, wo sie stehen, dann aber mit zunehmendem Alter die Konstruktion von Geschichte zu erkennen und aufzubrechen. Stattdessen aber werden Klischees immer noch zu häufig verstärkt und zu wenig kritisch hinterfragt.

Wir sehen an diesem Musterbeispiel der Erziehung bei den Spartanern, wie aus Vergangenheit Geschichte konstruiert wird und wie langlebig diese Konstrukte unser Bild einer verzerrten Vergangenheit prägen können – bis in aktuelle Schulbücher hinein.

5.2 Das Hambacher Fest – und welches Bild wir uns von ihm machen

Ein fester Bestandteil vieler Lehrpläne und Schulbücher ist das Hambacher Fest, das im Frühjahr 1832 an der Schlossruine von Hambach bei Neustadt an der Weinstraße stattfand und das Heinrich Heine einmal „zu den merkwürdigsten Ereignissen der deutschen Geschichte" zählte. Dort sollen sich bis zu 30.000 Bürger mit den „deutschen Farben" versammelt haben, um gegen die Zerstückelung Deutschlands und die Unterdrückung des deutschen Volkes durch die Fürsten zu protestieren und gleichzeitig die nationale Einheit und den deutschen Verfassungsstaat mit garantierten Bürgerrechten zu fordern. Hauptredner waren der Publizist Philipp Jakob Siebenpfeiffer (1789-1845) sowie der Jurist und Schriftsteller Johann Georg August Wirth (1798-1848).

Heute tritt uns das Hambacher Fest vielfach in einseitiger Verklärung gegenüber. Dies lässt sich unter anderem daran erkennen, dass das Hambacher Schloss mit seiner Dauerausstellung zu einer „Stätte der Demokratieerziehung" erhoben und einer der anerkanntesten deutschen Journalistenpreise nach Siebenpfeiffer benannt wurde. Eine der in Hambach gezeigten schwarz-rot-goldenen Fahnen steht hinter dem Rednerpult des Landtages von Rheinland-Pfalz in Mainz.

Prägend für unser Bild vom Hambacher Fest wurde aber vor allem die kolorierte Lithographie aus dem Jahre 1832, die durch zahlreiche Abdrucke zu einer Bildikone wurde. Was aber sehen wir dort?

Abb. 7: Zug zum Hambacher Fest, teilkolorierte Federzeichnung 1832

Auch hier wird die Bildquelle erstaunlich unkritisch präsentiert. Wir sehen keineswegs eine wrklichkeitsgetreue Darstellung des Hambacher Festes, sondern das stark subjektiv gefärbte Bild, das ein Künstler sich und anderen von den Ereignissen machte und das sich bis heute eingebrannt hat. Zahlreiche Menschen, darunter auch Frauen und Kinder, ziehen wohlgeordnet und bester Laune dem Fluchtpunkt, der Schlossruine mit den deutschen Farben auf der Spitze, entgegen. Von Unordnung, Meinungsverschiedenheiten (die selbst zwischen Siebenpfeiffer und Wirth herrschten) und schlechtem Wetter keine Spur. Die unterschiedlichen Flaggen vor Ort wurden zugunsten von „Scharz-Rot-Gold" eingeebnet. Eigentlich handelt es sich dabei um eine ideale Propagandaquelle, die es im Geschichtsunterricht kritisch zu dekonstruieren gälte. Doch wie wird diese präsentiert? „Zug auf die Burgruine Hambach" heißt es in einem aktuellen Geschichtsbuch lapidar, kein einziger der dazugehörigen Arbeitsaufträge versucht, die Bildquelle kritisch zu hinterfragen, wieder einmal mehr wird eine Quelle als bare Münze genommen.

In der Folgezeit wurde das Hambacher Fest bei allen bedeutenden Jahrestagen in den Dienst des jeweils herrschenden Systems gestellt. Nach der Reichsgründung wurde das Hambacher Fest 1882 unter Weglassung der monarchiekritischen Gedanken als Fest der (inzwischen erreichten) nationalen Einheit verstanden. Theodor Heuss betonte zum 100. Jahrestag 1932 erneut die nationale Einheit und überging die internationalen Aspekte. Der Nationalsozialismus versuchte, das Fest gleich ganz totzuschweigen. Aber auch demokratische Gesellschaften sind vor einseitigen Interpretationen der Vergangenheit nicht gefeit, denn auch sie sehen sich unter dem Druck, sich historisch legitimieren zu müssen.

Abb. 8: Sonderbriefmarke der Deutschen Bundespost 1982

Die Sonderbriefmarke der Deutschen Bundespost, die 1982 zum 150. Jahrestag des Hambacher Festes erschien, zeigt das bekannte Motiv des Zuges zur Schlossruine. Auffällig ist jedoch, dass auf der Abbildung ausschließlich bundesdeutsche Fahnen zu sehen sind, während die Flaggen anderer Nationen bewusst ausgeblendet werden, „verschwunden" sind. Dadurch wird das Hambacher Fest einseitig vereinnahmt und zur Vor-Geschichte der Bundesrepublik degradiert, die sich im politischen Wettstreit mit der damals noch existierenden DDR bemühte, die längere demokratische Tradition nachweisen zu können und als Vollenderin einer Entwicklung dazustehen, die in Hambach ihren Ausgang nahm. Für die DDR wiederum kam die Ausgabe einer Briefmarke zum Hambacher Fest nicht in Betracht, weil die in Hambach erhobene Forderung nach Bürgerrechten nicht in die sich verschärfende innenpolitische Lage der Ära Honecker passte.

Die letzte größere Indienstnahme erfolgte im Jahre 2007, als die Landesregierung von Rheinland-Pfalz unter der Überschrift „Kaum machen wir eine Party, wird gleich Demokratie draus" versuchte, den 175. Jahrestag des Hambacher Festes und den 60. Jahrestag der Gründung von Rheinland-Pfalz auf einem Plakat inhaltlich zusammenzuführen – ein Versuch, der gründlich misslang. Vor dem Hintergrund der ursprünglichen Bildquelle tanzen jetzt junge Menschen in ausgelassener Stimmung – die Nachwirkungen des „Fußball-Sommermärchens" von 2006 sind spürbar. Erkennbar ist hier die Absicht, einerseits eine direkte demokratische Entwicklung von Hambach nach Rheinland-Pfalz nachzuzeichnen, andererseits das gewünschte Ergebnis als schnell und problemlos erreichbar darzustellen. Beides ist historisch falsch. Zudem weht im Zentrum des Plakates jetzt nicht mehr die bundesdeutsche, sondern die rheinland-pfälzische Landesflagge. Gerade die Überwindung des Regionalismus zugunsten der nationalen Einheit war aber eine der Forderungen der „Hambacher". Siebenpfeiffer und Wirth würden sich wahrscheinlich im Grabe umdrehen, würden sie mitbekommen, dass ihr Eintreten für nationale Einheit und Freiheit, das sie mit Exil, Krankheit und Tod bezahlen mussten, zu einer „Party" umfunktioniert wurde.

Abb. 9: Werbeplakat für den Standort Rheinland-Pfalz, © Staatskanzlei Rheinland-Pfalz

5.3 Das „Dritte Reich" – und wie wir Geschichte ordnen

Abb. 10: Friedrich II. – Bismarck – Hindenburg – Hitler, Postkarte gestaltet von Hans vom Norden, ca. 1933

Diese bekannte Propagandapostkarte aus dem Jahre 1933, die in verschiedenen Versionen existiert und in zahlreichen Quellenwerken und Schulbüchern abgedruckt wurde, macht einerseits auf ein bekanntes Phänomen aufmerksam, dass politische Systeme, die sich in der Vergangenheit neu etablierten, das Bedürfnis empfinden, sich historisch legitimieren und damit in eine möglichst lange Reihe bedeutender Ahnen stellen zu müssen. In diesem Falle wird eine Entwicklung von Friedrich II., dem Preußenkönig, über Otto Fürst von Bismarck und Feldmarschall Paul von Hindenburg bis Adolf Hitler konstruiert. Das gemeinsame Bindeglied ist der „Kampf". Das Ergebnis des jahrhundertelangen Kampfes ist die Vollendung der Entwicklung, das „Dritte Reich".

Mit der hier vorgenommenen historischen Reihung wurde versucht, das „Dritte Reich" an ein vorangegangenes erstes und zweites Reich anzuschließen. Die Absicht bestand darin, die neue und ohne Vorbild dastehende Zeit des Nationalsozialismus, deren Diktaturcharakter noch verborgen werden musste, durch den konstruierten Anschluss an das Heilige Römische Reich deutscher Nation („Erstes Reich") und das Kaiserreich von 1871 („Zweites Reich") historisch zu legitimieren und ihr damit internationale Anerkennung zu verschaffen, die infolge des verlorenen Ersten Weltkrieges fehlte. Die Verbindung wurde z. B. durch die bewusste Hervorhebung deutscher Erinnerungsorte (etwa Nürnberg) sowie von Politikern, Dichtern und Denkern hergestellt, in deren Werke man Inhalte zur Absicherung der NS-Ideologie erkennen wollte. Hinzu kamen die Vertreter des nationalsozialistischen Märtyrer- und Totenkultes. Dabei sollte es den kritischen Zeitgenossen damals und es muss den kritischen Schülerinnen und Schülern heute klar werden, dass es zwar durchaus mögliche Verbindungen, aber eben auch entscheidende Unterschiede zwischen den drei Reichen gab: So entsprach etwa die lange Zeit geltende Ständelehre des mittelalterlichen Reiches von ihrem formalen Aufbau her dem Prinzip des hierarchischen Führerstaates, von der an die Geburt gebundenen Privilegien der höheren Stände her stand sie jedoch in klarem Widerspruch zur „blutgebundenen rassisch reinen Volksgemeinschaft“. Zwar war das Kaiserreich von 1871 der erste Nationalstaat auf deutschem Boden, doch konnte die auf dynastischer Grundlage beruhende konstitutionelle Monarchie mit ihren in der Verfassung verankerten Partizipationsrechten und ihrer gewachsenen Parteienvielfalt aus nationalsozialistischer Sicht ebenfalls nur bedingt als Vorbild gelten. Dem Nationalsozialismus sollte es also zukommen, die angeblich von der germanischen Urzeit herrührende und über die noch vorhandenen Unzulänglichkeiten des „ersten“ und „zweiten“ Reiches verlaufende Entwicklung eines rassisch-reinen Volkes in Zukunft zu vollenden. Daher endet die Personenkette der Postkarte mit Hitler. Die Zeit des Deutschen Bundes und der gehassten Weimarer Republik wurde dabei bewusst ausgeblendet bzw. im Bedarfsfall, etwa der „Entarteten Kunst“, als Negativfolie bemüht. Dem Deutschen Bund fehlte es an nationaler Einigkeit, die Weimarer Republik war aufgrund ihrer Geburt aus der November-Revolution und ihrer liberalen Verfassung ohnehin gänzlich diskreditiert. Sie stand in völligem Gegensatz zu dem, was die NS-Ideologie für „deutsch“ hielt.

Nun könnten wir auf die Propaganda des „Dritten Reiches“ mit dem entsprechenden zeitlichen Abstand eigentlich gelassen schauen, würde sie unser Denken nicht immer noch beeinflussen. Es ist erstaunlich, wie auch heute Schulbücher und aktuelle wissenschaftliche Werke aus seriösen Verlagen diese Propagandabezeichnung unreflektiert übernehmen. So heißt der entsprechende Band über die NS-Zeit von Klaus Hildebrand in der bei Studierenden beliebten Buchreihe „Oldenbourg Grundriss der Geschichte“ weiterhin „Das Dritte Reich“, auch das von Michael Kißener bei der Wissenschaftlichen Buchgesellschaft erschienene Werk trägt denselben Titel – um nur zwei Beispiele zu nennen. Der propagandistische Gehalt dieser nur scheinbar unverfänglichen Bezeichnung wird nur selten bewusst thematisiert. Der Geschichtsunterricht ist jedoch der richtige Ort dafür, um genau das zu tun.

Eines der Ziele des Geschichtsunterrichts besteht darin, den Konstruktcharakter von Geschichte zu erkennen. Das heißt konkret, Schülerinnen und Schüler sollen lernen, dass „Geschichte“ nicht an und für sich existiert, sondern erst durch die subjektive Auslegung von Überlieferungen aus der Vergangenheit gemacht, also konstruiert wird und dass hinter diesem Prozess – wie die gewählten Beispiele zeigen sollen – Interessen stehen, die es zu erkennen gilt. Nur dann kann die Entwicklung des Faches Geschichte vom Pauk- zum Denkfach weiter vorangetrieben werden.

Literatur

Durchblicken. Dekonstruktion von Schulbüchern, hrsg. v. Waltraud Schreiber, Sylvia Mebus, Neuried 2006

Kompetenzen historischen Denkens. Ein Strukturmodell als Beitrag zur Kompetenzorientierung in der Geschichtsdidaktik, hrsg. v. Waltraud Schreiber, Andreas Körber, Alexander Schöner, Neuried 2007

Mythen im deutschsprachigen Geschichtsunterricht, hrsg. v. Roland Bernhard/Susanne Gründel/Felix Hinz/Christoph Kühberger, Göttingen 2017

Praxistipp: Geschichte als Konstrukt – „Denn sie wissen nicht, was sie tun!“

Der Geschichtsunterricht früherer Zeiten war häufig dem reinen Pauken geschichtlicher Daten und Namen sehr nahe, die demokratische Gesellschaft hat in der Bundesrepublik nach und nach den Wandel zum problemorientierten Lern- und Denkfach gebracht.

Bei der Dekonstruktion von Geschichte sollte jedenfalls eine Sache im Vordergrund stehen – dass Sie immer darauf achten müssen, was die Lerngruppe mit dem angebotenen Material machen kann und wird. Wenn ein Text oder die Botschaft eines Bildes nur zur Kenntnis genommen oder gar sofort „geschluckt“ bzw. „geglaubt“ wird, hat das Fach Geschichte schon verloren. Regen Sie immer zum genauen Anschauen an, zur Untersuchung, zur Kontextualisierung, Hinterfragung und Überprüfung – damit setzen Sie die kognitiven Reize, welche für Schüler jenseits etwaiger Altersstufen oder Lernniveaus einen Lern- und Kompetenzzuwachs bringen und in der demokratischen Gesellschaft einfach notwendig sind. Sie dienen nebenbei damit auch der Rechtfertigung unseres Faches.

6. Planung und Durchführung von Geschichtsunterricht

Faszinosum Geschichte

Im Rahmen der Geschichtslehrerausbildung bereitet das Referendariat darauf vor, einen qualitätsvollen und kritischen Unterricht zu planen und zu einem relevanten Ergebnis zu bringen. Dafür sind eine sinnvolle didaktische Reduktion des Stoffes, ein problemorientiertes Stundenthema, eine Leitfrage, die richtige Materialwahl und eine passende Stundenstruktur erforderlich. Gelingender Geschichtsunterricht hat also sehr viel mit durchdachter Planung zu tun. Nur wenn alle Puzzleteile zusammenpassen, entsteht eine runde Stunde. Der vorliegende Leitfaden möchte dabei helfen, einen problemorientierten Arbeitsunterricht durchzuführen.

Bei allen Ansprüchen, die an den modernen Geschichtsunterricht gestellt werden, kommt ein Element manchmal etwas zu kurz, das Schülerinnen und Schüler besonders interessiert: Geschichte als Faszinosum. Gemeint sind alle diejenigen Augenblicke in der Vergangenheit, in denen selbst aus heutiger Sicht Bemerkenswertes geschah, Entscheidungen von historischer Tragweite fielen und Akteure mit besonderer Ausstrahlung aufeinandertrafen, kurz: in denen sich „Unerhörtes“ abspielte. Hierzu zählen z. B. der Pyramidenbau in Ägypten, die Überquerung der Alpen durch Hannibal, die Ermordung Caesars und die „Entdeckung“ Amerikas durch Kolumbus ebenso wie die Rede von Otto Wels 1933 vor der Verabschiedung des Ermächtigungsgesetzes, die erste Mondlandung und der Fall der Mauer 1989. In diesen historischen Momenten verbanden sich rationale Überlegungen mit großen Emotionen, und es sind häufig diese Stunden, die lange in Erinnerung bleiben.

Leider bleiben viele Themen, für die sich Kinder und Jugendliche schon lange interessierten, bevor sie überhaupt die erste Geschichtsstunde hatten, in der Schule auf der Strecke. Dies ist unter anderem den Lehr- und Rahmenplänen geschuldet, die den historischen Stoff auf seinen Bildungsgehalt und Kompetenzerwerb hin abklopfen (müssen). Darin liegt ein Grund dafür, dass die Motivation der Schülerinnen und Schüler für den Geschichtsunterricht kontinuierlich nachzulassen scheint. Andererseits stehen die Darstellung faszinierender Momente der Vergangenheit durch einen fesselnden Lehrervortrag oder durch eine geeignete Filmsequenz und der Erwerb von weiterführenden Erkenntnissen nicht im Widerspruch. Beides schließt sich keineswegs aus. Lehrkräfte sollten daher schon im Rahmen ihrer Reihenplanung (→ 6.2) darauf achten, an welcher Stelle sich geeignete Themen und Materialien finden lassen, die den Fortgang des Unterrichts gewährleisten, andererseits aber die Motivation der Lerngruppe hochhalten. Um nicht missverstanden zu werden: Hier soll keinesfalls dem alten Geschichtsunterricht gehuldigt werden, der sich darauf beschränkte, dass der Lehrer Geschichte(n) erzählte. Aber auch aus dem Unterricht alter Tage kann etwas hinübergerettet werden in das moderne Denkfach Geschichte: Es ist die Begeisterung für besondere Momente. Der Lehrer muss sie „nur" erkennen und gestalten können.

6.1 Fragenkatalog auf dem Weg der Unterrichtsplanung

Die Vorbereitung bzw. Konstruktion einer Geschichtsstunde oder einer Unterrichtsreihe/-einheit verlangt eine Vielzahl an Überlegungen und Entscheidungen. In einem schriftlichen Unterrichtslangentwurf sind diese explizit darzustellen und zu begründen. Genau dies zu lernen gehört zu den wichtigen Zielen des Referendariats, um die didaktische Reflexion langsam in „Fleisch und Blut" übergehen zu lassen und ein professionelles Lehrerdenken zu entwickeln. Hier greift die Geschichtsdidaktik wie andere Fächer auch auf unterrichtspädagogische Theorien zurück, die zur „Didaktischen Analyse" gehören. Dieser Begriff geht zurück auf den Pädagogen Wolfgang Klafki, der seine Bildungstheorie zur Auswahl der Ziele und Inhalte seit den 1950er Jahren in der Auseinandersetzung mit seinen Kritikern ständig weiterentwickelt hat. Unterrichtsziele sind nicht einfach durch den Lehr- oder Rahmenplan gegeben, sondern müssen für die Lerngruppe im Detail immer wieder neu bestimmt werden, wobei die Rücksicht auf die äußeren Vorgaben zu den Inhalten, die Situation der Schüler_innen sowie die aktuelle individuelle und gesellschaftliche Situation ineinandergreifen. Klafki hat mehrere Kriterien für die Bedeutsamkeit eines stofflichen Inhalts, durch die er überhaupt erst für die Bildung wichtig wird, vorgeschlagen:

1. die exemplarische Bedeutung
2. die Gegenwartsbedeutung
3. die Zukunftsbedeutung
4. die Sachstruktur
5. die Zugänglichkeit

Die drei ersten Kriterien vermögen einen Stoff als Unterrichtsthema zu legitimieren. Durch die Sachstruktur gewinnen wir Hinweise auf einen möglichen Aufbau einer Lerneinheit, einer Reihe oder einer Stunde, über die Zugänglichkeit eines Themas auf Präferenzen in der Auswahl der konkreten Inhalte und Materialien.

Mit dem Grundsatz der thematischen *Exemplarität* (1) hofft der Didaktiker, einen Schlüssel gefunden zu haben, um die Stofffülle zu reduzieren und zum Kern einer Sache vorzudringen. Ein einziges gutes inhaltliches Beispiel reicht für einen „allgemeinen

Sinn- und Sachzusammenhang", um das Wesentliche und Allgemeine zu verstehen: Wer eine mittelalterliche Stadtgründung, einen konfessionellen Glaubenskonflikt der Frühen Neuzeit begriffen hat, kann sich die vielen übrigen Fälle selbst erschließen und muss sie nicht alle in der Schule durchnehmen. Mit der Frage, welche Bedeutung ein Unterrichtsgegenstand bereits *im gegenwärtigen Leben der Lernenden* (2) hat, sollen Anknüpfungspunkte gefunden werden: Sie leben in einer Stadt, die eine mittelalterliche Geschichte hat, oder haben selbst eine konfessionelle Identität. Was wissen sie schon darüber? Das können auch triviale Dinge sein, die aus einer aktuellen Fernsehserie stammen mögen. Klafki ergänzt die Bedeutung, die im geistigen Leben der Kinder – „vom pädagogischen Geschichtspunkt aus gesehen" – ein Inhalt haben sollte, weil er sich nicht unflexibel auf das zufällig Vorhandene verlassen wollte. Die Frage nach der vermutlichen *Zukunftsbedeutung* (3) kann eigentlich nur spekulativ beantwortet werden, doch lassen sich zumindest plausible Annahmen machen: Das Verständnis mittelalterlicher Stadtstrukturen ermöglicht einem Verständnis und Orientierung in vielen künftigen Stadtbegehungen, für soziale Zusammenhänge und für Stadtplanung überhaupt. Wer die Unlösbarkeit von konfessionellen Konflikten eingesehen hat, nimmt eher eine friedensorientierte und tolerante Haltung ein.

Jeder Inhalt weist eine innere *Struktur* (4) auf, die die pädagogische Vermittlung erleichtert: Ein Konflikt wie der Investiturstreit könnte z.B. in den zentralen Gegensatz, den Anlass, Verlauf und die Lösung strukturiert werden. Damit wäre auch eine Stundenstruktur gegeben. Bei der *Zugänglichkeit* des Themas (5) zielt Klafki vor allem auf besondere Fälle, Phänomene, Situationen, in denen die Struktur den Kindern interessant, fragwürdig, zugänglich oder „anschaulich" werden kann. Das kann eine Schlüsselsituation sein (Heinrich IV. in Canossa) oder etwas Aktuelles (ein neuer Bischof in der Region: wer bestimmt ihn?).

Klafkis bildungstheoretische Position hatte Probleme mit der tatsächlichen Rolle von Methoden und Medien im Unterricht, da diese für ihn immer den Inhalten unterzuordnen seien *(„Primat der Inhalte")*. Lehrkräfte entscheiden sich in der Praxis aber oft für Inhalte, die zu den bereits vorhandenen Medien passen (z.B. ein guter Film) oder zur Lerngruppe – für Klafki ein didaktischer „Sündenfall", weshalb seine Kritiker ihm große Praxisferne vorwarfen. Doch zeigte er sich schließlich offen genug, die Methode oder den Umgang mit einem Medium auch als Ausgangspunkt einer Didaktischen Analyse zuzugestehen, wenn ein geeigneter Bildungsgehalt dazu legitimiert werden könne. Es gibt keine einzuhaltende zeitliche Reihenfolge in den Planungsschritten, weil zu viele einzelne Entscheidungen oftmals gleichzeitig getroffen werden. Eine Alternative ist die Planung nach dem *„Berliner Modell"*, das auf der Grundannahme einer stärker gleichberechtigten Interdependenz der Faktoren beruht (Heimann/Otto/Schulz n. Thünemann 2014, 205-213).

In einem weiteren Begründungsschritt hat Klafki vorgeschlagen, die Unterrichtsinhalte an bestimmten *„epochaltypischen Schlüsselproblemen"* auszurichten. Dafür gab er 1985 eine Liste mit etwa 20 Problemen vor: Krieg und Frieden und das Ost-West-Verhältnis, Umwelt, Gefahren des Fortschritts, Bevölkerungswachstum, Geschlechterfrage ... (Jank/Meyer 2011, 178; modernisiert Mayer/Gautschi/Bernhardt 2017, 387-390). So werde den Schülerinnen und Schülern die Relevanz deutlich. Die Liste ist stark zeitgebunden und müsste heute verändert werden. Allerdings droht hier auch schnell eine Beliebigkeit, denn mit ein wenig Fantasie kann fast jedem historischen Inhalt ein Bezug zu einem Schlüsselproblem zugesprochen werden. In der Praxis hat sich dieses daher wenig durchgesetzt (anders Peters 2014, 213), zumal die Problemauswahl schnell veralten oder unter Ideologieverdacht fallen kann, was in der Liste noch fehlen könnte. Was in manchen Seminaren aber verlangt wird, ist die Überlegung, für welches größere geschichtliche Phänomen der konkrete Stundeninhalt stehen könnte: der Peloponnesische Krieg für „Krieg und Frieden", die Reform der Gracchen für den Komplex „soziale Konflikte und Sozialreform". Nicht zuletzt ist damit die Aufforderung verbunden, immer wieder passende Gegenwartsbezüge zu finden.

Klafkis didaktische Fragen sind in der Lage, den Prozess der Didaktisierung einzuleiten, müssen aber noch für ein Handlungsschema der Unterrichtsplanung fachlich konkretisiert werden. Folgende leitende Fragen sind bei der weiteren didaktischen und methodischen Analyse einer Geschichtsstunde zu beantworten:

Welcher historische Inhalt ist vom Lehr- oder Rahmenplan vorgesehen? Welche Vorgaben macht das schulinterne Curriculum, falls vorhanden?
Die Lehr- und Rahmenpläne wirken meistens stofflich sehr voll und ohne Gewichtung, sodass eine Auswahl bzw. Schwerpunktsetzung unvermeidbar ist. Andere sind fast inhaltslos, die Inhaltswahl liegt ganz bei der Lehrkraft. Schulinterne Curricula geben dazu eine Hilfe, weil sie auf den Erfahrungen aller Lehrkräfte beruhen, vielleicht regionale Aspekte betonen oder auch die Möglichkeiten der verwendeten Schulbücher besonders berücksichtigen. Die getroffene Wahl ist im Sinne Klafkis zu legitimieren. Die Aufnahme zusätzlicher Themen, etwa aus aktuellen Gründen (z. B. Geschichte Syriens oder der Brexit), ist in der Regel möglich, erfordert aber auch Umstellungen in den anderen Themen. Es scheint daher erfolgversprechend, planerisch immer vom Ende des Schuljahres her zu denken, damit keine Rückstände im nächsten Schuljahr aufzuholen sind.

Was genau soll meine Lerngruppe am Ende besser können?
In einer Geschichtsstunde/-reihe geht es sicherlich immer um einen Wissenszuwachs in einem abgegrenzten Sachgebiet, aber dabei darf es nicht bleiben, sondern das neue Wissen sollte die Basis für weitere Denkoperationen und Kompetenzerwerb sein. So

lassen sich darüber hinaus wichtige Erkenntnisse und Einsichten gewinnen, etwas, das sich über die Fakten hinaus zu wissen lohnt, das zur Gegenwarts- und Zukunftsorientierung beiträgt. Die Frage ist demnach, was das Thema dazu hergibt. Ferner können auch methodische Kompetenzen im Fokus stehen, z.B. der Umgang mit einer historischen Karikatur. Unter Umständen kann eine ganze Stunde oder Reihe vor allem der Methodenschulung dienen, sodass in diesem Fall die Inhalte weniger im Mittelpunkt stehen. Am Anfang steht immer die Diagnose, was an Wissen und Kompetenzen bereits da ist *(Analyse der Lernvoraussetzungen).*

Welche historische Dimension soll im Vordergrund stehen, z. B. Herrschaft, Politik, Wirtschaft, Kultur, Formen sozialer Ungleichheit, Zeitvorstellungen, Weltbilder, Lebensphasen, Lebensformen, Mentalitäten, Alltag, Eigenes und Fremdes, Nutzung und Veränderung von Räumen?
Zu jedem Thema sind didaktische Entscheidungen zu treffen, welche *historischen Dimensionen* betrachtet werden sollen. Wenn es um die mittelalterliche Stadt geht, sind immer noch viele Dimensionen denkbar: Wer herrschte in der Stadt? (Macht und Partizipation) Wovon lebten die Menschen? (Wirtschaft) Welche sozialen Unterschiede gab es? (Sozialstruktur) Lässt sich ein eigenes städtisches Bewusstsein erkennen? (Mentalität) Wie verlief der normale Tag in einer Stadt, welche Lebensformen kamen vor? (Alltag) Ein Fehler wäre es, alle Dimensionen zugleich anzugehen, auch hier ist eine Schwerpunktsetzung notwendig, wobei aber viele Dimensionen untereinander eng zusammenhängen.

Wie schaffe ich es, aus einem historischen Stoff oder Gegenstand, z.B. „Olympische Spiele in der Antike", „Sturm auf die Bastille" oder „Ausbruch des Ersten Weltkrieges", ein konkretes Thema zu formulieren?
Die Transformation eines historischen Stoffes in ein pädagogisches Unterrichtsthema ist der entscheidende Schritt einer Unterrichtsplanung. „Der Kriegsausbruch 1914" könnte ein Thema in einem historischen Handbuch lauten, aber das legt noch nicht offen, was daran zu lernen ist. Mit einer „Didaktisierung" sollte dies deutlich werden: Die Formulierung „War der Kriegsausbruch 1914 von den Verantwortlichen zu vermeiden?" lenkt die Aufmerksamkeit auf eine spezielle Frage nach der Freiheit und Verantwortung der beteiligten Menschen. Damit ist auch ein wichtiges Kriterium gegeben, welche Fakten und Materialien überhaupt von Belang sind. Hier greifen wieder die Überlegungen zur Legitimation des Themas: Heute wird keiner mehr das genannte Thema mit der für die Weimarer Republik typischen Fragestellung behandeln: Warum trug das Deutsche Reich 1914 keine Alleinschuld am Krieg? Sondern es wird ein Zugang gewählt, von dem die Lernenden von heute etwas für brisante Krisen in der Geschichte und Gegenwart lernen können (Vertiefung in 6.4).

Welche Aspekte finde ich selbst an der Thematik interessant und halte sie für bedeutsam? Was ist für die Lernenden daran besonders attraktiv?
Mit der ersten Frage sollte abgesichert sein, dass die Lehrkraft der gewählten Thematik ein authentisches Interesse entgegenbringt – in der optimistischen Erwartung, dass sich dieses auf die Schülerinnen und Schüler übertragen könnte. Das negative Gegenteil wäre die das Thema ins Abseits stellende Ankündigung: „Euch interessiert es nicht, mich eigentlich auch nicht, aber wir müssen es halt durchnehmen!" Im Vorfeld ist aus Sicht der Kinder zu überlegen, ob z. B. die ausgewählten Aspekte, auf die vielleicht die wissenschaftliche Forschung oder die Medien großen Wert legen, für sie überhaupt verständlich oder bedeutsam sind. Wenn etwa die Reformation ein großes Jubiläum hat, ist dies noch keine Garantie für ein Schülerinteresse. Dazu müssen die richtigen Eingangskanäle gesucht werden, z. B. über lokale Feierlichkeiten. Ist die Epoche der Aufklärung eher geistesgeschichtlich mit philosophischen Theorien in hoher Abstraktion (womöglich ein Text von Kant) anzugehen, oder reicht für die 8. Klasse die konkrete Auseinandersetzung mit der Abschaffung der Folter und der religiösen Toleranz? Hier greift Klafkis Frage nach der Zugänglichkeit des Themas. Bei vielen Themen der vormodernen Geschichte bietet die Bedeutung in der gegenwärtigen Geschichtskultur einen Weg: die Olympischen Spiele, Schlösser und Burgen als Ausflugsziele, die Konfessionsverteilung in Deutschland und Europa usw. Es spricht auch nichts dagegen, vor allem ältere Schülerinnen und Schüler an der Reihenplanung zu beteiligen, indem vor Beginn der Reihe das Interesse und das Vorwissen der Lerngruppe eingeholt werden.

Wie schärfe ich das didaktische Profil des Unterrichts? Wie kann ich das Thema didaktisch weiter reduzieren?
Die Lehrkraft sollte nun eine Idee entwickeln, welche Aspekte des Themas *(Beispiel: Ideologie des Nationalsozialismus)* unverzichtbar sind und in welcher Reihenfolge sie angeordnet werden können. Die Lehrkraft wählt nur einige Aspekte für die intensivere Besprechung in einem realistischen Zeitkonzept aus *(Rassismus, Antisemitismus, Volksgemeinschaft ...).* Wer etwas hervorhebt, macht das übrige für die Schülerinnen und Schüler weniger wichtig, die Reduktion ist die Kehrseite der didaktischen Profilierung. Insofern gehören beide didaktischen Schritte im Unterrichtsentwurf immer eng zusammen. Was kann *wegfallen*, um zum Wesentlichen vorzustoßen? *(hier: Kolonialpolitik).* Was soll im Vordergrund *(Einschätzung der Juden)*, was zunächst im Hintergrund *(Arier- und Germanenkult)* stehen?

Zu viele Aspekte an einer Sache erschweren das erste Verständnis, also muss eine bessere Übersicht geschaffen werden. Möglich sind völliges *Weglassen* einiger Aspekte oder zumindest nur flüchtige Berücksichtigung. Ferner die *Vereinfachung*, um das Thema oder das Problem weniger komplex zu machen (Komplexitätsreduktion). Die Motivation für eine politische Entscheidung *(Beispiel: Warum wollte Hitler 1934 die SA zurückdrängen?)* ist manchmal sehr facettenreich und enthält auch Winkelzüge, die erst mit größeren Hintergrundkenntnissen plausibel werden. Für die Schule darf hier erst einmal auf das Zentrale *verdichtet* werden.

Welche Kompetenzen sollen gefördert werden? Wie sind gute Lernziele zu formulieren?
Unterrichtsentwürfe sind heute in der Regel kompetenzorientiert zu verfassen. Referendarinnen und Referendare sind bei der Auswahl und Benennung der zu fördernden Kompetenzen in der Regel nicht frei, sondern müssen sich am Kompetenzmodell orientieren, das den Lehr- und Rahmenplänen ihres Bundeslandes zugrunde liegt, oder den Seminarvorgaben folgen. Kompetenzen werden langfristig aufgebaut, innerhalb einer einzigen Stunde sind Kompetenzen nie vollständig zu erwerben. Es lassen sich im Unterrichtsentwurf auch nicht alle Kompetenzen erfassen, an denen im Unterricht gearbeitet wird. Vieles läuft nebenbei ab, so die allgemeine Schulung der Rechtschreibung oder von Sozialkompetenz. In die Unterrichtsplanung gehören nur die Kompetenzen, an denen der Lehrer gezielt und bewusst arbeiten möchte. Wenn die zu fördernden Kompetenzen bestimmt sind, müssen dazu noch die stundenspezifischen Lernziele formuliert werden, die möglichst konkret die Inhalte der Stunde berücksichtigen sollten. Die zusätzliche Forderung der Operationalisierung von Kompetenzerwerb legt die Angabe von beobachtbaren, überprüfbaren Handlungen der Schülerinnen und Schüler nahe. Meistens geben die Ausbildungsseminare dazu Hinweise.

Beispiele für Lernziele mit Kompetenzorientierung: Indem die Schülerinnen und Schüler das Zeitungsinterview des Mediävisten Michael Borgolte anlässlich des Schreibens „Mea Culpa“ von Papst Johannes Paul II. aus dem Jahr 2000 kriteriengeleitet analysieren, können sie die Frage nach der historischen Schuld des Papsttums im Kontext der mittelalterlichen Kreuzzüge aus zeitgenössischer und heutiger Perspektive erörtern (als Teil ihrer Urteilskompetenz).

Indem die Schülerinnen und Schüler den Kreuzzugsaufruf Papst Urbans II. im Jahr 1095 kriteriengeleitet analysieren, können sie die Motive des Papstes im historischen Kontext nennen und erläutern (als Teil ihrer Sachkompetenz).

Welche Quellen und Darstellungen stehen mir zur Verfügung? Welche Materialien und Medien wähle ich schließlich aus?
Wenn ich die Ziele festgelegt habe, kann ich das geeignete Material bestimmen. Das ist eine zentrale didaktische, nicht nur methodische Entscheidung, weil hier die konkreten Inhalte bestimmt werden. Welches Material wähle ich aus, welche Aspekte sind darin enthalten, wie verständlich ist es? Es beginnt also die Suche nach der optimalen Lö-

sung, zunächst sicherlich im Schulbuch, ob der Verfasser eine didaktische Idee hatte, der ich folgen könnte. Dem Vorwurf, der Rückgriff auf das Schulbuch zeuge von zu geringem Arbeitseifer, sollte ein Referendar begegnen, indem er mögliche Alternativen darlegt und seine Entscheidung für das (immerhin kostenlos verfügbare) Schulbuch begründet. Wenn ich in anderen Schulbüchern, Quellensammlungen oder geschichtsdidaktischen Zeitschriften etwas Besseres finde, kann ich dieses ohne Weiteres einsetzen. Wer etwa auf einen passenden Film stößt, muss seinen Einsatz mit den anderen vorgesehenen Materialien abstimmen. Wenn die Zeit den Einsatz nicht zulässt, bleibt nichts übrig, als konsequent zu streichen.

Wichtig ist jedoch, sich darüber klar zu werden, was genau im vorgelegten Material bedeutsam für die Bearbeitung ist und was dabei eventuell zu kürzen ist. Dann erst kann ich im schriftlichen Entwurf auch begründen, warum ich eine Quelle oder Darstellung gekürzt habe.

Wie und mit welchen Methoden sollen die Schüler tätig werden? Welche Tätigkeiten führt der Lehrer in der Stunde aus?

Die Frage nach der möglichen Schüleraktivität ist neben der didaktischen Relevanz für den guten Unterricht zentral. Hier können komplexe, aber lösbare Lernaufgaben zu einer Maximierung beitragen. Zugleich ist auch eine große Abwechslung geboten, damit nicht etwa monotones Zusammenfassen zur Hauptaktivität wird. Häufige Fehler im Ausbildungsunterricht sind Materialien und Aufgaben, die keine höheren Anforderungsbereiche mit eigenen Denkleistungen möglich machen. Wenn die Texte schon alles beinhalten, was an Interpretation zum Thema möglich ist, bleibt für die Schülerinnen und Schüler nichts mehr zu tun. Ein anderer Fehler sind Aufgaben, die von vornherein nicht mit dem vorhandenen Material lösbar sind, wenn z. B. nur zufällig vorhandenes Zusatzwissen zur Lösung führt. Meistens endet dies damit, dass die Lehrkraft es selbst machen muss. Dies ist aber zweifellos nicht der Sinn von Unterricht.

„Auf den Lehrer kommt es an!", heißt es jetzt zwar vielfach mit Bezug zur internationalen Hattie-Studie über erfolgswirksame Faktoren für den Unterricht. Für die Bedeutung der Lehrer ist das eine beruhigende Nachricht. Dies stellt aber keinen Freibrief für ungebremste Lehrerdominanz oder gar überlange Vorträge im Unterricht dar, sondern ist ein Plädoyer für die richtige Impulsgebung, die aktivierende Präsenz und Hilfe sowie die schülerorientierte Unterrichtsplanung.

Diese Fragen zeigen bereits die unterschiedlichen Ebenen an, die bei der Planung in eine Passung zueinander gebracht werden müssen: Lerngruppe, Ziele und Intentionen, Lernvoraussetzungen, Inhalte, Gegenstände und Themen, Arbeitsformen und Lehr-Lernformen, Methoden und Medien. Sowohl in der Reihenplanung als auch in der Stundenplanung müssen sie untereinander stimmig gemacht werden.

Literatur

Adamski, Peter: Die didaktische Analyse. In: Handbuch Praxis II (2017), S. 224-237

Conrad, Franziska/Ott, Elisabeth: Didaktische Analyse. In: Handbuch Methoden (2016), S. 561-576

Gies, Horst: Geschichtsunterricht. Ein Handbuch zur Unterrichtsplanung, in Zusammenarbeit mit Michele Barricelli und Michael Toepfer, Köln u. a. 2004

Mayer, Ulrich/Gautschi, Peter/Bernhardt, Markus: Themenbestimmung im Geschichtsunterricht der Sekundarstufen. In: Handbuch Praxis I (2017), S. 378-404

6.2 Reihenplanung

Wenn jemand mit dem Auto von Frankfurt nach Hamburg fahren will, fährt er dann einfach drauflos und schaut, was passiert? Oder bereitet er sich auf die lange Fahrt vor, indem er sich mit der Strecke vertraut macht, eine Autobahn auswählt, nach Raststätten und Tankstellen schaut, eine Ausweichroute festlegt und Navigationsgerät oder Karte mitnimmt, damit er möglichst schnell, preisgünstig und entspannt an das Ziel kommt? Dasselbe gilt auch für die Planung von gutem Unterricht.

Die Experten unter den Lehrkräften erkennt man unter anderem daran, dass sie ihren Unterricht im Gegensatz zu Berufsanfängern in Reihen denken und planen. Eine Unterrichtsreihe ist eine zusammenhängende Anzahl von Stunden unter einer übergeordneten Fragestellung. Die problemorientierte Fragestellung ist wichtig, weil sie den didaktischen Schwerpunkt der Reihe und damit die Auswahl der einzelnen Stundenthemen und der wichtigsten Arbeitsmaterialien vorgibt. „Der Nationalsozialismus“ ist noch kein geeignetes Reihenthema, weil hier weder eine Leitfrage erkennbar ist noch diese Formulierung bei der Bestimmung der Stundenthemen und der Auswahl der Materialien weiterhilft. „Die Deutschen im Nationalsozialismus – Opfer oder Täter?“ ist dagegen sehr wohl geeignet, weil hier an die schier unübersehbare Stofffülle ein didaktischer Filter angelegt wird, der bei der Unterrichtsplanung hilft. Der Stellenwert der einzelnen Stunde ergibt sich dann aus dem Beitrag zur Beantwortung der übergeordneten Leitfrage, die am Ende der Reihe beantwortet sein sollte. Solche Unterrichtsreihen kann, muss man sich aber nicht unbedingt selbst ausdenken. Sie werden häufig durch die Lehrpläne der verschiedenen Bundesländer angeboten, die verbindliche Vorgaben machen, aber auch Freiräume lassen.

Wer seinen Unterricht in Reihen denkt und plant, hat einen deutlich entspannteren Berufsalltag, denn er besitzt einen Fahrplan und weiß, wohin er will.

Folgende Punkte sollten für eine gelungene Reihenplanung bedacht werden:

- Eine professionelle Unterrichtsreihe steht unter einer didaktisch relevanten *Leitfrage*, die die einzelnen Stunden zusammenbindet. So erhält die Reihe eine Struktur, die den Lehrkräften sowie den Schülerinnen und Schülern weiterhilft.
- Eine ansprechende Unterrichtsreihe achtet auf *didaktische und methodische Vielfalt*, damit der Unterricht für die Schülerinnen und Schüler nicht langweilig wird. Didaktische Vielfalt bedeutet, dass die Stundenthemen wechselnd aus den Dimensionen der Diplomatie-, Wirtschafts-, Alltags-, Sozial-, Geschlechter-, Umweltgeschichte etc. stammen. Die Lehrpläne verlangen dies ohnehin. Auch hier ist das Reihenthema der Leitfaden. Die Methoden und Sozialformen sollten sich abwechseln. Was die Wahl der Themen und Methoden angeht, sollte die Lehrkraft unberechenbar bleiben und die Schülerinnen und Schüler immer wieder aufs Neue überraschen. Dann wird der Unterricht allen mehr Spaß machen.
- Zu berücksichtigen sind – wo immer dies sinnvoll ist – bei der Reihenplanung die Möglichkeiten des *fächerverbindenden* Arbeitens. Denn der Unterrichtsalltag ist gefächert, aber Vergangenheit und Gegenwart nicht. Erst wenn neben der Lektüre von Darstellungen und Quellen zum 17. Jahrhundert ein passendes Gedicht oder Gemälde zu interpretieren, ein Musikstück zu hören und vielleicht eine nahegelegene Barockkirche zu besichtigen ist, werden die Schülerinnen und Schüler ein tieferes Verständnis für diese Zeit gewinnen. Die einfachste Möglichkeit ist, dass die Lehrkraft selbst ihren Unterricht fächerverbindend gestaltet. Etwas aufwendiger, aber gewinnbringend ist es, wenn der Unterricht mit ein oder zwei Kollegeninnen oder Kollegen für einige Stunden abgestimmt wird. Organisatorisch ist dies ein Mehraufwand, inhaltlich eine Bereicherung – für alle Beteiligten.
- Zu einer realistischen Reihenplanung, die den Anforderungen des Alltags standhält, gehört, dass bei der Planung der Stunden der *Kalender* vorliegt. Dann ist von vornherein festzustellen, wie viele der planmäßig vorhandenen Stunden wegen anstehender Feier- und Wandertage, Konferenzen und Fortbildungen gar nicht erst stattfinden. Dies ist für die Reihenplanung zu berücksichtigen. Eine Reihe sollte sich auch nicht unbedingt über die Ferien hinweg ziehen. Eine professionelle Planung, vor allem im Fach Geschichte, sieht das Schuljahr immer von seinem Ende her und behält im Auge, bei welchen Themen die Klasse an den nachfolgenden Kollegen übergeht.
- Die *Hausaufgaben* sind das ungeliebte Stiefkind des Geschichtsunterrichts. Häufig ist zu beobachten, dass Hausaufgaben ganz am Ende der Stunde – manchmal erst nach dem Klingeln – und mit wenig Überlegung („Schaut euch mal im Buch die Seiten XX-YY an.“) gestellt werden. Das hat dann zur Folge, dass die Hausaufgaben gar nicht oder nur sehr oberflächlich gemacht werden. Dabei sind zielführende Hausaufgaben

gerade in einem Fach mit wenig Stunden wie Geschichte von großer Bedeutung. Sie wiederholen den Stoff, tragen damit zur Sicherung bei (Schwerpunkt in der Sekundarstufe I) und können die Folgestunde vorentlasten (Schwerpunkt in der Sekundarstufe II). In einer vernünftigen Reihenplanung stellen die Hausaufgaben wichtige Gelenkstellen zwischen den einzelnen Stunden dar. Bei einer Perlenkette (Unterrichtsreihe) erregen zwar die Perlen (Unterrichtsstunden) die Aufmerksamkeit, aber erst durch die unscheinbare Bindung (Hausaufgaben) entsteht ein schmuckvolles Ganzes.

- Eine Reihenplanung berücksichtigt auch, geeignete *Leistungsüberprüfungen* (→ 8.,10.) sinnvoll zu platzieren. Dies gilt insbesondere für längere Tests und Klausuren, die angekündigt werden müssen oder deren Termine von der Schulleitung festgelegt werden. Aber auch Hausaufgabenüberprüfungen (angekündigt oder unangekündigt) wollen gut gelegt sein. Hier gilt es darauf zu achten, dass einerseits genügend Stoff aus allen Anforderungsbereichen, andererseits auch hinreichend Zeit für die Korrekturen zur Verfügung steht. Wenn schon eine Klassenarbeit und zwei Hausaufgabenüberprüfungen auf Ihrem Schreibtisch liegen, sollte nicht noch eine dritte obendrauf kommen. Nur eine zeitnahe Rückgabe und Besprechung der Überprüfung ermöglichen auch einen Lerneffekt. Auch hier helfen Reihenplanungen, die unterschiedlichen Leistungsüberprüfungen in Ihren Lerngruppen so zu verteilen, dass eine Überlastung bei den Korrekturen minimiert wird. Häufig werden Leistungsüberprüfungen am Ende einer Unterrichtsreihe durchgeführt. Das kann, muss aber nicht so sein, zuweilen erhalten die Schülerinnen und Schüler den falschen Eindruck, eine Epoche sei an einer bestimmten Stelle abgeschlossen. Es macht durchaus Sinn, eine längere Leistungsüberprüfung so anzusetzen, dass sie über die Epochengrenze von Spätantike und Frühmittelalter hinausgreift und die Teilnehmenden z. B. im Königtum des frühen Mittelalters die Synthese von antikem und mittelalterlichem Denken erkennen. Allein die Bezeichnung *Heiliges Römisches Reich* macht dies deutlich. Eine Leistungsüberprüfung, die nicht beim Jahre 1945 stehenbleibt, sondern das Ende der NS-Diktatur, die Besatzungszeit und die Gründung von BRD und DDR thematisiert, legt die strukturellen und personellen Brüche und Kontinuitäten offen und arbeitet dem in der Tat falschen Befund entgegen, es habe eine „Stunde Null" gegeben.
- Immer wenn es möglich ist, sollte im Rahmen der Reihenplanung auch der Besuch eines *außerschulischen Lernortes* berücksichtigt werden. Häufig ist dies in Form eines Unterrichtsganges ohne größeren Aufwand auch in einer Unterrichtsstunde machbar, wenn das Ziel in unmittelbarer Nähe der Schule liegt. Schulnamen wie „Gymnasium am Römerkastell", „Gymnasium an der Stadtmauer" oder „Schloss-Gymnasium" deuten mögliche Erkundungsorte an. Der Besuch eines Archivs oder Museums ist dagegen zeitaufwendiger und muss ohnehin rechtzeitig geplant werden. Die Entscheidung für den Besuch eines außerschulischen Lernortes, der ja auch vor- und nachbereitet werden muss, sollte in jedem Falle didaktisch begründet sein.

Es spricht sehr viel dafür, die Reihenplanung den Schülerinnen und Schülern früh bekanntzugeben und damit die Unterrichtsplanung transparent zu machen. Es stößt durchaus auf Anerkennung, wenn die Schulklassen sehen, dass Herr X. oder Frau Y. einen „Fahrplan" hat und vorbereitet ist. Dies heißt nicht, dass Reihenplanungen nicht flexibel gehandhabt werden dürfen. Aber nur wer einen Plan hat, kann es sich erlauben, davon abzuweichen.

Beispiel für eine kurze Reihenplanung: Auf dem Weg zum modernen Staat? Absolutismus und Aufklärung in der Frühen Neuzeit (Jahrgangsstufe 11)

Stunde	Datum	Stundenthema
1	15.8.	Auf der Suche nach einer neuen Ordnung: Die Theorien von Bodin und Hobbes
2	17.8.	Der Staat bin ich? Grundsätze eines „absoluten" Monarchen. Die Memoiren Ludwigs XIV.
3	22.8.	Versailles – Zentrum der Macht oder Zentrum der Feste?
4	24.8.	Wandertag – Stundenausfall
5	29.8.	Woher bekommt der König sein Geld? Die Bedeutung des Merkantilismus
6	31.8.	„Absolutismus" – adäquate Epochenbezeichnung oder politischer Kampfbegriff? (Stunde zur Begriffskontroverse)
7	5.9.	Wer bringt Licht ins Dunkel? Die Aufklärung
8	7.9.	Hausaufgabenüberprüfung zu den Stunden 6 und 7; Friedrich II. von Preußen – ein aufgeklärter Absolutist?
9	12.9.	Herrscherbilder: Ludwig XIV. und Friedrich II. im Vergleich (Methodenstunde zu Bildquellen)

Literatur

Borries, Bodo von: Strukturierungsmodelle für Unterrichtsreihen. In: Handbuch Praxis II (2017b), S. 194-198

Peters, Jelko: Geschichtsstunden planen, St. Ingbert 2014

Praxistipp: Überraschung und Emotionalisierung wagen!

Denken Sie bei der Planung von Unterricht – und nach Möglichkeit auch bei einem Unterrichtsbesuch – ruhig einmal an den Faktor Überraschung, an emotional packende Themen oder wenigstens spannende Einstiege, an ein Konfrontationsthema mit aufweckendem Aha-Effekt. Natürlich gibt es hierbei verschiedene Risiken, aber Sie sollten es probieren. Es lohnt sich!

Für den Geschichtsunterricht in der 5./6. Klasse, der in etlichen Bundesländern üblich ist, wird über „kindgerecht" veranschaulichende Materialien oder noch relativ bildhaft-spielerische Mittel und Lernformen dieser emotionale Zugang gewählt. Danach verödet dieser Kanal gewissermaßen, man will schließlich in den höheren Jahrgängen seriöse Quellenarbeit, inhaltliche Stringenz und wissenschaftspropädeutisches Lernen erreichen. Dies sind sicherlich wichtige Ziele, die nachweislich mit den Jahrgängen zurückgehende Motivation im Geschichtsunterricht dürfte aber auch mit diesem eher „trockenen" und eindeutig textlastigen Konzept zusammenhängen. Wie geht es wenigstens punktuell anders?

Packende Einstiege: Warum nicht z. B. zu Beginn einen Spielfilmausschnitt einblenden? Nehmen Sie z. B. in der Oberstufe die Kampfszene zu Beginn von „Gladiator" (Schlacht in den germanischen Wäldern) zum Anlass, um die dort sichtbare Organisation und Technik der römischen Armee zu einem ersten Vergleich des Imperiums mit den (im Film natürlich überzeichneten) germanischen Barbaren zu nutzen. Danach kommt die Überführung zur seriösen Quellenarbeit, vielleicht über entsprechende militärische Berichte von bzw. zu Caesar, Hadrian oder Marc Aurel. Sie werden sehen, dass die Motivation der Gruppe wächst!

Motivierende Materialien: Man kann nicht beliebig oft Museen oder andere außerschulische Lernorte besuchen. Aber vielleicht haben Sie die Möglichkeit, anfassbare Geschichte mitzubringen. Dies motiviert nicht nur Fünftklässler! Man kann z. B. durch das Mitbringen von verblichenen Originalfotos und Original-Inflationsgeld (kommunales Papiergeld) der Zeit um 1923 auch in der Oberstufe eine sehr anregende Stunde beginnen, um die Not dieser Krisenzeit im wahrsten Sinne zu erfassen. Die Sozialstatistik oder der Vergleich der Wirtschaftsdaten soll anschließend auch geleistet werden, man hat aber dann einen anderen Bezug.

Motivierende Methodik: Es ist mittlerweile keineswegs mehr sensationell, z. B. ein Rollenspiel im Sinne der von Rohlfes (2005, 299-302), „Simulations"- oder „Imitationsspiel" genannten Methodik, eine nachgespielte Historikerdebatte oder gar eine Videoerstellung einzusetzen. Trotzdem können dies Sternstunden werden – wenn die Gruppe inhaltlich gut eingeführt wurde und die Lehrkraft die Kunst beherrscht, sich nach engagierter Einführung zurückzuhalten. Die Lerngruppe gerät in Interaktion, jenseits der Inhalte kommt fast von allein Emotion ins Spiel. Seien Sie mutig bzw. kreativ – welche besondere Methode dieser Art könnte der Gruppe guttun? Grundsätzlich aber gilt: Alle neuen Methoden müssen vor dem Einsatz in der Vorführstunde erst einmal eingeführt und einstudiert werden. Auf Anhieb gelingt selten etwas. Deshalb informieren Sie sich, mit welchen Methoden Ihre Lerngruppe vertraut ist. Und legen Sie sich eine gewisse Frustrationstoleranz zu.

Einbezug der Neuen Medien: Immer noch werden diese unter Geschichtslehrkräften z. T. argwöhnisch beäugt, dennoch bilden sie längst die Lebenswirklichkeit der Schülerschaft ab. Nutzen Sie dies, geben Sie z. B. bewusst Hausaufgaben per Internetrecherche (mit Schulung zum Finden der seriösen Quellen), halten Sie bei entsprechender Ausstattung eine Stunde mit gemeinsamer oder aufgeteilter Recherche auf einer Website (Angebote finden Sie z. B. auf der Homepage des VGD www.geschichtslehrerverband.de).

Emotionale Präsenz der Lehrkraft: Sie werden es vielleicht aufgrund der genossenen verkopft-universitären Ausbildung nicht mehr glauben, aber Sie als Lehrkraft sind und bleiben das wichtigste Medium des Geschichtsunterrichts. Sie sollen natürlich nicht den Clown spielen oder durch übertriebene Dominanz per (vielleicht ja lebendigem) Dauervortrag die Schülertätigkeit „ersticken". Ein Schuss Performance und Emotionalität hilft aber in jedem Fall, um Inhalte einzuleiten und zu vermitteln. Imitieren Sie ruhig einmal den Tonfall einer Figur der Zeitgeschichte, gehen Sie bei bestimmten Aussagen emotional (gestisch, mimisch, rhetorisch) mit, wenn das zu Ihnen passt. Die Gruppe wird es Ihnen danken, wenn dieses sichtbare Herzblut den Unterricht würzt.

Kritikern, die gleich auf die Gefahr der „Überwältigung" (Beutelsbacher Konsens) hinweisen oder diverse andere Nachteile obiger Punkte aufzählen, sollten Sie gelassen begegnen. In übermäßiger Dosierung (oder bei Tendenz zum Schauspiel ohne nachhaltige Weiterführung) dürfte das „Faszinosum Geschichte" (s. o.) tatsächlich negative Folgen haben, aber als gezieltes Mittel hat es seine Berechtigung. Halten Sie die Kritik also ruhig aus, wagen Sie überraschende Geschichtsstunden!

6.3 Konkrete Planung einer Geschichtsstunde

Eine inspirierende Geschichtsstunde ähnelt dem Auftritt eines eingespielten Jazzensembles – ein Bandmitglied gibt Rhythmus, Tonart und Tempo vor und die anderen steigen ein, wälzen die Vorgaben um, variieren sie, spielen Soli und Tuttiparts, bewegen sich aber stets innerhalb des vorgegebenen Rahmens, kommen schließlich mit dem Schlussakkord zum Thema zurück und bringen dieses zum harmonischen Abschluss. Geschichte als Denkfach hat einen ähnlichen Anspruch an Lehrende und Lernende, die zu behandelnden Themen zu betrachten, umzuwälzen, zu vertiefen, in anderem Kontext neu zu entdecken und schließlich die aufgeworfene Fragestellung in einer Diskussion zu bewerten. Um sich derart virtuos und offen innerhalb der Stunde zu bewegen wie im eingangs erwähnten Beispiel, erfordert es aber viel Übung und Erfahrung für Lehrende und Lernende. Bis es so weit ist, sollte die Stunde möglichst genau geplant werden. Diese Überlegungen im Vorfeld bilden dafür die Grundlage.

Abb. 11: Planungsfaktoren einer Geschichtsstunde

6.3.1 Didaktik und Methodik

Nach der bekannten Faustregel, dass Unterrichtsplanung aus den Überlegungen besteht, „was man warum wie macht", wenden wir uns zuerst genauer dem didaktischen „Was?", dem „Warum?" und darauf dem methodischen „Wie?" für Geschichtsstunden zu. Obwohl sich die dargestellten Teilaspekte der Planung naturgemäß aufeinander beziehen und jeder isoliert für sich genommen für die Gesamtplanung der Stunde alleine keinen Sinn macht, sollen sie hier zunächst einzeln betrachtet werden:

6.3.2 Lerngruppe

In der Lerngruppenbeschreibung eines Entwurfes ist es möglich, viele Voraussetzungen anzugeben, die auf die Unterrichtsplanung Einfluss nehmen. Die Ausgangsbasis für didaktische und methodische Überlegungen bildet immer die Lerngruppe, für die (und mit der) man seine Stunden plant. Lerngruppe ist hier ein Oberbegriff für Klasse, Kurs und Arbeitsgemeinschaft. So ist das Schüleralter ein erstes Kriterium: Was interessiert überhaupt in dieser Altersstufe, was können die Lernenden bereits verstehen? Die Geschichtsstunde wird umso motivierender, je genauer man sie an die Lernenden anpasst. Dafür sollte man zunächst das vorhandene stoffliche Wissen und bestehende Kompetenzen aus dem vorhergehenden Unterricht feststellen. Wie steht es um die Schülerfähigkeiten zur Quellenarbeit, zur Kartenarbeit ...? Dazu zählen andere Fächer. Zusätzlich kann man im Gespräch mit der Lerngruppe, aber auch mit Kollegen, die in derselben Gruppe tätig sind, herauszufinden versuchen, wo mögliche Interessensschwerpunkte, eventuelle Defizite persönlicher oder struktureller Natur (vielleicht ist die Gruppe im vergangenen Schuljahr nicht so weit gekommen, wie sie sollte), kulturelle Besonderheiten, besondere Sprach- und Vorkenntnisse der Lerngruppe liegen. Es sollte auch keine Scheu geben, bestehende Defizite anzugeben. Wenn es deutlich verschiedene Kompetenzniveaus gibt, könnte dies eine Basis für eine Binnendifferenzierung in den Aufgabenstellungen sein.

Auf dieser Basis lassen sich, wenn es die Vorbereitungszeit erlaubt, sogar differenzierte Lernangebote machen, wie etwa eine Stationenarbeit oder eine Lerntheke. Vielleicht ist die Lerngruppe im Darstellenden Spiel schon versiert und begrüßt mit Begeisterung Rollenspiele oder Standbilder im Unterricht. Eventuell gibt es einen Schüler, der gerade im Land des betrachteten Unterrichtsgegenstands im Austausch war und spezielle Kenntnisse zu einer bestimmten Perspektive oder einem Aspekt der dortigen Geschichtskultur zum Thema hat. Oder es gibt passionierte Musiker im Kurs, die einen Aspekt der Rezeption des Themas in der Musik erläutern können. Von der Vielfalt in den Lerngruppen kann sich die Planung inspirieren lassen. Lehrer sollten nie vergessen, dass eine Geschichtsstunde letztlich nur für die Lernenden stattfindet, nicht wegen der Dignität der Stoffe.

Sinnvollerweise ist aber nur auf dasjenige einzugehen, das im Unterricht auch schwerpunktmäßig erscheinen soll. Hier wird die „Diagnose“ gegeben, worauf die Unterrichtsplanung eine „Therapie“ anbietet.

6.3.3 Stoff und Ziele

Hier machen die *Lehr- und Rahmenpläne* und ergänzend die schulinternen Arbeitspläne Vorgaben, aus denen die Lehrkräfte grob ihre inhaltlichen Vorgaben beziehen, die zunächst den Beginn der Stundenplanung bilden. Allerdings ist eine kurze Vorgabe wie etwa „Napoleon I." ein derart weites und verzweigtes Feld, dass es nicht nur frustrierend für alle Seiten, sondern schlicht unmöglich wäre, dieses auf der rein inhaltlichen Ebene in wenigen Stunden abzudecken. Dies lässt sich auch nicht beheben, wenn verstärkt wenig ergiebige, rein Input-orientierte Lehrervorträge eingesetzt werden. Hier gilt es zunächst, den „Stoff" zum „Thema" zu machen, das für die jeweilige Lerngruppe verständlich ist, ihr einen Lernzuwachs in allen drei Anforderungsbereichen und eine übergeordnete Erkenntnis ermöglicht, die sie im besten Sinne des Wortes persönlich „bildet". Wenn man nach der persönlichen fachlichen Einarbeitung in den gegebenen Stoff eine *Schwerpunktbildung* vornimmt, mündet diese optimalerweise in eine *leitende Fragestellung* zum Sachverhalt. Für das genannte Beispiel könnte diese etwa lauten: „Napoleon – Traum oder Alptraum für Europa?". (→ 3.5) Hierdurch wird aus der Vielzahl an möglichen Aspekten eine Auswahl vorgenommen, die gleichzeitig die weitere Vorgehensweise sowohl innerhalb der Unterrichtsreihe als auch für die Einzelstunden strukturiert und eine Basis für die Problemorientierung liefert. Die Themen der Einzelstunden sollten sich nun sinnvollerweise unter dieser übergeordneten Fragestellung der Reihe einordnen und diese mit ihren jeweiligen Erkenntnissen befruchten, sodass am Ende die Fragestellung auf Basis der erworbenen Einzelerkenntnisse tiefgründig und kritisch diskutiert werden kann. (→ 6.1) Hat man diese Fragestellung für seine Lerngruppe gefunden, unter Umständen auch zusammen mit der Lerngruppe, ist schon ein großer Schritt der Planung getan und man kann sich mit den einzelnen Stunden der Reihe befassen. Wenn es drei Einzelstunden sind, könnte sich die erste dem Aufstieg Napoleons zuwenden: „Napoleons Weg vom General der Republik zum Kaiser: Ende der Revolution?" Es folgen dann „Napoleons Herrschaft über Europa – Befreiung oder Unterdrückung?" sowie das Ende „Der Sieg der Koalition über Napoleon: Grundlage für eine neue Ordnung?" In diesem Fall ist eine chronologische Reihenfolge für das Verständnis zwingend geboten.

Am Anfang weiterer Überlegungen wird die didaktische Zielsetzung stehen, welchen Lernzuwachs in den geplanten Stunden die Lernenden erreichen sollen. Diese *Lernziele* umfassen in der Regel die drei Anforderungsbereiche, die nun für jede Stunde sinnvoll unterschieden werden müssen. Im AFB I werden vorwiegend die relevanten Fakten vermittelt. Im AFB II sollten die Lernenden in die Lage versetzt werden, diese Kenntnisse auch mithilfe von Quellen und anderen Materialien in den Gesamtkontext des übergeordneten Themas einordnen und Einzelphänomene wie wichtige Begriffe erklären zu können. Wissen wird hier reorganisiert und vertieft umgewälzt. Schließlich werden auf AFB III Vergleiche, Sachurteile, kritische Diskussionen und Urteile vorgenommen, zu denen die Lerngruppe am Ende der Stunde in der Lage sein soll. Den AFB III mit angemessener Schwierigkeit zu bestimmen, fällt häufig am schwersten. Weder darf die Erkenntnis zu trivial ausfallen (etwa: Napoleon hat viele Kriege angezettelt und ist schon deswegen zu verurteilen) noch vor allem in der Sek. I kognitiv überfordern. Gerade in schwächeren Lerngruppen kann der Schwerpunkt – durchaus EPA-konform – eher auf dem AFB II liegen, auf den eine kürzere Schlussreflexion folgt (etwa: „Soll man Napoleon I. heutzutage feiern?"). In der Praxis hat es sich bewährt, die Lernziele zunächst für die drei AFB zu formulieren und dabei bereits EPA-Operatoren als Verben zu verwenden. Auf dem Weg zu den endgültigen Feinzielen können noch weitere Aspekte zu den Materialien und den Methoden eingefügt werden.

6.3.4 Strukturierung und Materialien

Die Anforderungsbereiche bilden häufig zugleich die einzelnen Phasen einer Geschichtsstunde ab. (→ 3.1.1) Kommen wir zur *Strukturierung* der zu planenden Stunde und zu den für die einzelnen Phasen benötigten Materialien. (→ 4.1) Jede Stunde weist einen Gedankengang auf, den die Schülerinnen und Schüler nachvollziehen sollen. Er muss logisch oder zumindest plausibel sein und der Stunde die sachliche Struktur geben. Die einzelnen Schritte im Gedankengang sind die Grundlage der *Phasen*. Wenn die Stunde Napoleons Aufstieg behandelt, könnte das Problem im Widerspruch zwischen den militärischen Erfolgen für die Republik und dem Schritt Napoleons zum neuen Kaisertum liegen. Die Stunde sollte beides präsentieren und am Ende über den Wechsel reflektieren lassen.

Um einen die Lernenden motivierenden und aktivierenden *Einstieg* zu planen, in dem der Bezug zur übergeordneten Leitfrage der Reihe hergestellt oder die spezielle Problemorientierung der Einzelstunde entwickelt wird, ist ein für die Lerngruppe in kurzer Zeit verständliches Material günstig. Hier bietet sich etwa ein prägnanter Satz an: Napoleon I. (1797): „Glauben Sie etwa, dass ich eine Republik begründen will: Welcher Gedanke! [...] Das ist eine Wahnvorstellung". Oder ein unkompliziert komponiertes Gemälde, das auf den ersten Blick einen Sinn vermittelt, wird betrachtet und zunächst eine Deutung formuliert. Zu einem späteren Zeitpunkt kann diese auf der Basis weiterer Materialien bestätigt oder infrage gestellt werden. Um den zeitlichen Rahmen der Einzelstunde im Blick zu behalten, sollte diese Phase nicht länger als fünf bis zehn Minuten andauern.

Im Zentrum der folgenden *Erarbeitungsphase* stehen im Hinblick auf die selbsttätige Aneignung des Stoffes durch die Lernenden und die sichere Anbahnung von methodischen Kompetenzen ein oder zwei längere bzw. mehrere kürzere Arbeitsmaterialien zum Thema im Fokus. Meistens werden es Quellen oder Darstellungen, Statistiken oder Diagramme sein. Eine längere Textquelle muss Passagen aufweisen, die auch einige Anlässe zur Interpretation, nicht nur zur Reproduktion bieten. Wenn mehrere Quellen oder Darstellungen zur Verfügung stehen, kann dies zur Bi-, Multiperspektivität oder Kontroversität genutzt werden. Für das Beispiel Napoleons I. könnte seine Traumkarriere in der Republik der Errichtung von Konsulat und Kaisertum gegenübergestellt werden.

Viele Referendarinnen und Referendare bedenken bei der Auswahl ihrer Materialien zu wenig, wie viel Bearbeitungszeit diese im Unterricht kosten, insbesondere für die jüngeren Schülerinnen und Schüler, die noch langsamer lesen. Diese Geschichtsstunden bleiben dann meistens mitten in der Auswertung stecken und verfehlen das geplante Ziel. In einer Reihe summieren sich diese Fehleinschätzungen. Daher sind passende Kürzungen dringend geboten. Andererseits dürfen diese nicht so radikal ausfallen, dass nur noch eine spiegelgleiche Wiedergabe aller Aussagen die einzige Handlungsmöglichkeit ist.

Wird ein *Arbeitsblatt* vorbereitet, lässt sich in der Erarbeitung vieles erleichtern. Damit die Materialien im zeitlichen Rahmen der Stunde von den Lernenden verstanden und bearbeitet werden können, sollten sie im erforderlichen Maße gekürzt werden, ohne den Inhalt zu verfälschen. Als Anhaltspunkt für eine geeignete Textlänge möge die Überlegung dienen, dass man diese noch auf sinnvolle Weise zusammenfassen können sollte. Zudem hilft ein knapper Einleitungstext, einen inhaltlichen und kontextuellen Zugang zum präsentierten Material zu finden. Auch sollten möglicherweise für die Lernenden völlig fremde Begriffe und Namen mit Fußnoten versehen und knapp erläutert werden, Zeilenangaben erleichtern die Besprechung und Diskussion des Materials. Eine Quellenangabe macht klar, wer der Urheber ist und woher es stammt, und führt die Lerngruppe immanent an eine wissenschaftliche Vorgehensweise heran. Selbst formulierte Darstellungen sollten als Urheber die Lehrkraft nennen, z. B. mit einem ©-Zeichen. Auf jeden Fall gehören die Arbeitsaufträge auf das Arbeitsblatt. Schließlich kann ein Textkopf mit Angaben zur Klasse, dem Fach, der Lehrkraft, dem Datum sowie der übergeordneten Fragestellung ebenso wie dem in der Stunde betrachteten Teilaspekt das Arbeitsblatt vervollständigen. Abschließend hat es sich als ebenso hilfreich wie motivierend erwiesen, eine bildliche Darstellung, etwa ein Porträt des Quellenautors, zu ergänzen – einerseits, um „Bleiwüsten" zu vermeiden, andererseits um das bildliche Personengedächtnis zu stärken. So lässt sich das Wiedererkennen von Personen in Bildern und Karikaturen, die zu einem späteren Zeitpunkt eingesetzt werden, verbessern. Wer einmal in einer Karikaturenanalyse eines Schülers Karl Marx als „lieben Gott mit Rauschebart" beschrieben gesehen hat, wird darauf achten, dass die Schülerinnen und Schüler wissen, wie wichtige Akteure der Geschichte aussahen.

Haben sich die Lernenden für circa 15-20 Minuten mit den Materialien befasst und ausgetauscht, erfolgt nun die *Phase der Ergebnispräsentation* und ersten Sicherung, die in der Regel schriftlich erfolgen sollte. Der Sinn besteht hier darin, die Erarbeitungen von Missverständnissen und Fehlern zu befreien, sie für alle zu vervollständigen und die Ergebnisse zu dokumentieren, um das neue Wissen auch zu einem späteren

Zeitpunkt, etwa vor einer Leistungsüberprüfung, verfügbar zu machen. Mit dem zeitlichen Rahmen der Stunde im Blick und dennoch anstehenden Abschluss vor sich, sollte diese Phase nicht zu viel Zeit in Anspruch nehmen. Für die Sicherung gibt es mehrere Wege: das Tafelbild, die mündliche Zusammenfassung durch einen Schüler, die vertiefende Diskussion mit Wiederholung der zentralen Aspekte. Eine Möglichkeit ist der bewährte Tafelanschrieb, der den Vorteil bietet, die Schülerformulierungen aufzugreifen, sodass die Lerngruppe das Gefühl hat, ihr eigenes Produkt vor Augen zu haben. In jüngerem Alter ist hier noch eine beachtliche Zeit zum Abschreiben einzuplanen. Doch da erfahrungsgemäß die spannende Schlussphase noch Zeit kosten wird, haben sich zeitsparende Sicherungsformen als hilfreich erwiesen. Eine Möglichkeit ist es, die Arbeitsmaterialien im Vorfeld auf Folien oder Power Point Slides zu ziehen, um darauf Textpassagen direkt unterstreichen zu können und am Rand Schlagworte zu notieren bzw. notieren zu lassen. Auch kann auf der Rückseite des Arbeitsblatts ein vorstrukturiertes Schema abgedruckt werden, in das die Lerngruppe ihre Ergebnisse eintragen muss. Häufig beginnt die abschließende Diskussion bereits an dieser Stelle, wenn einzelne Schüler die Ergebnisse ihrer Mitschüler ergänzen, verwerfen oder hinterfragen.

Auf diese Weise gestaltet sich der Übergang zur Abschlussdiskussion, der Urteilsphase oder dem *Fazitgespräch* meist fließend. Ist der Verlauf weitgehend wie geplant erfolgt, bleiben nach der Sicherung noch gut zehn Minuten. Spätestens hier rückt der AFB III mit einer Beurteilung oder Stellungnahme in den Mittelpunkt („Wie ist Napoleons Verhältnis zur Revolution einzuschätzen?"). Die eingangs oder zu Beginn der Reihe aufgeworfene Leitfrage bzw. das Problem werden auf der Grundlage der gerade erworbenen Kenntnisse diskutiert. Ein Rückbezug auf den Einstieg bietet sich hier an. Für eine Diskussion ist jede Form von Bi- und Multiperspektivität oder Kontroversität förderlich, die notfalls von der Lehrkraft aus den Schülerbeiträgen verstärkt werden sollte. Dies kann die Lehrkraft dadurch anbahnen, dass einander ergänzende oder sogar widersprechende Quellen für die Erarbeitung gegeben werden. Sollte eine kontroverse Diskussion nicht in Gang kommen, empfiehlt es sich, ein provokantes Historiker- oder sonstiges Zitat, ansonsten ein ähnlich schnell zu erfassendes und provokantes Medium bereitzuhalten (Beim Beispiel Napoleon I.: Ein Franzose im Jahr 1804: „Die Revolution ist jetzt auf die Prinzipien ihres Anfangs zurückgekehrt!"). Wenn trotzdem alle einer gleichen Meinung sind, kann das auch als bemerkenswert hervorgehoben werden.

Am Ende sollte ein gemeinsames (oder auch als Hausaufgabe formuliertes und begründetes persönliches) Fazit stehen, dessen Formulierung in vielen Fällen in eine „einerseits – andererseits" Formulierung laufen wird. Auch die Erkenntnis, dass eine Frage zum momentanen Stand der Forschung oder aufgrund des beschränkten Materials nicht abschließend beantwortet werden kann, ist legitim. Im Zuge dieser Abschlussdiskussion darf eine *Vertiefung* des Themas oder ein Transfer erfolgen. Dieser kann in einem Gegenwartsbezug, etwa aus der aktuellen Tagespresse, bestehen, einem konkreten Fallbeispiel, etwa aus einem anderen als dem betrachteten Land, oder auch einer Rezeption des betrachteten Themas in Kunst, Literatur, Film oder Musik. Allerdings sollte eine neue Phase nur in Angriff genommen werden, wenn genügend Zeit zur Verfügung steht.

6.3.5 Methodische Überlegungen

Die Methodik legt begründet das genaue Vorgehen in der Geschichtsstunde fest. Die Überlegungen sind teilweise wenig fachspezifisch, sondern pädagogischer oder technischer Natur. Zur Begründung empfiehlt sich die Abwägung von einigen Optionen an den Schlüsselstellen einer Stunde. Wenn neue Methoden Lernziele sind, also neu erlernt werden sollen, sind sie auch didaktische Ziele. Aber das Erlernen von neuen Methoden erfordert ebenso eine methodische Überlegung, wie sie im Detail genau erlernt werden sollen.

Die Unterrichtsphasen müssen zeitlich stimmig sein. Auch ein Puffer ist vorzusehen, auf der anderen Seite eine didaktische Reserve, wenn es schneller als geplant geht. In manchen Seminaren werden verschiedene planerische Zeitpunkte für einen Stundenausstieg verlangt, der immer noch einen sinnvollen Abschluss darstellen soll.

Beim Einstieg und in der Erarbeitungsphase ist zu klären, in welcher Form die Materialien präsentiert werden: Schulbuch, Kopie, Folie oder Tafel? Sollen die Quellen und Materialien vorgelesen werden und von wem? Mit den modernen Whiteboards und dem Internet gibt es gerade im Geschichtsunterricht viele neue Möglichkeiten.

Zur Vermittlung von reinen Fakteninformationen gibt es mehrere Wege: Lehrer- oder Schülervortrag, Schulbucharbeit mit dem Verfassertext, Zeittafeln, Kurzfilme.

Besondere Unterrichtsformen sind im Detail (Utensilien) zu organisieren: Kommunikationsspiele, Lernspiele, Rollenspiele, Standbilder, kreative Aufgaben.

Gewünschte Präsentationen von Erarbeitungsergebnissen müssen vom Ablauf und Zeitaufwand genau geklärt werden. Wer macht was wie lange? Wie verhält sich die Lehrkraft dabei: Moderator oder Korrektor? Soll die Präsentation auch bewertet werden?

Besonders wichtig sind die Sozialformen: Einzel-, Gruppen- oder Partnerarbeit. Ihr differenzierter Einsatz kann der Varianz dienen. Die Einteilung der Gruppen sollte überlegt erfolgen. Die Arbeitsaufträge müssen zur Sozialform passen, die Rolle der Lehrkraft während der Erarbeitung ist festzulegen: zurückhaltend oder eingreifend/unterstützend. Sehr beliebt sind Gruppenpuzzle-Methoden, die bei fehlender Routine präzise vorbereitet werden müssen.

Maßnahmen zur Sicherung einer breiten oder speziellen Beteiligung können getroffen werden: Assoziationsketten, Austauschphasen in Partnerarbeit vor einer Stellungnahme, Organisation einer Podiumsdiskussion, Bestimmung von Referenten.

Formen der Binnendifferenzierung inklusive Zusatzaufgaben werden immer wichtiger, um der heterogenen Schülerschaft zu entsprechen. Die Materialienangebote müssen eventuell auf mehreren kognitiven oder sprachlichen Schwierigkeitsebenen (nicht Anforderungsbereichen) angeboten werden. Vorkehrungen für einzelne Schüler mit besonderen Lernschwierigkeiten sind zu treffen.

Die Formen der Ergebnissicherung sind festzulegen: schriftlich oder mündlich, Tafelbild oder Folie.

Wenn besondere Medien eingesetzt werden wie Filme oder Audiomaterialien, müssen die technischen Voraussetzungen sichergestellt werden: Geräte, Sicht- und Hörbarkeit, Länge.

Hausaufgaben können nachbereitend oder vorbereitend sein. Sie müssen sinnvoll in die Stundenplanung aufgenommen werden (z. B. Lektüreaufgaben längerer oder schwieriger Texte).

Wenn besondere Maßnahmen der Leistungsbewertung erfolgen, sind sie offenzulegen.

Das vorgestellte Stundenschema stellt ein klassisches Strickmuster dar, nach dem nicht jede Stunde monoton konstruiert werden sollte. Vor allem für Berufseinsteiger liefert es einen Anhaltspunkt, der mit fortlaufender Berufspraxis und größerer Autonomie für die Lerngruppen immer wieder, auch spontan, variiert werden kann. Auch empfiehlt es sich, die weitere Planung nach jeder Stunde an die unerwarteten Wendungen und Impulse, die von Schülerseite kommen, anzupassen, sodass ein lebendiger und schülernaher Unterricht erfolgt.

Literatur

Adamski, Peter: Die didaktische Analyse. In: Handbuch Praxis II (2017), S. 224-237

Baumgärtner, Ulrich: Wegweiser Geschichtsdidaktik. Historisches Lernen in der Schule, Paderborn 2015

Peters, Jelko: Geschichtsstunden planen. St. Ingbert 2014

Sauer, Michael: Geschichte unterrichten. Eine Einführung in die Didaktik und Methodik, aktual. 12. Aufl., Seelze-Velber 2015

Thünemann, Holger: Planung von Geschichtsunterricht. In: Geschichts-Didaktik (2014), S. 205-213

Praxistipp: Tafelbild

Das Tafelbild ist oft die am längsten überdauernde materielle Hinterlassenschaft einer Geschichtsstunde in den Heften der Schülerinnen und Schüler. Weil es als Grundlage zum Lernen vor Leistungskontrollen genutzt wird, spielt es in ihren Augen eine wichtige Rolle für die Leistungskontrollen und erleichtert ihr Lernen. Im negativen Fall dominiert seine Erstellung eine ganze Stunde und verhindert eine offene Kommunikation. Eine Unterrichtsreihe wird dann schnell zur bloßen Abfolge von Tafelbildern.

Das Schreckbild der Referendarausbildung ist das spontan erfundene Tafelbild, das am Ende als undurchsichtiges Chaos stehen bleibt, wenn nicht sogar mehrere nebeneinander entworfen werden. Daher müssen die Referendarinnen und Referendare ihren Unterrichtsentwürfen die geplanten Tafelbilder beifügen, auch wenn die Regel gilt, dass diese nicht völlig den in der Stunde tatsächlich entstandenen Tafelbildern entsprechen müssen. Es soll aber ein reflektiertes Konzept dahinter stecken. Strittig ist in diesem Bereich oft, ob die Tafelbilder auf Folien oder per PowerPoint vorgefertigt werden sollen. In diesem Falle sind besonders gelungene Schüleräußerungen nicht unterzubringen und das Tafelbild erscheint nicht mehr als gemeinsames Arbeitsprodukt. Eine Vervielfältigung zur Sicherung ist heute auch über ein digitales Foto leicht möglich. Häufig werden die arbeitsteilig entstandenen Gruppenarbeitsergebnisse auf Folien gesichert und der Gesamtgruppe sukzessive präsentiert. Das Formulieren einer Überschrift kann vor dem Tafelbild stehen, etwa aus dem Einstieg heraus, aber auch von der Lerngruppe am Ende selbst vollzogen werden.

Die unterrichtlichen Einflussfaktoren auf die Planung von Tafelbildern hat Margarete Dörr, die einen Fachartikel mit vielen Beispielen verfasst hat, in einer Grafik zusammengefasst:

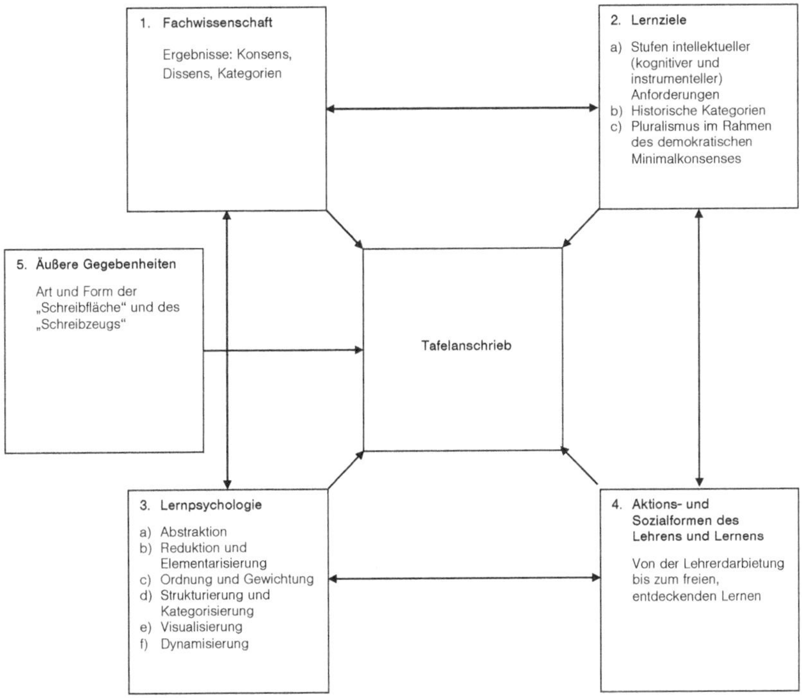

Abb. 12: Determinanten des Tafelanschriebs (nach Dörr 2017, 96)

Bei vielen Musterbeispielen in der unterrichtspraktischen Literatur sollte der Anfänger sich nicht von der Perfektion blenden lassen. Viele Vorschläge sind für eine Stunde viel zu umfangreich, würden zum Anschrieb viel zu viel Zeit kosten und lassen in ihrer Fülle keine Struktur erkennen, die sich die Schülerinnen und Schüler nachhaltig merken könnten.

Shoa – die Ermordung der Juden

Die Anfänge: Ab 1939/41 Erschießungskommandos in Polen und der Sowjetunion („Einsatzgruppen") = über 500.000 Ermordete

Die Wannseekonferenz (20. Januar 1942) organisiert die „Endlösung der Judenfrage"

Formulierung:

- Evakuierung
- Endlösung
- Arbeitseinsatz
- Natürliche Verminderung
- Entsprechende Behandlung

Realität:

- Deportation
- Vollständige Vernichtung
- Zwangsarbeit, Versklavung
- Tod durch Hunger, Krankheit, Seuchen
- Massenvergasung

Verschleierung und Verharmlosung des wahren Geschehens

Ab 1942 planmäßiger Massenmord in Vernichtungslagern: Auschwitz, Treblinka u. a.

Ergebnis:

6 Millionen Tote

→ Wie sollen wir heute damit umgehen?

Abb. 13: Shoa – Die Vernichtung der Juden (Kohl/Wunderer 2015, 55)

Folgende Regeln sind zu empfehlen: Ein Tafelbild

- bringt die Hauptsache an die Haupttafel, die Nebensache (Begriffe, Vermutungen, Hilfsskizzen) an die Rand- oder Nebentafeln (soweit noch vorhanden),
- fasst die wesentlichen Stundenergebnisse im Sinne der *Lernziele* zusammen,
- enthält neben Fakten oder Textstichwörtern auch Elemente aus den höheren Anforderungsbereichen II und III (Fazit der Interpretations- und Diskussionsergebnisse)
- muss auch bei einer *Wiederholung* nach einigen Wochen noch leicht verständlich sein (klare Abkürzungen und Formulierungen),
- muss den Sachverhalt durch *Abstraktion und Reduktion* vergröbern, ohne ihn fachlich zu verfälschen, und darf auch Zweifelhaftes enthalten (mit einem Fragezeichen gekennzeichnet),
- hat immer eine *Überschrift* (möglichst in Form einer Problemorientierung) und enthält möglichst mindestens *eine Jahreszahl* zur zeitlichen Einordnung oder mehrere bei der Darstellung historischer Entwicklungen und Prozesse,
- nutzt Gegenüberstellungen und Antithesen zur Verdeutlichung und *Strukturierung*,
- enthält *nicht zu viel Text und zu lange Formulierungen,* deren Abschrift Zeit kostet, sondern visualisiert so, dass das Wesentliche schnell zu erfassen ist, aber verständlich bleibt,
- zeigt eine einheitliche sprachliche Form bei Bindestrich-Aufzählungen (einheitlich Substantive, Partizipien oder manchmal ganze Sätze),
- nutzt wenige Farben, Unterstreichungen und grafische Symbole zur Hervorhebung,
- bezieht die Schülerinnen und Schüler in den *Aktions- und Sozialformen* möglichst in die Erstellung ein, wobei Fehlerhaftes nicht stehen bleiben darf.

Literatur

Dörr, Margarete: Tafel- und Folienarbeit. In: Handbuch Medien (2017), S. 87-145

Kohl, Herbert/Wunderer, Hartmann: Von der Quelle zum Tafelbild I-III, Schwalbach/Ts. 2008-2010

6.4 Themen, Dimensionen, Curriculum – vom Stoff zum Thema

Im Folgenden wird die Formulierung eines Stundenthemas noch einmal herausgegriffen. Sie hilft, den oft umfangreichen historischen Gegenstand didaktisch sinnvoll zu fokussieren, um ihn in den Fragehorizont der Lernenden zu bringen. Kurz, wie kommt man vom Stoff zum Thema?

Wer kennt das nicht? Der historische „Stoff", der in der Geschichtsstunde „behandelt" werden soll, liegt durch den Lehrplan fest, aufgrund der curricularen Vorgabe gibt es aber nur einen Ausgangspunkt, worauf genau das Thema zugespitzt werden soll. Schnell kann man sich in Hand- und Geschichtsbüchern festlesen. Es entsteht der Eindruck, dass alles, was man liest, wichtig zu sein scheint, und bald sieht man vor lauter Bäumen den Wald nicht mehr. In den Büchern findet sich einfach kein geeignetes Thema für die Stunde. Stundenthemen werden auch nicht einfach gefunden, so als ob sie in den historischen Gegenständen gleichsam verborgen lägen und der Lehrer sie nur „entdecken" müsste. Vielmehr verhält es sich genau andersherum. Aus den historischen Gegenständen, die man unter vielen Dimensionen wahrnehmen kann, z. B. aus politik-, wirtschafts- und sozial-, kultur-, alltags-, geschlechter-, umwelt-, ideen- oder landesgeschichtlicher Perspektive, konstruiert man ein Stundenthema. Erst durch eine Frage- oder Problemstellung, die an den Gegenstand gerichtet wird, wird der Inhalt zu einem bedeutsamen Thema für die Lerngruppe. Im Finden eines guten Zugangs liegt eine kreative Leistung der Lehrkraft, zu jedem Thema gibt es aber auch mehrere Möglichkeiten, da es eine Vielzahl an unterschiedlichen Wahrnehmungsweisen des Historischen gibt (Pluralität der Dimensionen). Es liegt dann ein Unterrichtsthema vor, wenn ein historischer Inhalt unter einem bestimmten pädagogischen Blickwinkel betrachtet und mit einer Zielsetzung für die Schülerinnen und Schüler versehen wird. Der Didaktiker Wolfgang Klafki fand für diesen Aspekt der Didaktisierung die klassische Formulierung:

„Der didaktisch noch gar nicht qualifizierte, vieldeutige Inhalt [...] wird erst im Licht bestimmter, auf den Lernenden bezogener Zielsetzungen zum Unterrichtsthema." (Klafki 1976, 52f.)

Doch wie funktioniert das genau? In der Praxis hat sich folgende Formel bewährt: „Stundenthema = historischer Gegenstand + Problematisierung/Fragestellung". Beispiele:

- Der Nil – Katastrophe oder Glücksfall für die Ägypter?
- Der Pharao – Mensch oder Gott?
- Die Pyramiden – eine Wohnung für die Ewigkeit?
- Das Scherbengericht – Schutz oder Untergrabung der attischen Demokratie? Rekonstruktion und Bewertung des Ostrakismos auf Basis schriftlicher Quellen
- Leben in der mittelalterlichen Stadt – macht Stadtluft frei?

- Pest und Krankheit im Mittelalter – eine Strafe Gottes?
- Der Sturm auf die Bastille – ein nationaler Mythos?
- Napoleon – Erbe, Fortsetzer oder Überwinder der Revolution?
- Deutschland 1945 – in der „Stunde Null"?
- Die Rede James F. Byrnes' 1946 in Stuttgart – eine Wende in der amerikanischen Deutschlandpolitik?
- Das Problem der Entnazifizierung in den Westzonen Deutschlands – „Persilschein" für alle?
- Der Marshallplan – Wirtschaftspolitik für alle oder eine Form des amerikanischen Imperialismus?
- Von der Bi- zur Trizone – ein Modell für die Zukunft?
- Die Stalin-Note 1952 – eine verpasste Chance zur Wiedervereinigung?
- Die Stalin-Note 1952 – Bluff oder ehrliches Angebot? Eine Deutung im Spiegel zeitgenössischer Karikaturen
- Der 17.6.1953 – Aufstand für die Freiheit oder „konterrevolutionärer Putsch"? Vergleich und Bewertung des Volksaufstands im Spiegel deutsch-deutscher Schulbücher

Diese Beispiele verdeutlichen, wie historische Gegenstände durch eine Problematisierung in eine bestimmte Perspektive gerückt werden. Sie zeigen auf, was an und mit diesen Inhalten problematisiert und reflektiert werden kann. Nicht jede Frage ist für Lernende im Anfangsstadium geeignet, es muss also überlegt werden, ob sie auch für diese schon eine Antwort zulässt. Ferner muss das Thema etwas Grundsätzliches ansprechen, das sich zu lernen lohnt und nicht nur für Experten wichtig ist. Bei der Fokussierung des Stundenthemas kommen die geschichtswissenschaftlichen Dimensionen, also die historischen Betrachtungsrichtungen (z. B. Politikgeschichte, Wirtschafts- und Sozialgeschichte, Kulturgeschichte, Alltagsgeschichte, Geschlechtergeschichte, Ideengeschichte, Umweltgeschichte, Migrationsgeschichte etc.) ins Spiel. Die Wahl einer Dimension, unter der der Gegenstand wahrgenommen und betrachtet werden kann, kann bei der Strukturierung und Fokussierung des Themas helfen. So fragen die oben genannten Beispiele nach den historischen Bedingungen von Wirtschaft, Herrschaft und Religion in frühgeschichtlichen Hochkulturen, nach Freiheit, Mitbestimmung und Exklusion im antiken Athen, nach dem Wandel von Lebensverhältnissen in mittelalterlichen Städten, nach den Einflüssen von Religion im Mittelalter, nach bürgerlichen Revolutionen, nach Neuordnungen der Welt nach 1945 und nach den Formen totalitärer Systeme.

Ein Thema muss nicht immer mit einem Fragezeichen enden. Häufig ist auch die Herausarbeitung des exemplarischen Gehaltes eines historischen Sachverhaltes ergiebig (Prinzip der Exemplarität):

- St. Gallen als Beispiel für ein mittelalterliches Kloster
- Bischof von Kettelers Ideen als Beispiel für eine Lösung der Sozialen Frage
- Das Massaker von Oradour als Beispiel für eine NS-Gräueltat im Zweiten Weltkrieg

Allerdings sollte man als Lehrkraft nicht davon ausgehen, dass die Lerngruppe in der Unterrichtsstunde die zuvor überlegte Problematisierung samt Formulierung exakt so treffen wird. Schülerinnen und Schüler werden ihre eigenen Formulierungen für das Problem oder die Fragestellung wählen, und man ist als Lehrer gut beraten, diese auch so an die Tafel oder auf eine Folie zu übernehmen, ohne sie zu überformen, solange sie inhaltlich und sprachlich korrekt sind.

Im Folgenden soll das Ergebnis einer Erarbeitung von Stundenthemen mit Referendarinnen und Referendaren präsentiert werden. Die Gruppe wurde zunächst in Tandems aufgeteilt. Jedes Tandem-Paar erhielt jeweils eine Doppelseite mit Schulbuchtext und Quellen zu insgesamt drei historischen Gegenständen. Die Verfassertexte und die Quellen stammten aus einem gängigen Schulgeschichtsbuch für die Sekundarstufe I. Die Aufgabe für die Tandems bestand nun darin, auf Basis der für alle identischen Materialien jeweils ein Stundenthema für die drei Gegenstände zu konstruieren. Die Tandems hatten die Möglichkeit, aus den dargebotenen Texten und Quellen der Schulbuchdoppelseite diejenigen auszuwählen, die sie für die Planung einer fiktiven Stunde nutzen wollten und auf die sich das Stundenthema dann stützen sollte. Hier die Ergebnisse:

Beispiel 1: Die Olympischen Spiele in der Antike

1. Die olympischen Spiele – ein griechisches Gemeinschaftsereignis?
2. Die olympischen Spiele – religiöses oder sportliches Ereignis?
3. Die olympischen Spiele – Lauf um die Gunst der Götter?
4. Die olympischen Spiele – vom Zeus-Tempel nach London
5. Die olympischen Spiele – Sport zu Ehren der Götter?
6. Die olympischen Spiele – Dabeisein ist alles?
7. Die olympischen Spiele – ein Sportfest für jedermann oder ein Spektakel für die Götter?

Beispiel 2: Deutsche Kolonialpolitik

1. Deutsche Kolonialpolitik – Zivilisierung oder Ausbeutung?
2. Deutsche Kolonialpolitik – Weltmachtstellung um jeden Preis?
3. Deutscher Kolonialismus – Unrecht und historische Verantwortung?
4. Der Herero-Aufstand und seine Folgen – ein „dunkles Kapitel“ der deutschen Beziehungen zu Namibia?

Beispiel 3: Die mittelalterliche Schwertleite

1. Die Schwertleite – Ritter aus Leidenschaft?
2. Die Schwertleite – Kämpfer für Kirche und Krone?
3. Von der Schwertleite zur Schwertpleite – der Untergang des Rittertums?
4. Der Ritter – „Iron Man" des Mittelalters?
5. Die Schwertleite – Privileg oder Selbstverpflichtung?
6. Die Ritter – brutale Schläger oder Krieger Gottes?
7. Die Schwertleite – ein Ritual im Dienste Gottes?

Die Unterschiede in den Formulierungen der einzelnen Stundenthemen überraschen nicht. Sie zeigen unterschiedliche Akzentsetzungen der Referendarinnen und Referendare bei der Problemfokussierung.

Im ersten Beispiel reicht das Spektrum der Problematisierung von Fragen nach dem religiösen Charakter der Spiele in Olympia (2, 3, 5, 7) über den gemeinschaftsstiftenden und kompetitiven Charakter der Spiele (1, 6) bis hin zum Gegenwartsbezug (4).

Die Formulierungen für das zweite Beispiel fokussieren zum einen die Beweggründe und Motive des kolonisierenden Landes (2) und zum anderen die Folgen für das kolonisierte Land (1). Die Stundenthemen 3 und 4 problematisieren den aktuellen Umgang mit der Kolonialvergangenheit.

Im dritten Beispiel wird vor allem das Selbstverständnis des Rittertums thematisiert, das von religiöser (Selbst-)Verpflichtung bis hin zum affektgetriebenen Raufbold reicht.

Bei einigen Stundenthemen hat man als Leser durchaus sofort bestimmte und „klassische" Quellen vor Augen.

Es zeigt sich, dass selbst bei der Vorlage identischer Verfassertexte und Quellen die Frageabsichten stark variieren können. Hier spielen die individuellen Voraussetzungen der Referendarinnen oder Referendare in Bezug auf Kenntnisstand und Interesse für den historischen Gegenstand sowie die Lerngruppen, die die Tandems vor Augen hatten, eine große Rolle. Deutlich wurde aber, dass es sich bei der Problematisierung um einen aktiven Konstruktionsprozess handelt. Ob die intendierte Thematisierung dann im Unterricht auch tatsächlich in den Horizont der Lerngruppe kommen wird, hängt letztlich vom Einstieg und der Hinführung ab.

Literatur

Mayer, Ulrich/Gautschi, Peter/Bernhardt, Markus: Themenbestimmung im Geschichtsunterricht der Sekundarstufen. In: Handbuch Praxis I (2017), S. 378-404

Peters, Jelko: Geschichtsstunden planen, St. Ingbert 2014

Sauer, Michael: Geschichte unterrichten. Eine Einführung in die Didaktik und Methodik, aktual. 12. Aufl., Seelze-Velber 2015, S. 42-47

6.5 Thematische Darstellungskonzepte

Die Darstellung von Geschichte kann im Unterricht sehr unterschiedlich strukturiert werden, so wie für historische Themen außerhalb der Schule verschiedene Präsentationsformen bestehen. Die Darstellungskonzepte sind sowohl als (mehrstündige) Verlaufsformen für den Geschichtsunterricht selbst wie auch für die Schulbücher grundlegend (damit sind nicht die Verlaufskonzepte in 4.1 gemeint).

1. Genetisch-chronologisch (Epochensequenz)
2. Fallstudie (exemplarisch, z. B. Lokalstudie)
3. Längsschnitt (Prozess in einer Dimension)
4. Querschnitt (Gleichzeitigkeit mehrerer Dimensionen, ohne Prozesse)
5. biografisches Verfahren (indivudueller Längsschnitt, im Speziellen als Oral History)
6. Vergleich (jederzeit möglich)
7. Perspektivisch-ideologiekritisches Konzept

Am häufigsten eingesetzt wird die *genetisch-chronologisch angelegte Epochensequenz*, die einen Ausschnitt aus der Zeitachse mit einem Beginn und Ende präsentiert und darin wesentliche Ereignisse, Prozesse und Merkmale hervorhebt. Dieses Verfahren heißt genetisch-chronologisch, weil es im Sinne einer Narration eine Abfolge in der Zeit beschreibt und dabei kausale und funktionale Verknüpfungen sichtbar macht. Meistens dominiert in der Schule die traditionelle politische Geschichte. „Das Zeitalter der Glaubensspaltung“ wird in der Regel zwischen 1517 und 1648 platziert und behandelt in erster Linie politische, dann religiöse, militärische und weitere Aspekte des Zeitraums. Die Datierung kann nicht immer so präzise erfolgen, wenn keine klaren Daten vorliegen wie beim „Zeitalter des Kolonialismus“. Notgedrungen ist die Epochensequenz immer eine Art Vogelschau über viele Schauplätze und Akteure und erfordert teilweise ein hohes Abstraktionsniveau von den Lernenden. In der Geschichtsschreibung entspricht diese Form der Überblicksdarstellung einer Epoche. Kritisch ist dagegen eingewendet worden, Geschichte werde hier häufig als „Einbahnstraße“ dargestellt, in der sich immer aus dem Vorangehenden zwangsläufig das Folgende ergeben müsse. Die Offenheit historischer Abläufe drohe so aus dem Blick verloren zu gehen.

Einen Ausweg bietet eine *Fallstudie*: Sie behandelt exemplarisch ein Schlüsselereignis oder einen konkreten Teilausschnitt in sachlich oder lokal begrenzter Form, doch immer in mehreren Dimensionen. Mit der „Kaiserkrönung Karls des Großen“ werden die vielfachen Beziehungen zwischen Krone und Papst im Frühmittelalter in den Blick genommen. Die Lokalstudie „Rostock als Hansestadt“ behandelt Aspekte wie Handel, Stadtpolitik, Alltagsleben, zugleich auch darin enthaltene Prozesse. Weitere Beispiele: „Das Römerlager A“, „Der Beginn der NS-Diktatur in XY“. Eine Gefahr ist dabei, sich in den Details des Einzelfalls zu verlieren und ihn nicht mehr als Exemplum für etwas Größeres oder Allgemeineres zu behandeln.

Der *Längsschnitt* greift eine Dimension (z. B. Umwelt) oder nur ein Thema (z. B. Handel) aus der Geschichte heraus und behandelt es über einen längeren Zeitraum. „Sklaverei von der Antike bis heute" widmet sich in einer mehrgliedrigen Abfolge dem Ausschnitt, um dann im Vergleich Prozesse und Wandlungen sichtbar zu machen. Längsschnitte können bis in die Gegenwart führen, müssen es aber nicht. Befürworter dieses Verfahrens sehen damit den Gegenwartsbezug im Unterricht gestärkt. Kritisch wird die Möglichkeit gesehen, ohne vorhergehende Einordung in eine Epoche ein Teilphänomen überhaupt zu verstehen. Wenn die Grundherrschaft noch nicht behandelt worden ist, macht die mittelalterliche Leibeigenschaft daneben für die erste Begegnung mit der Geschichte noch keinen Sinn. Daher wird gern empfohlen, den Längsschnitt zur Wiederholung und Festigung einzusetzen. Historiker schreiben Längsschnitte in Form von Monografien.

Der *Querschnitt* versucht quasi eine Momentaufnahme einer Struktur mit mehreren Dimensionen. Das wirkt leicht ahistorisch, weil das Verfahren im strengen Sinne keine Veränderungen deutlich zu machen verspricht. Doch kann der Zusammenhang unter den Dimensionen umso deutlicher werden: „Alltagsleben im Römischen Imperium" mit den Unterthemen Familie, Wohnen, Handwerk und Handel, Schule, Religionen. Bei Querschnitten wie „Vorrevolutionäres Frankreich vor 1789" werden nicht streng gleichzeitige Sachverhalte, sondern auch Prozesse in einem begrenzten Zeitraum behandelt (z. B. Verbreitung aufklärerischer Gedanken, wachsende Finanzkrise). Das gilt auch für historische Darstellungen wie Florian Illies' „1913. Der Sommer des Jahrhunderts" oder Heinz Schillings „1517. Weltgeschichte eines Jahres".

Einen Spezialfall des Längsschnittes bildet das *biografische Verfahren*. Die Biografie Hitlers ist ein Standardthema, das sich durch mehrere politische Epochen zieht. Dabei werden private Züge mit allgemeinen Entwicklungen verknüpft, etwa das Fronterlebnis im Ersten Weltkrieg mit den intellektuellen Prägungen Hitlers. Mit der Zeitzeugenbefragung (Oral History) hat sich ein weiteres Verfahren herausgebildet, das sich der Biografie auf eine besondere Rechercheweise nähert. (→ 7.3)

Zwei *Dinge zu vergleichen* ist eine der häufigsten Unterrichtsschritte und dabei kein genuin geschichtliches Verfahren. Der Vergleich kann auch die Darstellung insgesamt dominieren. Häufige Themen sind z. B. die „Industrialisierung in England und Deutschland" oder „Jugend in der BRD und DDR". Beliebt sind auch Vergleiche von Revolutionen oder Kulturen. Nach Gemeinsamkeiten und Unterschieden zu fragen, ist immer möglich, auch wenn immer wieder vor dem Vergleich von Äpfeln und Birnen gewarnt wird. So ärgert manche der Vergleich von NS-Diktatur und DDR, doch eigentlich nur dann mit Recht, wenn sie unreflektiert gleichgesetzt werden.

Das *ideologiekritische Konzept* wurde in den 1970er Jahren hinzugefügt, als die Auseinandersetzung mit dem Marxismus/Marxismus-Leninismus noch eine große Rolle spielte, aber auch stärker die nationalsozialistische Ideologie als gedankliches System untersucht wurde. Es geht darum, in historischen Texten den ideologischen Hintergrund zu entschlüsseln. Solche gibt es auch heute zur Genüge, z. B. bei russischen wie amerikanischen Präsidenten. Gegenwärtig spricht man eher allgemein von Dekonstruktion (→ 5.), die sich aber nicht nur auf Ideologien bezieht, sondern auf jede Form von Perspektive in einem Text oder Ideensystem anwendbar ist. Dennoch bleibt die ideologiekritische Intention eine zentrale Aufgabe des Geschichtsunterrichts, etwa mit rassistischen Texten aus Hitlers „Mein Kampf" oder aktuell mit ausländerfeindlichen Weltanschauungen, die sich auch unter Schülerinnen und Schülern finden lassen. Oder zur Auseinandersetzung mit islamistischen Positionen. Ein mehr oder weniger komplexes Gedankensystem muss erst dargestellt und erläutert, dann tiefgehend kritisiert werden, ggf. mithilfe von Zusatztexten.

Die Entscheidung für ein passendes Darstellungskonzept gehört zu den Aufgaben der Didaktischen Analyse. (→ 6.2, 6.4)

Literatur

Barricelli, Michele: Darstellungskonzepte von Geschichte im Unterricht. In: Handbuch Praxis II (2017), S. 202-223

Günther-Arndt, Hilke: Strukturierungskonzept. In: Geschichts-Didaktik (2014c), S. 166-170

Pandel, Hans-Jürgen: Geschichtsdidaktik. Eine Theorie für die Praxis, 2. Aufl., Schwalbach/Ts. 2017c, S. 380-396

6.6 Durchführung und Reflexion von Unterricht

Es ist meist nicht möglich, die Stunde oder gar die Reihe exakt und vollständig so durchzuführen wie geplant. Die Schüleräußerungen fallen anders aus als erwartet, die Arbeitszeiten dauern länger, die Zeit läuft einem davon, Teile müssen gestrichen werden. Erwartet wird aber, dass die Lehrkraft die Stunde immer noch zu einem sinnvollen Abschluss führt, mit einem sichtbaren Lernzuwachs und zumindest vorläufigem Ergebnis. Hier sind Flexibilität und die Fähigkeit zur Umstellung verlangt.

Nach einer gehaltenen Stunde wird in einer Lehrprobe die Referendarin oder der Referendar um eine Analyse und Einschätzung seiner Lehrleistung gebeten. Dabei sind die Lernziele abzurechnen, die geförderten Kompetenzen zu erörtern, das Gelingen der verschiedenen Phasen abzuwägen und schließlich ein Gesamturteil über die Stunde abzugeben. Vorsicht! Eine Reflexion besteht nicht darin, die im Entwurf längst getroffenen Aussagen und Begründungen noch einmal zu wiederholen, sondern im Rückblick auszuwerten, ob diese sich in der Stunde auch bewährt haben, und, wenn nicht, andere Optionen aufzuzeigen.

Es empfiehlt sich, nach ausgewählten Leitfragen vorzugehen:

- Habe ich die gesetzten Lernziele erreicht? Lässt sich das belegen? Woran mache ich das fest? Welche Indikatoren kann ich dafür benennen?
- Wenn nicht, worin könnten die Ursachen liegen?
- Inwiefern sind dabei historische u. a. Kompetenzen gefördert worden?
- In welchem Maße haben die Schülerinnen und Schüler die drei Anforderungsbereiche erreicht?
- Konnte der gewählte Einstieg seine Funktionen erfüllen?
- Sind die Übergänge zwischen den Phasen gelungen?
- Haben sich die ausgewählten Materialien und Medien bewährt (Länge, Schwierigkeitsgrad)?
- Vermochten die Arbeitsaufträge den Arbeitsprozess angemessen anzuleiten?
- Hat die Zeiteinteilung gepasst?
- Konnte das Stundenergebnis angemessen gesichert werden? War das Tafelbild stimmig?
- Wie viele Schülerinnen und Schüler haben sich beteiligt? Warum konnten einige nicht aktiviert werden?
- War die Stunde abwechslungsreich genug? Gab es zu lange Phasen?
- Sind die angestrebten Sozialformen auch umgesetzt worden?
- Gab es eine Binnendifferenzierung in den Schülertätigkeiten und Ergebnissen?
- Wie war das Lehrer-Schüler-Verhältnis in der Stunde?
- Wie viele Anteile der Stunde hat die Lehrkraft dominiert?
- Was könnte im Falle einer Wiederholung der Stunde geändert werden?

Dies ist eine Sammlung möglicher Gesprächspunkte. Nicht alle Fragen müssen für jede Stunde erörtert werden, sondern schwerpunktartig die auffälligen Gesichtspunkte. Aus der Sicht der Prüfungskommission ist dabei wichtig zu sehen, ob aufgetretene Schwierigkeiten und Stockungen bemerkt worden sind und ob dazu Ursachen erkannt oder vermutet werden. Dazu liegen auch die bekannten und sehr guten allgemeindidaktischen Kriterienkataloge von Hilbert Meyer (2009, 23-132, Zehn Merkmale guten Unterrichts) oder Andreas Helmke (2006) vor: Guter Unterricht ist z. B. strukturiert, zeigt ein lernförderliches Klima und weist Methodenvielfalt auf. Viele Faktoren spielen eine Rolle.

Guter Geschichtsunterricht

Nun wird es nicht in jeder Geschichtsstunde zur Erfüllung aller Kriterien kommen, doch sollte der spezielle Gewinn der Lernenden für ihr historisches Denken hervorgehoben werden. Hier stellt sich die Frage nach den Kriterien *guten* Geschichtsunterrichts, wohlgemerkt nicht einfach nur guten Unterrichts.

- Hat der Einstieg zu einer Reihe von Schüleräußerungen über geschichtliche Sachverhalte geführt und so ihr Interesse am Thema dokumentiert?
- Konnten die Lernenden dazu geführt werden, sich in eine historische Situation hineinzudenken und ein historisches Problem oder eine Leitfrage zu formulieren?
- Haben die Schülerleistungen ein gegenüber dem Einstieg vertieftes historisches Verständnis aufgezeigt?
- Sind diese Ergebnisse gesichert worden?
- Ist es zu einer oder mehreren historischen Narrationen in längeren Schülerbeiträgen gekommen?
- Gab es eine bi- oder multiperspektivische Sicht auf den historischen Sachverhalt?
- In welchem Maße war das Fazit/die Diskussion zur Geschichte ergiebig? Hat die Lehrkraft genügend Impulse gegeben, um diese anzuregen?
- Gab es in der Stunde einen Gegenwartsbezug oder einen historischen Vergleich?

Eine fachspezifische Lösung bietet Peter Gautschi an, der in einer umfangreichen Studie zu einem Kriterienkatalog (2015, 101) gekommen ist. Unter den Gesichtspunkten Lerngegenstand, Prozessstruktur und Nutzung (fachspezifisches Lernen der Schülerinnen und Schüler) bietet er insgesamt 15 Kriterien an, von denen allerdings nur einige ausschließlich im Geschichtsunterricht zutreffen können.

Gautschi fokussiert auf die Lernaufgaben (→ 3.10) als Schlüsselfaktor des Unterrichts:

„Entscheidend für gute Geschichtslektionen sind fachspezifisch bedeutsame Lernaufgaben, die einen Bezug zu den Lernenden anbieten und sie zu historischem Erzählen anregen“. (2015, 254)

Genauer heißt es für die geforderten Lernaufgaben zum Lerngegenstand:

„Gute Lernaufgaben sind exemplarisch und haben ein Transferpotential. Sie greifen ein gesellschaftlich bedeutsames Thema auf, fokussieren menschliches Handeln in gesellschaftlicher Praxis und Veränderungen in der Zeit sowie Entwicklungszusammenhänge, ermöglichen Multiperspektivität und Kontroversität, haben ein Neuigkeitspotential und erlauben, dass die Lernenden einen Bezug des Themas zu ihnen selber finden.“

„Gute Lernaufgaben sind offen, kognitiv herausfordernd, verständlich und bewältigbar. Sie erlauben Differenzierung [...], erfordern Interaktion in der Klasse. Die Arbeitsanleitung [...] gewährleistet effiziente Arbeit und Zeitnutzung.“

Das könnte auch noch für eine gute Sozialkundestunde zutreffen. Daher zum Historischen noch deutlicher der Satz:

„Gute Lernaufgaben ermöglichen den Lernenden sowohl die Ausdifferenzierung ihrer Kompetenzen für Historisches Lernen (Wahrnehmung von historischen Zeugnissen und von Veränderungen in der Zeit, Erschliessung, Überprüfung und Darstellung von historischen Sachanalysen, Interpretationen von Geschichte, Sinnbildung über Zeiterfahrung und Werturteilsprüfung an Zeiterfahrung) als auch die Aneignung und Wiedergabe von Wissen über Vergangenes und Verständnis von Geschichte" (2015, 254).

Die genannten Kompetenzen bilden mit dem historischen Wissen und Verstehen einen Schlüssel zur Qualitätsprüfung einer Geschichtsstunde.

Literatur

Gautschi, Peter: Guter Geschichtsunterricht. Grundlagen, Erkenntnisse, Hinweise, 3. durchges. und korr. Aufl., Schwalbach/Ts. 2015

Gautschi, Peter/Bernhardt, Markus/Mayer, Ulrich: Guter Geschichtsunterricht – Prinzipien. In: Handbuch Praxis I (2017), S. 326-348

Helmke, Andreas: Merkmale von Unterrichtsqualität. In: Ders.: Was wissen wir über guten Unterricht? Über die Notwendigkeit einer Rückbesinnung auf den Unterricht als „Kerngeschäft" der Schule, In: Pädagogik 2 (2006), S. 42-45 (http://www.bildung.koeln.de/imperia/md/content/selbst_schule/downloads/andreas_helmke_.pdf?PHPSESSID=e07c6eda3770573d680 fe-2cea77dfde2, 2.1.2017)

Meyer, Hilbert: Was ist guter Unterricht?, 6. Aufl., Berlin 2009

7. Materialien und Medien

Der Geschichtsunterricht in der Schule beschäftigt sich anhand von unter didaktischen Zielen ausgesuchten, für das Lernen bearbeiteten *Materialien* mit der Vergangenheit, was in früheren Zeiten geschehen ist, was die Menschen bewegte und wie sie ihre Probleme zu lösen suchten, um ein gutes oder wenigstens erträgliches Leben führen zu können. Kinder und Jugendliche lernen daran, wie aus Vergangenheit Geschichte gestaltet wurde und wird. Im späteren Leben werden sie meist aus verschiedenen leicht zugänglichen *Medien* wie Büchern, Bildern, Filmen oder dem Internet immer wieder etwas über Geschichte erfahren. Sie erhalten im Unterricht ihr Rüstzeug auf dem Weg zum mündigen Bürger, der in der Lage ist, moderne Medien kritisch hinterfragen und beurteilen zu können. Eine zunehmend dominante Rolle unter diesen spielen dabei gegenwärtig die *digitalen Medien*, die deshalb eine eigene Betrachtung verdienen.

Unter *Unterrichtsmedien oder -mitteln* im engeren Sinne sollen hier lediglich technische *Präsentationsformen* verstanden werden wie ein Vortrag, die Tafel, Folien oder Beamer (auch als Filmvorführgerät), die in anderen Fächern ebenso benutzt werden. Hier transportieren Menschen oder Geräte nur die Inhalte, um sie optimal darzustellen. Diese Unterscheidung ist eher pragmatisch und zugegebenermaßen auch unscharf, in vielen Seminaren gelten auch die Schulbücher oder Quellen als Medien. Als etabliert galt lange Jahre die weit gefasste Definition Hans-Jürgen Pandels von Medien als sämtlichen historischen Lernobjekten, die er weiter in Quellen, Darstellungen und Fiktionen unterteilte (Pandel/Schneider 2017, 7 ff.) Mit noch weiterem Medienbegriff siehe Baumgärtner (2015, 113 ff.), für den auch Arbeitsblätter und Spiele zu den Medien gehören. Vor allem die „digitale Revolution" stellt die Begriffe und Abgrenzungen neu infrage, z.B. indem es heute möglich ist, einen virtuellen Rundgang im 3-D-Format in einer historischen Rekonstruktion des Forum Romanum zu machen, wo Darstellung und Fiktion nicht zu unterscheiden sind. Auch die Hyperlink-Struktur des Internet eröffnet dem Textbegriff neue Facetten, indem der Leser seinen Weg selbst bestimmt (Pallaske 2015, 7-16).

Im Geschichtsunterricht kommen *Lernmaterialien* unterschiedlicher Art und Qualität zum Einsatz. Die Geschichtstheorie unterscheidet dabei nach Johann Gustav Droysens Historik (1977) prinzipiell zwischen *Darstellungen* und *Quellen*. Während Quellen als Monument oder Dokument aus der Vergangenheit im Umfeld des historischen Gegenstands stammen und oft durch eine mehr oder weniger subjektive Sichtweise gekennzeichnet sind (s.u.), stellen zumindest moderne wissenschaftliche oder journalistische Darstellungen das Ergebnis überlegter oder vorher geleisteter Forschungs- oder zumindest reflektierter Arbeit dar und sind stärker um Objektivität oder wenigstens plausible Begründung einer Meinung bemüht. Darstellungen und Quellen ergänzen sich gegenseitig: Während Quellen in der Regel historische Momentaufnahmen darstellen, die kontextualisiert werden müssen, geben Darstellungen einen Überblick über eine Epoche, ein Ereignis oder das Wirken einer historischen Persönlichkeit oder stellen eine These dazu auf. Darstellungen können aber zu Quellen werden. So sind darstellende Texte aus Schulbüchern der Bundesrepublik oder der DDR aus den 1960er Jahren heute Quellen für die jeweilige Sicht auf die andere Seite in der Zeit des Kalten Krieges. Als Drittes sind noch *Fiktionen* von Belang, die in Form von Spielfilmen oder historischen Erzählungen Vorstellungen über Geschichte prägen.

Aus Darstellungen gewinnen wir zwar in der Regel den größeren Anteil historischer Vorstellungen und unseres Wissens, doch sind ohne Zweifel Quellen das wichtigste Werkzeug des wissenschaftlich arbeitenden Historikers, um historische Erkenntnisse zu belegen. Sie sind zufällig oder mit Absicht entstandene „Überbleibsel" vergangener Zeiten und erlauben Einblicke in die Vergangenheit. Daher ist die Arbeit mit ihnen auch in der Schule unverzichtbar. Streiten kann man aber über den zwingenden Quelleneinsatz im Anfangsunterricht und in Lerngruppen mit Leseschwierigkeiten, weil er immer einen recht anspruchsvollen Unterricht bedeutet.

7.1 Texte

7.1.1 Darstellungen

Im Geschichtsbuch begegnen uns Darstellungen vorwiegend als sogenannte Autorentexte, daneben in Textauszügen aus Werken von modernen Historikern sowie als bildliche Illustrationen und Rekonstruktionen. Autorentexte fassen historische Entwicklungen zusammen und stellen sie in einen größeren Zusammenhang, Historiker bieten dem Leser einen vertieften Überblick oder eine pointierte These. Bildliche Illustrationen und Rekonstruktionen versuchen, Situationen darzustellen, zu denen keine oder schlechte Bildquellen vorliegen, etwa von einer Versammlung vor dem Areopag oder dem Leben in einer mittelalterlichen Stadt oder Burg. (→ 7.2) Alle Formen richten sich nach dem (im besten Falle) heutigen Erkenntnisstand. Das heißt, dass alle Darstellungen die Vergangenheit deuten und somit Geschichte konstruieren.

Bis in die 1970er Jahre dominierten die Autorentexte die Schulbücher, die oft als Lesebücher konzipiert waren. Erst mit dem Neuansatz Heinz Dieter Schmids im Lehrwerk „Fragen an die Geschichte" als reinem Arbeitsbuch, das beim ersten Erscheinen 1974 fast vollständig aus Quellen bestand, änderte sich dies langsam. Autorentexte galten den jungen Lesern lange als objektiv und unbezweifelbar. Dabei lässt sich auch an ihnen immer eine selektiv wahrnehmende Perspektive erkennen, was an Lehrwerken der Vergangenheit leichter auffällt, aber ebenso für aktuelle Schulbücher zutrifft. So bemerkte eine Schülerin, nachdem sie über die Zeit des Kalten Krieges im Schulbuch gelesen hatte: „Mir fällt auf, die Russen sind immer die Bösen“. Sie hatte erkannt, dass auch die Autorentexte nicht frei von Parteilichkeit sind. In den bilateralen Schulbuchkommissionen der vergangenen Jahrzehnte (Deutschland-Frankreich; Deutschland-Polen; Deutschland-Israel u. a. m.) sind diese Perspektiven teilweise auf tiefsitzende nationale Geschichtsbilder und geschichtspolitische Vorgaben zurückgeführt und Vorschläge zur Verbesserung gemacht worden (z. B. die Aktivitäten des Georg-Eckert-Instituts für internationale Schulbuchforschung, u. a. eine Datenbank mit sämtlichen deutschen Geschichtsbüchern bis 1918).

In den neueren Geschichtsbüchern sind Darstellungen und Quellen – häufig in nach Doppelseiten gegliederten Kapiteln – deutlich voneinander getrennt. Junge Lernende vernachlässigen diesen Unterschied aus Unkenntnis gerne; wenn sie ihr Schulbuch aufschlagen, sehen sie Texte und Bilder, die von der inhaltlichen Qualität her alle auf einer Ebene liegen. Alle Materialien sind für sie zunächst einmal richtig und gültig – sonst wären sie schließlich nicht im Schulbuch. Daher muss der unterschiedliche Charakter von Darstellungen und Quellen und der differenzierte Umgang mit ihnen erst vermittelt werden – eine oft mühsame Arbeit, die Zeit beansprucht. Gleich im Anfangsunterricht sollte damit begonnen werden, umsichtig und altersgemäß. Die zu Anfang gelesenen Schulbuchdarstellungen zur Vorzeit sollten als gegenwärtige Wissensstände und von neuen Erkenntnissen überholbare Auffassungen vermittelt werden. Auf diese Weise wird angesprochen, dass es sich um eine Vorstellung handelt, die sich ändern könnte und wird, sobald neue Funde gemacht und neue Erkenntnisse gewonnen werden. Der Wert dieser Arbeit liegt darin, dass über die Fachgrenzen hinaus den Schülerinnen und Schülern ein kritischer Umgang mit Medien aller Art vermittelt werden kann. Kaum ein Fach leistet dies so intensiv und konsequent wie das Fach Geschichte.

Wenn Referendarinnen und Referendare Autorentexte einsetzen, sollten sie daran denken, dass deren Sprache oft hochgradig verdichtet und für Kinder schwer verständlich ist. Das liegt nicht nur an neuen, noch fremden Begriffen, von denen es nicht zu viele auf einmal geben sollte (Regel: „Die Dosis macht das Gift.“) Oft sind zeigen die Autorentexte ein Bemühen, so viel Inhalt wie möglich auf kleinem Raum mitzuteilen, was ihrer Verständlichkeit im Wege steht. Da es aus vielfältigen Gründen in den letzten Jahren immer mehr Lernende mit Leseschwierigkeiten gibt, sollten alle Texte vorher auf mögliche Verständnisschwierigkeiten untersucht werden und ggf. gezielt erklärt werden. Auch lautes Vorlesen durch die Lehrkraft oder durch Schülerinnen und Schüler ist kein Tabu bis in die Oberstufe, besonders bei rhetorisch aufgeputzten Texten.

7.1.2 Textquellen

Woher gewinnen die Historiker ihre Informationen über die Vergangenheit? Neben den Darstellungen nehmen sie diese direkt aus den diversen Quellen, die in den Schulbüchern mehr oder weniger gut didaktisch aufbereitet sind. An die Arbeit mit diesen sind Schülerinnen und Schüler umsichtig heranzuführen, denn Geschichtsunterricht bedeutet für sie notwendigerweise (auch) Quellenarbeit, das heißt sie sollen lernen, Quellen zu lesen, zu verstehen, zu hinterfragen und sie einzuordnen. Gleichzeitig aber machen viele junge Lehrkräfte die Erfahrung, dass die Quellenarbeit, besonders die mit den Textquellen, nicht sonderlich beliebt ist, denn das genaue Lesen ist anstrengend und ermüdend, das Verstehen des Sinns schwierig und mit Umwegen verbunden. Eine Untersuchung aus dem Jahre 2009 über die Beliebtheit von Medien im Geschichtsunterricht macht den unterschiedlichen, sogar gegensätzlichen Stellenwert der Quellenarbeit bei Lehrkräften und der Schülerschaft deutlich: Während der Einsatz von Textquellen für erstere an erster Stelle rangierte, lagen die Textquellen bei den befragten 9. Klassen an der letzten Stelle (Tischner 2009, 50-51).

Mögliche Gründe liegen darin, dass sich viele Quellen in mehrerlei Hinsicht dem Zugang der Schülerinnen und Schüler sperren. Da ist zum einen die große zeitliche Distanz zur Gegenwart, mit der oft eine fehlende Verbindung zur Lebens- und Erfahrungswelt der Schülerinnen und Schüler einhergeht. Welches Kind kann sich auf der Grundlage weniger Quellensplitter in die über Jahrzehnte dauernden und verwinkelten politisch-theologisch-juristischen Auseinandersetzungen des Investiturstreits hineinversetzen – und das noch mit Freude an der Sache? Ferner sind die Quellen von Erwachsenen für Erwachsene geschrieben – bis ins 18. Jahrhundert hinein zudem von einer kleinen Elite Schriftkundiger. Erst im Zuge der allmählichen Alphabetisierung des 19. Jahrhunderts erhielten auch die bis dahin *stummen Gruppen* eine Stimme, wodurch die Alltags- und Sozialgeschichte zwar besser erschlossen werden kann, aber für die jungen Leser noch nicht viel gewonnen worden ist.

Die in den Schulbüchern enthaltenen Quellen sind häufig aus ihrem historischen Kontext herausgerissen. Diese Quellen sind Widerspiegelung, Niederschlag, manchmal bloßes Abfallprodukt historischer Vorgänge und Situationen, Prozesse und Zustände, Entscheidungen und Folgen, Stimmungen und Erwartungen. Dank ihrer Verwobenheit in einstmaliges Leben haben sie zwar vielfach den Vorzug der Unmittelbarkeit, Gegenstandsnähe, Kolorit- und Detailgenauigkeit; solche Vorzüge sind aber auch mit bestimmten Schwächen gepaart: Sie lassen weg, was sich seinerzeit von selbst verstand und nicht erklärt werden musste, sie enthalten – oft auch unabsichtlich – manches Falsche, Undeutliche und Missverständliche; man sieht ihnen nicht ohne Weiteres an, wie typisch oder atypisch sie für ihre Zeit waren. Wichtiges und Unwichtiges, Episodisches und Folgenschweres stehen oft direkt nebeneinander. Vor allem aber sind Quellen aus den ursprünglichen Lebenszusammenhängen herausgerissene Einzelstücke, deren Bedeutung und Funktion nicht mehr ohne Weiteres ersichtlich ist. Da Quellen zudem in hohem Maße Propagandaquellen sind, die einen aus der Sicht der Autoren oder Künstler wünschenswerten Zustand beschreiben, der erst noch erreicht werden soll, sind sie keinesfalls deckungsgleich mit den vergangenen Lebensumständen, häufig eher im Gegenteil. Dies gilt für die Res gestae des Augustus ebenso wie für Kreuzzugsaufrufe des Mittelalters oder politische Manifeste und Parteiprogramme im 19. und 20. Jahrhundert.

Als weitere Hürde tritt schließlich die Sprache der Quellen hinzu. Auch wenn sie in deutscher Sprache verfasst wurden, so wirkt diese auf die Schülerinnen und Schüler oft wie eine Fremdsprache und muss erst in ihre Sprache übersetzt werden. Viele andere Quellen, mit denen wir uns beschäftigen, wurden nicht auf Deutsch verfasst. Die Originalsprachen sind Griechisch und Latein in der Antike, Latein, Vulgärlatein und Mittelhochdeutsch im Mittelalter sowie teilweise Französisch, Englisch und weitere Sprachen seit der Frühen Neuzeit. Man ist also für den Unterricht häufig zwingend auf Übersetzungen angewiesen. Diese sind aber für den Wissenschaftsbetrieb an den Hochschulen verfasst worden und erst über diesen Umweg in die Schulbücher gelangt – entsprechend akademisch und schwer verständlich sind sie oft. Wer aber eine Quelle nicht zu lesen versteht, wird mit ihr wenig anfangen können.

Aus all dem folgt: Mit der Quellenarbeit muss – vor allem im Anfangsunterricht – sehr dosiert und vorsichtig begonnen werden. Sie muss keinesfalls in jeder Geschichtsstunde stattfinden. Vielmehr sollten sich Stunden mit gründlicher Quellenarbeit und Stunden, in denen verschiedene Formen von Darstellungen herangezogen werden, abwechseln. Schon bei der Reihenplanung ist dies zu berücksichtigen. Während die Arbeit mit Darstellungen den raschen Überblick über eine Epoche ermöglicht, erlauben Quellen dies eher weniger; sie sind häufig Momentaufnahmen, die eine historische Tiefenbohrung erlauben und sogar verlangen.

Eine Frage, die von Berufsanfängern häufig gestellt wird, lautet: Darf man Quellen für den Unterricht bearbeiten? Ja, man darf! Häufig muss man es sogar. Die meisten Quellen, die uns begegnen, sind mehrfach bearbeitet und liegen ohnehin in stark gekürzter Form vor. Methodisch lässt sich vieles mit Quellen machen: Textquellen können auseinandergeschnitten und neu zusammengesetzt werden, damit Schülerinnen und Schüler gezwungen sind, den Gedankengang und Argumentationsstrang des Autors zu rekonstruieren, an Bildquellen können Sprech- und Denkblasen angelegt werden, um sich in die Situation der historischen Persönlichkeiten hineinzuversetzen. Nur eines darf nicht geschehen: Die ursprüngliche Aussage der Quelle darf nicht in ihr Gegenteil verkehrt werden.

Eine weitere Frage lautet: Darf man Quellen auch erfinden? Fiktive Quellen werden für die unteren Klassen zur Heranführung von manchen empfohlen. Streng genommen ist das widersinnig. Solche pädagogischen Text müssen klar als erfunden gekennzeichnet sein.

Arbeitsschritte mit Textquellen

Angesichts des breiten Raumes, den schriftliche Quellen im Unterricht einnehmen, gibt es in den meisten Lehrwerken inzwischen methodische Anleitungen, wie mit ihnen zu verfahren ist, die meist einem Grundschema folgen: Äußere und inhaltliche Erschließung – Analyse – Deutung – Einschätzung.

– Zunächst sollte der äußere Rahmen der Quelle bewusst gemacht werden: Wer hat für wen über welches Thema wann und wo geschrieben? Welche Quellengattung liegt vor? Auch wenn die Angaben neben den Quellentexten stehen, sollten sie im Unterricht genannt werden. Viele verwechseln z. B. den wichtigen Zeitpunkt der Entstehung mit der Angabe des modernen Fundortes, der in der Regel gar keine Rolle spielt. Aus der Quellengattung lassen sich oft schon erste Schlüsse zu den Adressaten oder zur Vertrauenswürdigkeit ziehen.

– Dann sollten die wesentlichen inhaltlichen Aussagen gesichert werden: Was steht in der Quelle? Wenn schwächere Schülerinnen und Schüler dazu herangezogen werden, zeigen sich oft Missverständnisse, die dann gemeinsam zu klären sind. Auch treten aufgrund der eigentümlichen Sachverhalte und Sprache Verständnisschwierigkeiten auf. Eine Sicherung der zentralen Aussagen an der Tafel ist hilfreich.

– Weitere Schritte sollten der vertiefenden Textanalyse gelten: Wie ist die Quelle eingeteilt? Welche zentralen Formulierungen oder Schlüsselbegriffe fallen auf, was meinen sie genau? Gibt es markante sprachliche Besonderheiten wie Metaphern oder rhetorische Figuren? Lassen sich diese eindeutig klären?

– Dann muss die Interpretation folgen: Welche zentrale Intention verfolgt der Text? Worauf will der Autor hinaus? In welchem Kontext stehen die Aussagen?

– Schließlich hat eine kritische Einordnung und Bewertung zu erfolgen: Wie ist der Text einzuschätzen? Sind die Aussagen glaubhaft oder propagandistisch? Gibt es Widersprüche? Lässt sich ein verstecktes Interesse hinter dem Text erkennen?

Nicht alle aufgeführten Fragen sind für jede Quelle weiterführend, zumal sie sich in einen Unterrichtsgang einordnen muss, der nicht alle Aspekte erfassen kann. Doch soll der zentrale und unverzichtbare Wert von Quellenarbeit für die historische Erkenntnis zunehmend deutlicher werden.

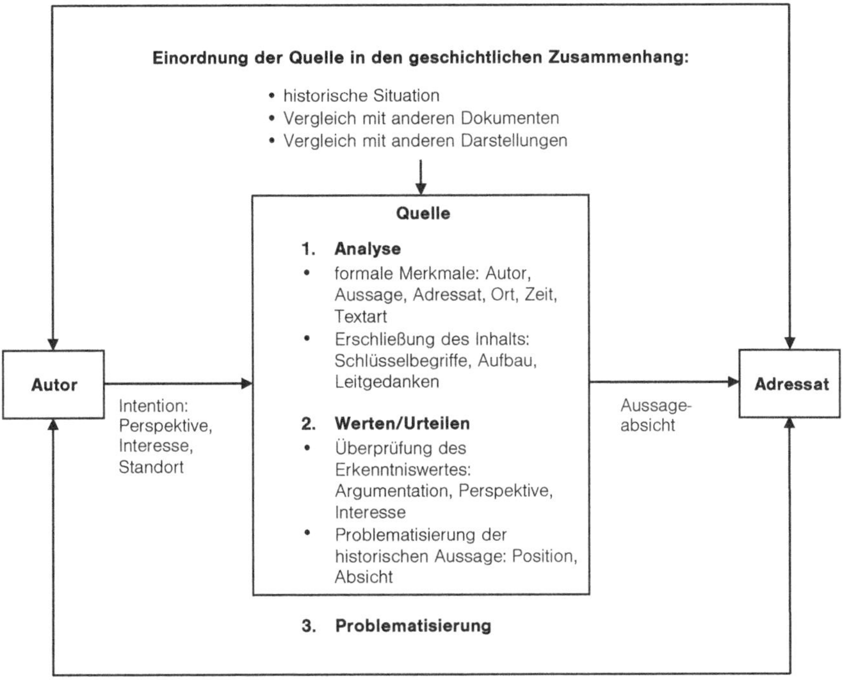

Abb. 14: Skizze zur Quelleninterpretation (nach Telekolleg II, Geschichte Band 1: Lektion 1-13, München 1983, S. 8)

7.1.3 Beispiel: Politische Lieder

Im Geschichtsunterricht sind viele Gattungen schriftlicher Quellen wichtig, für deren Spezifik die Schülerinnen und Schüler ein Gespür entwickeln müssen: der Gesetzestext, der Vertrag, das Tagebuch, der persönliche Brief. Sie weisen in ihren Aussagen unterschiedliche Grade von persönlicher Mitteilung und Verbindlichkeit auf. Als ein im Unterricht besonders attraktives Beispiel wird hier das politische Lied erörtert.

Eine Quellengattung eigener Art sind politische Lieder insofern, als außer dem Text die Musik dazu gehört. Sie schleicht sich auf Kanälen in unser Bewusstsein, die dem unkritischen Hörer selten klar und oft umso wirkungsvoller sind. Für die jeweilige Entstehungszeit werden politische Lieder im Geschichtsunterricht zu wertvollen Quellen, deren Analyse ebenso erkenntnisfördernd wie motivierend für die Lernenden sein kann. Dafür liefern sie den Lehrenden, selbst wenn sie bisher kaum Erfahrung mit Musikanalyse gesammelt haben, ein Paradebeispiel, zumal eine Betrachtung auch ohne musiktheoretische Kenntnisse möglich ist. Im Zweifelsfall hilft sicher auch der Musikkollege gerne weiter.

Durch die Bank alle Lernenden kennen zumindest *ein* politisches Lied, von dem sie häufig eine Strophe (mit)singen können, ohne sich vermutlich bisher tiefer gehende Gedanken darüber gemacht zu haben, was der Text eigentlich genau aussagen soll: nämlich die Nationalhymne. Angesichts von multiplen Herkünften heutiger Schülerinnen und Schüler haben manche vielleicht sogar Zweifel, zu welcher sie sich bekennen. Hört man bei sportlichen Großereignissen genauer hin, stellt man schnell fest, dass sich diese Hymnen schon in ihrem musikalischen Charakter stark unterscheiden. Manche kommen eher forsch und militärisch daher, andere als sanftere Melodie, die sich in ihrer emotionalen Wirkung langsam steigert.

Prüft man als interessierter Hörer mit einer Übersetzungshilfe im Internet die dazugehörigen Texte, erkennt man schnell die Grundzüge einer möglichen Verwendung dieses Liedtyps für den Geschichtsunterricht: Nach dem eher emotionalen Türöffner, den das Lied beim ersten Hören bietet, macht man sich Gedanken über die Art und Weise, in der das Lied diese Wirkung auf einen selbst entfaltet hat. Die Textbetrachtung wiederum zeigt schnell auf, dass eine Kontextualisierung zur Entstehungszeit notwendig wird, um es wenigstens ansatzweise zu verstehen. Das mehrkanalige Narrativ des Liedes wird mit anderen Worten Schritt für Schritt dekonstruiert, um einen sachlichen und informierten Blick aus heutiger Perspektive darauf zu werfen. Die meist spannende Rezeptionsgeschichte des Liedes tut dann ein Übriges, um es innerhalb der jeweiligen Geschichtskultur einzuordnen und dem Lernenden zu erhellenden Erkenntnissen zu verhelfen. Wenn der Groschen zur Wirkungsweise von politischen Liedern einmal gefallen ist, dürfte dieses auch in der Gegenwart noch genutzte Medium wohl stets als politisches Instrument hinterfragt werden.

Für den Einsatz politischer Lieder gibt es ein Tabu: Unter keinen Umständen sollte die Lerngruppe dazu animiert werden, mitzusingen. Ebensowenig sollte die Lehrkraft das entsprechende Lied selbst vorsingen. Das kann in vielen Fällen zu bösen Missverständnissen führen, etwa bei Propagandaliedern der Hitlerjugend o. Ä. Man stelle sich vor, ein Schüler erzählt daheim, dass in der Geschichtsstunde an diesem Morgen das Lied der Hitlerjugend „Unsre Fahne flattert uns voran!" auf Drängen der Lehrkraft gemeinsam gesungen wurde. Eine klare Distanz zur Liedaussage sollte bei der Analyse also stets gegeben sein.

Vorgehensweise

Ein politisches Lied kombiniert eine Textaussage mit entsprechender Rhythmik, Instrumentierung und eingängiger Melodieführung, die diese weiter unterstützt. So handelt es sich etwa bei propagandistischen Liedern häufig um Marschmusik, die in der Begleitung von Blechbläsern fanfarenhaft ausgeführt wird. Ein breites Band von Zielen kann mit dem politischen Einsatz von Liedern verfolgt werden: Von der Hetze gegen politische Gegner über ideologische Indoktrinierung und die Selbstvergewisserung und Identitätsstiftung für die eigene Gruppierung, häufig bei gleichzeitiger Abgrenzung von „den anderen“, bis hin zu mehr oder weniger subtilem Protest gegen das herrschende politische Establishment ist alles wahrzunehmen. Politische Lieder können in jeder Phase der Einzelstunde und an jeder Stelle der Gesamtreihe zum Einsatz kommen und dabei jeweils unterschiedliche Funktionen erfüllen.

Zu Stundenbeginn oder auch als Hinführung zur Reihenfrage bieten sie einen affektiven und leicht zu problematisierenden Einstieg in das Thema. Spielt man zunächst eine reine Audioversion von zwei bis drei Strophen ab und bittet die Lerngruppe, beim Hören die Augen zu schließen, kann im Anschluss zunächst ein Gespräch darüber geführt werden, wie das Lied auf die Schülerinnen und Schüler gewirkt hat. Dabei sollte die Wirkung der Musik ebenso zur Sprache kommen wie die Wirkung der Textphrasen, die beim ersten Hören verstanden wurden. An dieser Stelle können bereits Vermutungen darüber angestellt werden, wie die Kernaussage des Liedes lauten und an wen diese möglicherweise adressiert sein könnte. Sodann kann durch den Text als PowerPoint oder Folie visuell gestützt ein weiteres Hören erfolgen, die geäußerten Vermutungen können etwas vertieft oder auch verworfen werden. Hier hilft es, die Musik mit der Textaussage zu verbinden, wenn dies im Einstieg aus Zeitgründen auch nur ansatzweise geschehen kann. Um bei dem oben schon angesprochenen Beispiel des Propagandaliedes der Hitlerjugend zu bleiben, kann es auftreten, dass die Klasse schon beim Hören beginnt, den Takt oder den Rhythmus auf dem Tisch mitzuklopfen, sodass man den Marschaspekt recht schnell thematisieren kann. Auch die Tatsache, dass die Melodieführung einer Fanfare ähnelt und das Lied insgesamt einen drängenden Impetus hat („Vorwärts!“ Vorwärts!“), wird auffallen. Auch sollte hier die Lehrkraft eine kurze Einordnung des Liedes in den historischen Kontext leisten. Für eine tiefer gehende Analyse wird im Einstieg wenig Raum bleiben, aber die Wirkung, die die Kinder beim Hören beobachtet haben, kann leicht für eine Problematisierung genutzt werden: Man bespricht gemeinsam, dass es kein Zufall ist, wenn das Lied genau diese Wirkung auf die Hörer hatte, und überlegt, welcher Zweck denn damit wohl verfolgt wurde. Von hier aus können vertiefende Materialien für die Erarbeitung, etwa in diesem Fall zum Thema „Jugend und Erziehung im Nationalsozialismus“, folgen, die die aufgeworfene Fragestellung klären helfen.

Die Erarbeitungsphase der Stunde bietet deutlich mehr Zeit für eine etwas tiefer gehende Analyse eines Liedes. Dafür bietet es sich an, dass die Lernenden das Lied per Handy über ihre jeweils eigenen Kopfhörer nach Bedarf in aller Ruhe und auch mehrmals anhören können. Allerdings sollte vorher mit der Schulleitung geklärt werden, ob die Verwendung des Handys in diesem Fall gestattet ist, da die Hausordnungen vieler Schulen dies meist untersagen. Alternativ können, je nach Ausstattung der Schule, Tablets oder der Computerraum der Schule zum Einsatz kommen. Auch hier sollte zunächst das reine Hörerlebnis stehen, dessen erste Eindrücke die Schüler notieren und/ oder untereinander mündlich austauschen können. Für eher weniger musikaffine Klassen bietet das folgende Raster Hilfestellung, das nach dem ersten Eindruck als Kopie in die Klasse gegeben werden kann.

	sehr	ziemlich	ein wenig	ein wenig	ziemlich	sehr	
kräftig							gedämpft
kühl							gefühlvoll
angenehm							unangenehm
feierlich							ungezwungen
angespannt							gelöst
geordnet							zufällig
volltönend							dünn
kontrastreich							einförmig
gehemmt							schwungvoll
vertraut							ungewohnt
ausdrucksvoll							matt
traurig							froh
vergnügt							ernst
aufdringlich							zurückhaltend
einfach							kompliziert
vorwärtsstrebend							ruhend
geheimnisvoll							durchschaubar
zurückhaltend							mitreißend
lebhaft							müde
interessant							langweilig
merkwürdig							vertraut
eckig							rund
oberflächlich							tiefsinnig
bewegungsanregend							beruhigend
...							...

Abb. 15: Polaritätsprofil (nach Wimmer 1996, 6)

Schließlich soll der volle Text als Quellenblatt kopiert zur Verfügung stehen, damit die Lerngruppe eine gewohnte Quellenanalyse des Textes vornehmen kann. (→ 7.1.2) Ergänzend dazu könnten Aufgaben wie die folgenden (hier zur „Wacht am Rhein") die Analyse erweitern.

Exemplarische Aufgaben:

1. Formulieren Sie die Botschaft des Textes. Nutzen Sie dazu die Signalwörter, die sich mit der deutschen Nation befassen, aus dem Text.
2. Schätzen Sie die emotionale Wirkung dieses Textes auf die Bevölkerung des Kaiserreiches ein und erläutern Sie, mit welchen musikalischen Mitteln (Rhythmus, Melodieführung, Tonart) dies unterstützt wird.
3. Erörtern Sie die Funktion von Musik und den Umgang mit Liedern im Zusammenhang mit dem Phänomen der Identitätsstiftung.

Sehr ergiebig sind auch Kombinationen mehrerer Lieder derselben Epoche, aber aus unterschiedlichen Ländern (etwa „Die Wacht am Rhein" und „Rule Britannia") im Vergleich. Ebenso attraktiv sind Vergleiche zwischen einem Lied und einer bildlichen Darstellung desselben Themas (etwa „Die Wacht am Rhein" und dem Gemälde „Germania auf der Wacht am Rhein" von Lorenz Clasen, 1860). Auch ein Ausflug in die Rezeptionsgeschichte kann faszinieren. In diesem Fall könnte das eine Szene aus der Eingangssequenz des Films „Im Westen nichts Neues" von 1930 sein, in der die gesamte Klasse sich, laut die „Wacht am Rhein" singend, freiwillig zum Kriegsdienst meldet. Dem Ideenreichtum der Lehrkraft sind hier keine Grenzen gesetzt.

An welcher Stelle des Unterrichts man auch immer ein politisches Lied einsetzen mag, es wird in jedem Fall ein didaktischer und vor allem motivationaler Zugewinn für die Lernenden sein.

Literatur

Brieske, Rainer: „Ich weiß, es wird einmal ein Wunder gescheh'n". Unterhaltung/Propaganda im Nationalsozialismus – Die Rekonstruktion eines Verwendungskontextes. In: Praxis Geschichte 5 (2004), S. 9-13

Kleinen, Günter: Musik als Medium der politischen Bildung. In: APUZ 11 (2005) (http://www.bpb.de/apuz/29187/musik-als-medium-der-politischen-bildung, 24.4.2017)

Klenke, Dietmar: Musik. In: Handbuch Medien (2017), S. 407-450

Kuhn, Hans-Werner: Musik und politische Bildung (http://www.bpb.de/gesellschaft/kultur/kulturelle-bildung/65364/musik-und-politische-bildung?p=all, 13.4.2012)

Lamprecht, Niko: Musik im Nationalsozialismus. Ideologie – Propaganda – Widersprüche, Schwalbach/Ts. 2015

Sauer, Michael: Historische Lieder, Seelze-Velber 2008

Wimmer, Fridolin: Unsre Fahne flattert uns voran, In: Geschichte lernen 50 (1996), S. 55-58

7.2 Bilder

Bildquellen sind im Geschichtsunterricht unverzichtbar, es gibt „Schlüsselbilder" oder „Bildklassiker", die in fast allen Schulbüchern zu sehen sind und die so gut wie jeder kennt. Für die heranwachsenden Schülerinnen und Schüler sind sie trotzdem neu und herausfordernd zu entdecken. Beispiele für derartige „kanonische" Bilder sind Adolph von Menzels „Das Eisenwalzwerk" (1875) oder Anton von Werners Historiengemälde zur „Kaiserproklamation 1871" in Versailles, für das es mehrere, zudem unterschiedliche Fassungen gibt, die zu vergleichen reizvoll ist. Im 20. Jahrhundert übernahmen diese Erinnerungsfunktion zunehmend Fotografien von Schlüsselszenen, etwa zur Berliner Luftbrücke 1948 („Rosinenbomber") oder zum Mauerbau 1961.

Abb. 16: Hyacinthe Rigauds Herrscherbildnis des französischen Königs Ludwig XIV., 1701

Zur unterrichtlichen Behandlung des pompösen Bildes von Ludwig XIV. gibt es viele Vorlagen. Es gehört in die Unterrichtseinheit zum französischen Absolutismus und wird unter dem Lernziel betrachtet, am Herrscherporträt wesentliche Züge dieser Staatsform der Frühen Neuzeit zu bestimmen. Die Schülerinnen und Schüler können zunächst einen ersten Eindruck wiedergeben: von gewaltig bis komisch. Dann beschreiben sie: die Kleidungsstücke, Pose, Perücke sowie besonders die Beinstellung des Königs, die Mimik, die Herrscherutensilien, die Raumgestaltung mit antiken Säulen und luxuriösen Stoffen, die vorherrschenden Farben. Sie sollten dann dazu übergehen, den Herrschaftsinsignien Bedeutungen zu geben, die Lilie als Zeichen der Bourbonendynastie zu erkennen (das muss der Lehrer angeben, wenn kein Schüler es zufällig weiß). Auch der Bildrahmen, der in Schulbüchern häufig fehlt, kann wichtige Informationen enthalten, z. B. wer das Bild zu welchem Anlass in Auftrag gab. Endlich geht es um den Gesamteindruck: ein übermenschlicher Repräsentant der Macht, der sich im Mittelpunkt weiß und sich so zeigt. Anschließend überlegen sie, wozu ein derartiges Gemälde gebraucht worden sein könnte, wie das Bild im Verhältnis zum realen König gestanden haben mag. Wichtig ist auch die Frage, wo das entsprechende Bild ursprünglich hing und wo es sich heute, falls es noch existiert, befindet. Am Ende könnten sie über weitere Herrscherporträts nachdenken, z. B. wie sich heute die Bundeskanzlerin zeigen lässt und was sie sich davon verspricht.

7.2.1 Bild und Geschichte

Bilder spielen im menschlichen Leben eine überragende Rolle, Gesehenes bleibt eher als Gehörtes oder Gelesenes im Gedächtnis haften *(eidetisches Gedächtnis).* Die Erwähnung historischer Ereignisse ruft in der inneren Vorstellung oft als Erstes mental gespeicherte Bilder auf, etwa zur Ermordung Kennedys 1963 oder zur Maueröffnung 1989. Daher bemüht sich die Schule mit Recht um eine möglichst große Anschaulichkeit im Unterricht, die mit Bildern oder Modellen (Antikes Rom, Kölner Dom, Anne-Frank-Haus, besonderer Effekt in attraktivem 3-D-Format) gut im Klassenzimmer zu erzielen ist. Doch bleibt das Grundproblem der Geschichte bestehen: Ihr Gegenstand ist die Vergangenheit, zu deren Wirklichkeit auch Bilder keinen direkten Zugang herstellen, selbst wenn sie exakte Abbilder zu sein scheinen. Damit Schülerinnen und Schüler über Geschichte nachdenken und kommunizieren können, müssen sie das Betrachtete erst versprachlichen und den historischen Realitätsgehalt erwägen. Ein zweites Problem kann darin liegen, dass in Bildern primär Zustände gezeigt werden, nicht aber historische Veränderungen oder Prozesse zwischen unterschiedlichen Zeitpunkten. Diese müssten erst aus den Bildern durch zusätzliche Denkoperationen gewonnen werden.

Bilder beziehen sich immer auf etwas, das abgebildet wird, ohne damit gleichgesetzt werden zu dürfen: Das Bild ist nicht das abgebildete Objekt *(pikturale Differenz).* Genaue Abbildungen von Lebewesen oder Gegenständen (Repräsentationen) können im Extremfalle der Realität zum Verwechseln ähnlich sein, wie es Wachsfiguren oder auch besonders Fotografien möglich machen. Bei anderen Bildern tritt aber der Charakter eines Abbildes hinter einer Werbe-, politisch-propagandistischen oder künstlerischen Gestaltungsabsicht zurück. Wie schriftliche Quellen weisen Bilder einen Zeitpunkt ihrer Entstehung und eine Intention ihrer Erstellung auf. Auf der Seite des Betrachtenden kommt hinzu, dass er z. B. menschliche Gesten und Mimik unmittelbar im Licht seiner Menschenkenntnis subjektiv interpretiert, z. B. als aggressiv oder friedvoll. Bilder sind also in vielerlei Hinsicht deutbar. Von Bildern spricht man im strengen Sinn (Pandel 2015a, 10) nur bei flächigen, zweidimensionalen Ansichten; dreidimensionale Reliefs oder Statuen, die dem Betrachter von verschiedenen Seiten wechselnde Anblicke bieten, gehören nicht dazu. In den Schulbüchern gibt es aber Fotografien davon, die zumindest ein analoges Interpretieren erlauben.

Im Lauf der Geschichte haben immer mehr Bilder die menschliche Gesellschaft bereichert. Häufig sind sie eher zufällige Überreste untergegangener Epochen, gleichwohl aussagekräftig genug, um sie als Quellen für die Vergangenheit zu nutzen (Höhlenbilder, ägyptische Wandmalerei, griechische Vasenmalerei). In der Altsteinzeit gab es nur wenige Höhlenbilder, dann kamen Anbetungsbilder, Schmuckbilder oder Erinnerungsbilder (Ahnen) hinzu. Viele Bilder wurden gezielt für soziale und politische Zwecke hergestellt, die im Unterricht zu entschlüsseln sind. Schon in der Antike sollten Kaiserbilder der Nachwelt zum Gedächtnis dienen. Im Mittelalter dienten Buchminiaturen in Bibeln und Gottesdienstbüchern der Glaubensverkündigung. Vor der reformatorischen „Bilderstürmerei" wies jede Kirche zahllose religiöse Bilder auf, die der Glaubensverkündigung an eine leseunfähige Gemeinde dienten. Dann wurden immer mehr „säkulare" Bilder erstellt. Eine besondere Gattung bilden Historienbilder, die historische Personen, Sachverhalte und Ereignisse darstellen (z. B. Anton von Werners „Kaiserproklamation 1871"). Mit der Fotografie wurden die Abbilder immer perfekter und gaben umso mehr Raum für die freie Gestaltung frei. Mit Film, Fernsehen und immer zahlreicheren Bildern im Internet ist geradezu ein *„visual turn"* oder *„iconic turn"* gegenüber der Schriftlichkeit eingetreten, worauf manche vielleicht vorschnell bereits einen Rückgang der Lesefähigkeit beklagen oder ein neues Bildungsverständnis propagieren (Konzept der *visual literacy*). Der Bildhistoriker Gerhard Paul spricht vom 20. Jahrhundert als einem „Jahrhundert der Bilder".

Epochenbezug	Visuelle Handschrift	Technik	Perspektive
Paläolithikum	fast ausschließlich Tiere; selten Menschen; keine schriftlichen Paralleldarstellungen	Höhlenmalerei; Malhintergrund die natürliche Felswand, ohne Rahmen	Keine Raumtiefe
Ägypten	Alltagsszenen und Jenseitsvorstellungen	Wandmalerei; Malerei auf Papyrus; durch die Architektur (bzw. die Papyrusgröße); vorgegebene Bildformate durch eckige Wände; seitdem gibt es viereckige Bildrahmen	Aperspektivismus; die für den Maler wichtigsten Ansichtsseiten werden dargestellt
Klassisches Griechenland	Menschen und Götter ungeschieden; Alltags- und mythische Szenen	Vasenmalerei	Silhouettentechnik
Rom	Mythen, Historien, Alltagsszenen, selten Schlachtenbilder (Alexanderschlacht)	Mosaiken als Bestandteil der Architektur	Raumtiefe durch Überlappung
Mittelalter	Visualisieren von Schrift („Heilige Schrift"); universelle Gleichzeitigkeit	Buchminiaturen (der größte Teil der mittelalterlichen Buchproduktion)	Parallelperspektive; Bedeutungsperspektive
Frühe Neuzeit	Beginn der Verzeitlichung: Bilder von historischen Ereignissen zeigen die korrekte Kleidung und Bauwerke der jeweiligen Zeit	Grafik (Kupferstich und Radierung); das gedruckte Bild; erste Revolution der Bildproduktion: Vervielfältigung	Zentralperspektive
19. Jahrhundert	Historienmalerei: Die Wirklichkeit wahrer machen, als sie tatsächlich war	Großformatige Ölgemälde	Zeitperspektive: Elemente unterschiedlicher Zeiten in einem Bild
19./20. Jahrhundert	„Wie es eigentlich gewesen."	Fotografie. Zweite Revolution der Bildproduktion	Fotoperspektive, verschiedene Sichtweisen von einem Gegenstand
Neue Historienmalerei	visuelle Historiografie	Zitattechnik; keine Abbildfunktion	Zentralperspektive
Japan; China; Maya; Afrika	Kulturspezifischer Stil	verschiedene Techniken	Verschiedene Perspektiven, keine Zentralperspektive

Abb. 17: Bildcurriculum (Pandel 2015a, 71)

7.2.2 Bildformen

Um eine Übersicht zu gewinnen, kann man die weitgefächerte Bilderwelt, zu der hier auch dreidimensionale Bildwerke zählen dürfen (Statuen, Reliefs ...), einteilen.

- nach dem Verwendungszweck: Familienfoto zur Erinnerung, Heiligenbild zur Verehrung, Selfie
- nach dargestellten Inhalten und Themen: Porträts in diversen Unterformen (Herrscher, Familie, Heilige ...), Stadt- und Landschaftsbilder, biblische oder mythologische Szenen, Genre- und Alltagsbilder, Historienbilder, Stillleben, Abstraktes, Logische Bilder
- nach der Herstellungsweise: Münzbild, Mosaik, Bronzeplastik, Wandbild (Fresko)
- nach spezifischen Typen: Karikatur, Plakat, Comic, Graphic Novel, Denkmal
- nach chronologischem Auftreten: frühgeschichtliches Höhlenbild, antike Vasenmalerei, mittelalterliche Buchmalerei, frühneuzeitlicher Kupfer-/Holzstich, Fotografie, abstrakte Kunstmalerei

Für jede Form gelten Regeln und Voraussetzungen, deren Kenntnis das Verständnis erleichtert oder erst ermöglicht. So sind Stillleben mit Blumen oder Früchten voller symbolischer Anspielungen, die sich erst durch Kenntnis dieser Bezüge auftun. Den Zeitgenossen im 17. Jahrhundert war es vielfach klar, dass ein Ei auf Schöpfung und Fruchtbarkeit, ein Ball auf die Unbeständigkeit des Glücks und eine dornenlose Rose auf die Gottesmutter Maria hinweist, dem „naiven" Betrachter in der Gegenwart bleibt dies zunächst verschlossen. Auch in der modernen Kunst werden viele Anspielungen gemacht, die nur dem Fachmann auffallen.

Insbesondere in der religiösen Welt von Mittelalter und Früher Neuzeit kann der Unterricht dies gar nicht vollständig umsetzen, muss also immer ein wenig oberflächlich bleiben. Das ist kein Grund, ganz die Finger davon zu lassen.

Wer ein Porträt in der bildenden Kunst ansieht, stößt oft auf die originalen Gesichtszüge, dennoch hat der Künstler dem Bild eine Perspektive gegeben, die die Person in ein spezielles Licht stellt und sie als bedeutend, überlegt, angesehen etc. hervorhebt. Auch realistische Szenen in einem vormodernen Bild sind oft idealisiert und keineswegs einfache Abbilder, die wir für die historische Wirklichkeit halten dürfen.

Kurzer Blick auf besondere Formen

Karikatur: zugespitzte Zeichnung mit kritischem Urteil über den dargestellten Gegenstand. Karikaturen dienen häufig als motivierender Einstieg oder in der Schlussphase zur Reflexion. Zwar gelten sie wegen ihres Witzes als attraktiv, doch dürfen die Verständnisschwierigkeiten nicht unterschätzt werden. So sind die verwendeten Symbole zu entschlüsseln, sind die Anspielungen auf Bezüge zu verstehen und müssen die enthaltenen Personen (Politiker) überhaupt erkannt werden. Franz-Josef Strauß oder Willy Brandt sind für heutige Jugendliche nicht mehr aus dem Alltagsleben bekannt. Auch muss die genaue Beziehung zwischen dem Text und dem Bild erkannt werden, die häufig ironisch gemeint ist. Für viele Jugendliche ist das schwierig zu durchschauen. Da Karikaturen mit der Vergangenheit ironisch spielen, zählen sie zu den anspruchsvollsten Bildquellen überhaupt.

Plakat: komprimierte Zeichnung (oft farbig), um Programme, Forderungen, Angebote einer Öffentlichkeit zu präsentieren. Plakate sind aus der Werbung und den Wahlkämpfen gut bekannt, ihre appellativen Botschaften sollten die Zielgruppen leicht erreichen. Dennoch sind diese immer zeitbedingt: Die politischen Motive und Symbole aus der Weimarer Republik sind nicht mehr geläufig. Auch Werbeplakate können historische Quellen werden, wenn ihre Ideale und Details entschlüsselt werden.

Historischer Comic/Graphic Novel: zeichnerische Darstellung historischer Geschichten in meist farbigen Bildern und Sprechblasen, verbunden durch Zwischentexte (Graphic Novel im Buchformat). Meist handelt es sich um fiktive Geschichten mit historischem Hintergrund. Bei der Graphic Novel wird eine komplexe Erzählung geboten. Ein unterrichtlicher Einsatz stößt wegen der Länge auf Schwierigkeiten, infrage kommen aber ausgewählte Episoden.

Rekonstruktionszeichnung: zeichnerische Nachbildung anstelle nicht mehr vorhandener Originale, teilweise mit wissenschaftlich gezügelter Fantasie ergänzt. Sie treten in den Geschichtsbüchern sehr früh auf, wenn es gilt, nicht mehr vorhandene Wohnformen der Stein- und Bronzezeit darzustellen, für die es keine vollständigen Funde gibt. Für die Anschauung ist das sehr nützlich, aber es muss klar bleiben, dass sie der Fantasie eines Zeichners entsprungen sind.

Logische Bilder (Schaubilder, Diagramme, Grafiken) und Karten: Statistische Daten und quantitative Angaben werden oft auf diese Weise visualisiert, wobei es sehr viele Unterformen gibt. Meistens sind Logische Bilder gut verständlich, dennoch müssen die interpretierenden Aussagen dazu sehr genau versprachlicht werden, womit neue Fehlerquellen drohen. Karten sind (keineswegs einfache) Bilder räumlicher Gegebenheiten.

7.2.3 Bildeinsatz im Unterricht

Für die Schule bedeutet das den pädagogischen Auftrag, die Schülerinnen und Schüler auf ein künftiges Leben mit einem wachsenden, unübersichtlichen Bildangebot vorzubereiten, für den Geschichtsunterricht, Bilddarstellungen zu historischen Themen so vielfältig wie möglich zu präsentieren und dabei besonders ältere „historische" Bildquellen immer wieder einzubeziehen. Bilder bieten viele Vorteile: Sie sind konkret und oft detailreich. Sie sind Dokumente mit Belegkraft. Sie können zwar nicht leicht, aber doch oft ohne eine elaborierte Sprachbeherrschung erfasst werden, also auch mit schlechteren Deutschkenntnissen. In den letzten Jahrzehnten haben die Schulbücher immer mehr Bilder in hoher Qualität angeboten, die dem Unterricht damit bequem zur Verfügung stehen. Vermehrt worden sind daneben auch „Logische Bilder“ wie Diagramme und Grafiken, die komplexe und abstrakte Sachverhalte visualisieren und vereinfachen, aber eigentlich keine Bilder sind. Zum Umgang mit diesen Augen-Attraktionen gehören die passende Didaktik und Methodik.

Aus didaktischer Sicht müssen Bilder bezüglich ihres unterrichtlichen Aussagewerts hin unterschieden werden. Bis heute werden schön anzusehende „Ritterbilder“ aus dem 19. Jahrhundert von manchen Lehrkräften als Illustration zum mittelalterlichen Rittertum genutzt, obwohl sie mehr über das 19. Jahrhundert als über jene Zeit aussagen.

Der für Texte grundlegende Unterschied von Darstellung und Quelle gilt ebenso für Bilder. *Bilddarstellungen* wie Illustrationen und Rekonstruktionen stammen aus einer späteren Sicht auf den historischen Gegenstand. Dient die Rekonstruktionszeichnung einer Sippe der Jungsteinzeit als Arbeitsgrundlage für den Geschichtsunterricht, so ist diese nicht nur inhaltlich zu besprechen, sondern auch – wenigstens kurz – zu thematisieren, wo diese Zeichnung eigentlich „herkommt“, wer sie erstellt und woher diese Person ihr Wissen hat. Zu den Darstellungen gehören Rekonstruktionszeichnungen (das antike Athen oder Rom), Fotografien, die einen heutigen Zustand zeigen (Schloss Sanssouci aktuell), und Logische Bilder (Diagramme, Schaubilder, Karten).

Weist das Bild dagegen den Charakter einer Quelle für den Entstehungszeitraum auf, so sind andere Arbeitsverfahren anzusetzen. Alle Kunstwerke mit ihren sehr speziellen Intentionen sind auf jeden Fall *Bildquellen*, können aber der Rekonstruktion der Vergangenheit streng genommen nur in Bezug auf den Künstler und seine Zeit dienen. Man kann nicht Albrecht Altdorfers „Alexanderschlacht“, die 1528-29 in Bayern entstanden ist, als Illustration des antiken Ereignisses nutzen. Bildquellen sind auch zeitgenössische Fotografien (private Fotos von Weltkriegssoldaten) sowie Karikaturen und Plakate. Eine spezielle Unterform sind alle Historienbilder und -fotografien, wenn bewusst bedeutende Ereignisse dargestellt oder festgehalten worden sind (Bandrelief der Trajanssäule, Gemälde zur Reichsgründung 1871, Propagandafoto mit sowjetischer Flagge auf dem Reichstag 1945, Pressefoto von Willy Brandts Kniefall in Warschau).

Bei dieser Vielfalt sind die *Funktionen von Bildern im GU* ebenso variantenreich.

Als gut nutzbare Einstiege können sie zur Fragestellung und auf erste zentrale Gedanken der Unterrichtsstunde hinführen und das Stundenproblem formulieren helfen. Oder sie unterstützen die Lernenden, an die Vorstunde anzuknüpfen, indem sie auf neue Weise, mit einer anderen Perspektive deren Ergebnisse vor Augen führen und reaktivieren. Wenig komplexe Bilder sind oft auf einen Blick zu erfassen und können ein Anfangsgespräch einleiten. Zu komplexe Bilder, die nur unter großen Schwierigkeiten zu verstehen sind, eignen sich als Einstiegsmaterial weniger.

In der Erarbeitungsphase werden Bildquellen und -darstellungen eingesetzt, um mit passenden Arbeitsaufträgen Ergebnisse zu finden und das Stundenproblem zu lösen bzw. die Leitfrage zu beantworten. Sie sollten wie schriftliche Quellen und Darstellungen mit Operatoren erschlossen werden, weniger gut sind gehäufte W-Fragen. Daneben können manche Bilder neue Inhalte auch nur illustrieren wie in einer Nachrichtensendung: Wie sah George Washington aus, wie ein Trabi? Dann bedarf es keiner besonderen Fragestellung. Doch muss vor zu vielen Bildern gewarnt werden, sie werden zu flüchtig wahrgenommen.

In der abschließenden Reflexion können neue Bilder Impulse und Perspektiven geben. Möglich ist es auch, das Bild des Einstiegs nochmals zu zeigen, um auf die veränderten, in der Erarbeitung gewonnenen Perspektiven im Gespräch hinzuweisen und sie zu nutzen.

Es ist unvermeidlich, dass in einigen Bildern Inhalte erscheinen, die auch bei sorgfältiger Recherche nicht zu klären sind. Das wird von der Lehrkraft auch gar nicht verlangt und sollte kein Grund sein, das Bild nicht zu verwenden. Manche Referendarinnen und Referendare haben z. B. Schwierigkeiten mit religiösen Symbolen oder Anspielungen auf die Bibel. Dabei helfen kommentierte Bildbesprechungen weiter.

Mit dem Internet ist auch die Idee aufgekommen, „schlummernde“ Bildquellen aus privaten Alben zu suchen und selbst ins Netz zu stellen. Dabei gibt es spannende Neuentdeckungen: Die Homepage www.europeana.eu bietet solche Bildquellen zum Ersten Weltkrieg. Gleiches gilt für die online-Bildrecherche nach Fotos z. B. von Weltkriegsfotografien.

Zur *Form der Bildpräsentation* sollte klar sein: Bilder müssen so groß sein, dass man Einzelheiten erkennen kann. In den neueren Geschichtsbüchern wird dies immer mehr beachtet und bleibt sogar die Farbqualität immer besser erhalten. Wenn Bilder über Beamer oder OHP gezeigt werden, sollte alles Wichtige deutlich erkennbar sein.

Die kommentierende Information zum Bild soll die wesentlichen Grunddaten (Titel, Ersteller, Fundstellen) angeben, z. B. zu Fotografien oder Karikaturen auch die erste Publikation. Der Kommentar sollte aber nicht alle Interpretationsergebnisse bereits vorwegnehmen, welche die Schülerinnen und Schüler selbst finden könnten. Wie wichtig solche Informationen zur Herkunft sind, hat der Streit um die Wehrmachtsausstellung in den 1990er Jahren gezeigt, als aufgrund einiger Fehler die Aussage der ganzen Ausstellung bezweifelt wurde.

Vorsicht vor der Befassung mit zu vielen Bildern nebeneinander: Mehr als zwei oder höchstens drei Bilder lassen sich schlecht miteinander in Beziehung setzen oder vergleichen. Auch sollten Arbeitsblätter nicht zu viele Bildkopien enthalten, die im Unterricht gar nicht zum Einsatz kommen können. Im Umgang mit Bildern ist Sparsamkeit geboten.

Für Längsschnitte lassen sich mehrere motivgleiche Bilder zusammenstellen, die eine Veränderung aufzeigen: Eine Stadt im Wandel der Jahrhunderte. Kontrastive Ge-

genüberstellung ist immer sehr ertragreich: Wohnverhältnisse im bürgerlichen oder proletarischen Milieu. Ein diachroner Vergleich von Gebäude- oder Straßenfotos damals und heute kann sehr früh im Unterricht zur Weckung von Geschichtsbewusstsein eingesetzt werden.

Arbeitsschritte mit Bildern

Bilder sind zwar häufig mit einem Blick zu erfassen, aber alles andere als sofort umfassend verständlich. Der rasche erste Eindruck kann das richtige Verständnis sogar behindern. Welcher Weg führt dorthin?

Für den GU hat sich ein vereinfachtes Verfahren durchgesetzt, dessen Ursprünge beim Kunsthistoriker Erwin Panofsky liegen, der ein dreistufiges ikonologisches Interpretationsverfahren für kunstwissenschaftliche Zwecke entwickelt hat. Von der ikonografischen Beschreibung geht es über in die ikonografische Analyse und schließlich zur ikonologischen Interpretation des Bildes in seinem kulturellen Kontext. Nun sind Kinder noch keine Wissenschaftler und können eine gültige Bildinterpretation allenfalls ansatzweise erstellen. Auch die Brücke zur Geschichtswissenschaft (Wohlfeil 1986) fällt den Schülern noch sehr schwer, also eine Interpretation als historische Dokumente ihrer Entstehungszeit. Das im schulischen Bereich üblich gewordene Verfahren wird in drei Schritten vollzogen und entspricht etwa dem Vorgehen bei schriftlichen Quellen (→ 7.1.3):

Anfangs kann eine Sammelphase von ersten spontanen Eindrücken und Emotionen („igitt!") stehen, die erst nur zur Kenntnis genommen werden und vielleicht später noch Fragen oder Ideen zur weiteren Interpretation liefern. Dann sollte es systematisch mit Arbeitsaufträgen weitergehen, wenn erforderlich weiter unterstützt durch W-Fragen:

1. Äußere Angaben und Beschreibung mit den Arbeitsaufträgen: *Gebt wieder, was schon über das Bild bekannt ist. Beschreibt möglichst genau, was ihr seht.* Was für ein Bild liegt vor (aus der Legende Format, Material, Titel und Ersteller/Künstler, Ort und Zeit)? Was ist gegenständlich zu sehen, was ggf. darüber hinaus (Personen, Gestik, Mimik, Körperhaltung, Stimmung)?
2. Einzelanalyse mit den Arbeitsaufträgen: *Deutet das Bild im Einzelnen. Achtet dabei auch auf formale Dinge.* Was bedeuten die einzelnen Bild- und evtl. Schriftelemente? Wen sollen die Personen darstellen? Welche Farben, Symbole, Besonderheiten sind gegeben?
3. Gesamtinterpretation und Urteil mit den Arbeitsaufträgen: *Deutet das Bild im Ganzen. Erschließt daraus eine Aussage über die historische Wirklichkeit.* Worin liegt die tiefere Absicht der Darstellung? Wer (Urheber, Auftraggeber, Betrachter) konnte mit dem Bild etwas anfangen? Was erfahren wir über die historische Wirklichkeit und den historischen Kontext (Deutung als Dokument)?

In schriftlichen Arbeitsaufträgen sollten möglichst statt der W-Fragen nur Operatoren genutzt werden: Nenne ..., Beschreibe ..., Deute ..., Vergleiche ... Der Sinn dieser Regel, die übrigens auch Ausnahmen zulässt, ist es, breitere sprachliche Äußerungen der Lernenden anzuregen.

Der letzte Schritt kann vertieft werden durch die Fragen nach dem anzunehmenden zeitlichen Vorher und Nachher, wenn die Momentaufnahme des Bildes gedanklich verlassen und das historische Umfeld erschlossen wird. In vielen Bildern sind bereits Verläufe in verschiedenen Szenen angedeutet. Wichtig ist auch das Festhalten an der Trennung von historischer Wirklichkeit und Darstellung (pikturale Differenz: Es geht nicht um Bismarck, sondern um ein Bild von Bismarck). Daraus ergeben sich wichtige Interpretationsansätze: Das Bild kann Wünsche ausdrücken, idealisieren, verherrlichen, dramatisieren, polemisch sein etc. Hier können ergänzende Bilder oder Quellen hilfreich sein.

Besonders in der Lehrerausbildung werden diese Schritte bewusst deutlich getrennt und diese Trennung wird im Unterricht durchgesetzt, obwohl viele Kinder z. B. gerne Beschreibung und Bedeutung zusammen liefern. Für die Trennung spricht, dass bei der Konzentration auf die Beschreibung häufig mehr Details genannt werden, als wenn die Aufmerksamkeit bereits vom Nachdenken über die Bedeutung abgelenkt wird. Doch sollte man es auch nicht übertreiben: Wenn eine männliche Person mit Bart bereits als XY erkannt wird, muss dies nicht künstlich rückgängig gemacht werden.

Was häufig falsch gemacht wird

Typische Fehler im schulischen Umgang mit Bildern unterlaufen besonders den Anfängern.

- Zu viele Bilder werden ausgesucht. Die Zeit reicht dann nur noch für das Nennen weniger Bildelemente, zur tieferen Deutung oder zu Vergleichen kommt es oft gar nicht mehr.
- Ein Bild wird zu schnell und oberflächlich besprochen, weil man schnell zum nächsten Unterrichtsschritt gehen will. Die Wirkung des Bildes verpufft, weil nur ein flüchtiger Eindruck bleibt.
- Die Symbolik, Anspielungen auf Bekanntes werden nicht verstanden.
- Bilder werden als originale Abbildungen missverstanden.
- Bilder dienen nur zur Illustration dessen, was bereits bekannt ist.

Abb. 18: Wladimir Alexandrowitsch Serow: Lenin proklamiert die Sowjetmacht, 25. Oktober (7. November) 1917

Das hier abgebildete Ölgemälde trägt den Titel „Lenin proklamiert die Sowjetmacht 1917“ und stammt von dem Maler Wladimir Alexandrowitsch Serow (1910-1968). Das Bild, das in mehreren Schulbüchern zu finden ist, zeigt Wladimir Iljitsch Uljanow, genannt Lenin, in dem Moment, wie dieser auf dem 2. Allrussischen Sowjetkongress vom 25. auf den 26.10.1917 die Sowjetunion ausgerufen haben soll.

Tatsächlich war Serow im Jahre 1917 erst sieben Jahre alt, das Bild entstand 30 Jahre später, im Jahre 1947. Es ist also keine Quelle im Hinblick auf das Ereignis des Jahres 1917, sondern es zeigt, wie die Machthaber in der UdSSR vor dem Hintergrund des gerade gewonnenen Zweiten Weltkrieges die Ursprünge der Staatsgründung harmonisierten und verklärten. Aus der tumultartigen Sitzung, in der die Zustimmung für die Politik der Bolschewiki noch keineswegs gesichert war, wird eine geschlossene Machtdemonstration zugunsten Lenins, der – auf einem Podest stehend – die Masse dirigiert, die ihm bereitwillig zu folgen scheint.

Schülerinnen und Schüler tendieren zunächst dazu, das Gemälde als korrekte Widerspiegelung eines historischen Momentes zu akzeptieren. Damit sie den Propagandacharakter des Bildes erkennen können, benötigen sie Hilfe. Als erster Schritt kann der Hinweis auf die zeitliche Diskrepanz zwischen dem Ereignis (1917) und dem Erstellen des Gemäldes (1947) helfen. Sodann benötigen sie weitere Materialien in Form von Darstellungen und/oder Quellen, die über die Situationen 1917 und 1947 Aufschluss geben, um deuten zu können, wie und warum in diesem Falle aus Vergangenheit Geschichte konstruiert wird.

7.2.4 Produktions- und handlungsorientierter Umgang mit Bildern

Produktions- und handlungsorientierte Methoden eignen sich besonders, wenn neue Aktionsformen den Unterricht beleben sollten. Dabei entstehen oft spezielle Produkte als Handlungsergebnis. Das Hauptziel einer historischen Erarbeitung sollte dabei nicht aus den Augen verloren werden. Diese Methoden dienen einer genaueren Erfassung der Details und sollen zur vertieften Auseinandersetzung mit den dargestellten Inhalten führen.

Beispiele:

- Rastern (d. h. Aufteilung in Quadrate)
- Nachzeichnen oder Skizzieren (Blickschärfung)

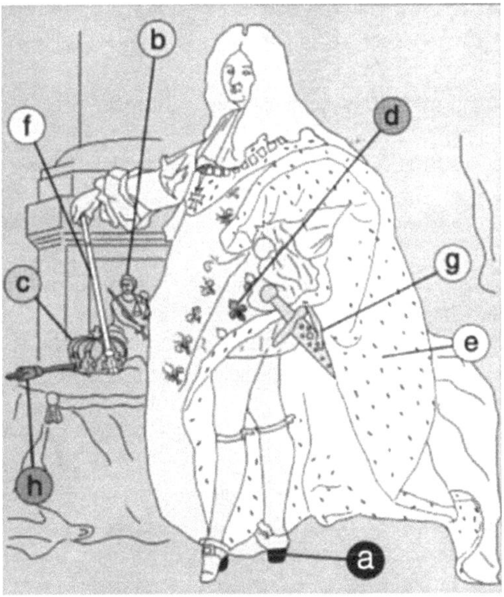

Abb. 19: Umzeichnung des Herrscherbildnis Königs Ludwig XIV (Zeitlupe 2, Braunschweig 2002)

- Verteilen eines Bildes als Puzzle (Sinn für Details)
- Bildfälschung (Vergleich mit Original)
- Erfinden von Sprech- und Denkblasen
- Verteilen einer ungeordneten Bilderfolge (Sortieren nach der vermutlichen Chronologie)
- Erfinden einer Geschichte oder eines Dialoges zum Bild
- Nachstellen oder Nachspielen eines Bildes
- Verfilmung eines Bildes mit interpretierendem Kommentar

Zur Verfilmung eines Bildes sei auf die Fernsehsendungen verwiesen, in denen ein Kunstwerk mit seinen Details und Hintergründen intensiv vorgestellt wird. Dabei zeigt eine Kamera es aus den verschiedensten Blickwinkeln, in der Gesamtsicht, einzelne Figuren, Konstellationen und Gegenstände. Mithilfe der modernen Tablets können Schülerinnen und Schüler dies leicht nachmachen. Für den Geschichtsunterricht geht es dabei um die Bilder als historische Quellen, d. h. um Bilder mit aussagekräftigen Details wie die älteren Gemälde von Breughel d. Ä. oder Altdorfer. Ebenso eignen sich die Historienbilder des 19. Jahrhunderts (z. B. aus der Goslarer Kaiserpfalz). Neben der Verfilmung des Bildes ist die Recherche der Zusatzinformationen die Hauptaufgabe des projektartigen Lernens (Pandel/Land 2009, 117-129). Man greife u. a. zurück auf die vielen Beispiele, die Rose-Marie und Rainer Hagen (1994) gezeigt haben.

Literatur

Bilder, die lügen, hrsg. von Stiftung Haus der Geschichte der Bundesrepublik Deutschland, Bonn (1998)

Das Jahrhundert der Bilder, 2 Bde. (1900 bis 1949, 1949 bis heute), hrsg. v. Gerhard Paul, Göttingen 2008/09

Der europäische Bildersaal. Europa und seine Bilder. Analyse und Interpretation zentraler Bildquellen, hrsg. v. Michael Wobring/Susanne Popp, Schwalbach/Ts. 2013

Grafe, Edda/Günther-Arndt, Hilke/Hinrichs, Carsten: Bildliche Quellen und Darstellungen. In: Geschichts-Didaktik (2014), S. 100-131

Hamann, Christoph: Bild – Abbild – Schlüsselbild. Zur Vergegenwärtigung von Vergangenheit durch Fotografien. In: Praxis Geschichte 1 (2006), S. 4-9

Hamann, Christoph: Bildquellen im Geschichtsunterricht. In: Handbuch Praxis II (2017), S. 108-124

Pandel, Hans-Jürgen/Land, Kristina: Bildinterpretation praktisch. Bildgeschichten und verfilmte Bilder. Bildinterpretation II, Schwalbach/Ts. 2009

Pandel, Hans-Jürgen: Bildinterpretation. Die Bildquelle im Geschichtsunterricht, 3. Aufl., Schwalbach/Ts. 2015a

Sauer, Michael: Bilder im Geschichtsunterricht. Typen. Interpretationsmethoden, Unterrichtsverfahren, 4. Aufl., Kallmeyer, Seelze-Velber 2012

Schnakenberg, Ulrich: Geschichte in Karikaturen I. Karikaturen als Quelle 1945 bis heute, Schwalbach/Ts. 2011

Schnakenberg, Ulrich: Geschichte in Karikaturen II. Karikaturen als Quelle 1900 bis 1945, Schwalbach/Ts. 2014
Visual History. Ein Studienbuch, hrsg. v. Gerhard Paul, Göttingen 2006

7.3 Filme

Im Geschichtsunterricht spielt gegenwärtig der Film eine immer größere Rolle, weil sich einerseits die technischen Möglichkeiten einer Vorführung in den Schulen sehr vereinfacht haben und andererseits ständig mehr Angebote an historisch orientierten Filmen zur Verfügung stehen. Mit Laptop und Beamer lassen sich ziemlich einfach Filme zeigen, in Zukunft könnten dies Digitale Tafeln (White Boards) mit WLAN im Klassenraum noch simpler machen. Die Lernenden haben heute andere Gewohnheiten, mit Medien umzugehen, so wird Musikhören oft mit Video-Clips verbunden. Unbedingt sollte die hohe Motivationskraft von Filmen beim „Augenwesen“ Mensch genutzt werden. Filme sind letztlich bewegte Bilder. Auch darf der ganzheitliche Aspekt nicht unterschätzt werden, dass Bilder häufig Emotionen und unbewusste Assoziationen wecken. Dadurch wecken sie Interesse und leiten Lernprozesse im oft anspruchsvollen „Denkfach“ Geschichte ein, der diesen bei vielen erst möglich macht. Sie werden insbesondere auch besser behalten.

In welchem Maße historische Vorstellungen durch Filme geprägt werden, lässt sich nur schwierig eindeutig feststellen. Einerseits wirken Unterhaltungsspielfilme auf unkontrollierbare Weise mit ihren eindrucksvollen und suggestiven Bildern (Ritter, Burgen, Musketiere, Kostüme etc.) auf jeden Fall auf Kinder ein, durch die gängige Personalisierung und Dramatisierung als filmische Mittel werden auch (klischeeartige) Vorstellungen über politische Abläufe und das Austragen von Konflikten gefördert. Jugendliche schauen, wie deutlich belegt ist, häufig Spielfilme. Andererseits sind Jugendliche in der Mehrheit kaum Zuschauer historischer Fernsehdokumentationen, wie Untersuchungen zum Einschaltverhalten zeigen. Es trifft auch längst nicht mehr die familiäre Realität, dass sich die Junioren mit den Eltern die gleichen Fernsehprogramme anschauen. Hierin liegt wieder eine schulische Aufgabe, die Beschäftigung mit Geschichte in Form filmischer Verarbeitungen zum schulischen Lernziel zu machen, also zu zeigen, wie interessant und bildend zugleich gerade historische Themen sein können. Dies betrifft sowohl die Wahrheitsfrage historischer Verfilmungen (Authentizität) als auch das dabei zugrunde liegende Geschichts- und Weltbild (Dekonstruktion).

7.3.1 Systematik

Filme mit historischen Inhalten gibt es vielerlei. Die Geschichtsdidaktik hat versucht, die Formen zumindest grob zu systematisieren, und dafür nach Kriterien gesucht. Filme bewegen sich erstens immer zwischen rein spielerischer *Fiktion* und strenger *Dokumentation* einer gegebenen faktischen Realität. Letztere ungetrübt und authentisch wiederzugeben, scheitert allerdings an der unvermeidlichen Objektauswahl, der Perspektivität jeder Aufnahme, den Zufällen des Schnittes usw. So sind z. B. auch Filmaufnahmen von Nachrichtensendern nach Katastrophen stets selektiv in ihrer Gestaltung. Ein zweites Kriterium ist die aus der Historik bekannte Einteilung in *Quelle* und *Darstellung*. Schon die Zuordnung zum gängigen Schema fällt hier schwer, da ein historischer Spielfilm zunächst eine Darstellung enthält, selber aber eine Quelle für die Geschichtsvorstellungen zur Entstehungszeit sein kann. Verfilmungen zum Leben Friedrichs des Großen aus der NS-Zeit enthalten viele NS-typische Vorstellungen über den preußischen König. Ein Dokumentarfilm wie Leni Riefenstahls Film über die Olympischen Spiele 1936 ist sicherlich eine Darstellung eines Sportereignisses, aber vor allem eine Quelle zur Propaganda in der NS-Diktatur.

Die Unterscheidungen sind vor allem wichtig, um zu erfassen, welche Auskünfte uns ein Film zu geben vermag. Besonders müssen Lernende davor gewarnt werden, der Übermacht der filmischen Bilder zu erliegen und diese mit der Realität zu verwechseln. Auch wenn historische Szenen nachgespielt werden, so sind die Dialoge, Mimik und Gestik der Personen meist nur plausibel hinzuerfunden worden.

Michael Sauer fasst die teilweise sehr detaillierten Unterteilungen für Schulzwecke zusammen (Sauer 2015, S. 214-228):

- *Filmdokument* (Beispiele: ein Wochenschaufilm, eine alte Tagesschau-Ausgabe): Film über eine authentische Situation aus vergangener Zeit im Originalzustand. Bei Filmdokumenten gibt es allerdings auch Fälschungen, die bis heute kaum auffallen. So zeigen die meisten Aufnahmen von Kampfhandlungen aus dem Ersten Weltkrieg keine Originalaufnahmen, sondern auf Übungsgeländen nachgestellte Szenen, weil unter Kriegsbedingungen noch keine Aufnahmen möglich waren. Oder sie stammen aus Nachkriegsspielfilmen wie „Im Westen nichts Neues“. Diese Offenbarung verbürgt bei Lernenden immer einen Überraschungseffekt.
- *Dokumentarfilme* (historische Filmdokumentation): Ensemble mit Filmdokumenten und mit Erweiterungen wie Fotos, Zeitzeugeninterviews, Karten, Grafiken, Trickfilmen und nachgespielten Szenen (filmischen Rekonstruktionen). Besonders die Geschichtsredaktionen der öffentlich-rechtlichen Fernsehanstalten (ZDF, NDR, MDR) haben viele solche Dokumentationen erstellt, die zur besten Sendezeit ausgestrahlt werden. Es gibt ferner einschlägige Spartensender wie History Channel.

- *Unterrichtsfilm* (Dokumentarfilm für schulische Zwecke): Solche Filme werden von speziellen Medienproduzenten für das spezielle Publikum in den Schulen hergestellt, z. B. von der FWU oder LB Medien. Sie sollen nicht nur informieren, sondern den schulischen Bildungsprozess unterstützen. Daher setzen sie nicht den Kenntnisstand von Erwachsenen voraus. Die orientieren sich auch an Vorgaben der Rahmenpläne zu Lernzielen und Inhalten. Referendarinnen und Referendare können diese Filme in den regionalen Medienzentren ausleihen (inzwischen auch online verfügbar), die Nutzungslizenz ist in der Regel frei.
- *Historischer Spielfilm* (Filme mit Schauspielern, die in früheren Zeiten spielen, und geschlossener Handlung): Der größte Teil besteht aus Fiktion, auch wenn historische Personen und Hintergründe aufgenommen werden, z. B. Luther, Elisabeth I. von England oder Gandhi. Als Kunstwerke unterliegen sie ästhetischen Gesichtspunkten, als kommerzielle Produkte müssen sie ihre Kosten wieder einspielen. In öffentlichen Veranstaltungen dürfen diese Filme meist nicht ohne Gebühren gezeigt werden, sondern nur in geschlossenen Unterrichtszusammenhängen. Historische Spielfilme werden oft zu Kassenerfolgen, nicht weil die historische Deutung sehr erkenntnisfördernd ist, sondern weil die Handlung besonders mitreißt. Diese Filme erfüllen primär das Bedürfnis nach spannenden Geschichten, nicht zwingend nach historischer Aufklärung.

In einer anderen Einteilung hat Hans-Jürgen Pandel Authentizitätskategorien unterschieden, die sich auch im Unterricht für Arbeitsaufträge nutzen lassen:

- *Faktenauthentizität:* Die in der Filmerzählung geschilderten Ereignisse haben tatsächlich stattgefunden, soweit diese überhaupt zu rekonstruieren sind. Häufig unterlaufen unbeabsichtigte Anachronismen: Bei einem ZDF-Spielfilm über Kleopatra wurde ein Fest inszeniert, bei dem außer Tänzerinnen, Essen und Wein auch eine Zigarre zum Einsatz kam.
- *Personenauthentizität:* Die im Film agierenden Personen haben zur verfilmten Zeit auch gelebt, die Handlungen sind aber mehr oder weniger fiktiv.
- *Typenauthentizität:* Erfundene Filmfiguren vertreten Menschen, die einer bestimmten Schicht der dargestellten Gesellschaft zuzuordnen sind, z. B. „der Bauer", „der Mönch" etc. Sie handeln so, wie es wahrscheinlich in ihrer Zeit realistisch gewesen wäre. Dabei droht schnellt die Gefahr von Klischees, wenn der Bauer einfältig oder der Mönch weinselig gerät. Gerade bei Frauengestalten fällt oft auf, dass diese äußerlich oder in ihren Haltungen eher in die Gegenwart passen würden. Bei früheren Filmen lassen sich umgekehrt die typischen Frauenideale der Produktionszeit erkennen. Im berühmten Mittelalter-Film „Der Name der Rose" ist die Trennung von filmischem Typ und Klischee sehr schwierig.

7.3.2 Filmeinsatz im Unterricht

Kaum wird es möglich sein, etwa einen ganzen Spielfilm von 90 Minuten im Geschichtsunterricht anzuschauen und angemessen zu analysieren. Die empfehlenswerte Länge eines Filmes sollte in einer Unterrichtsstunde nicht über 20, eher bei 10 Minuten liegen. Wenn erforderlich, können auch Sequenzen gebildet werden. Eine Vor- und Nachbereitung ist unbedingt notwendig. Am geeignetsten sind Beobachtungsaufträge mit genügender Trennschärfe (auf Einzelheiten gerichtet) und ein folgendes Auswertungsgespräch. Dabei sollte nicht nur inhaltlich, sondern ebenso das Medium des Filmes reflektiert werden. Auch hilft es dem tieferen Verständnis, wenn die Hintergrundinformationen zur Herkunft des Filmmaterials zur Verfügung stehen. Bei Dokumentationen werden z. B. authentische Aufnahmen und nachträglich rekonstruierte Szenen oft ohne Hinweis gemischt.

Eine anspruchsvolle Filmanalyse betrachtet nicht nur den Grad historischer Realität, sondern auch die Gestaltungsmittel, also die Einstellungen als kleinste Einheit, die Verknüpfung der Szenen, die Kameraperspektiven und -bewegungen und den Ton. Doch bleiben diese Fragestellungen angesichts der Zeitmöglichkeiten begrenzt. Für historische Projekte, die sich vertieft mit Filmen befassen, sind sie dagegen besonders attraktiv (Zwölfer 2014, 139-142 oder in „Spielfilme im Geschichtsunterricht", Praxis Geschichte 5 (2016)).

Immer öfter können auch sehr kurze Clips eingesetzt werden, die über eine Biografie oder einen historischen Sachverhalt knapp informieren. Viele Beispiele liegen inzwischen bei YouTube vor. Allerdings sollte der Lehrer diesen nicht blind vertrauen, sondern sie vorher kritisch sichten. Denn bei diesen Materialien entfallen leider alle fachlichen Überprüfungen, die Schulbücher und -medien so teuer machen.

Beachtung verdienen die geschichtskulturellen Diskussionen, die sich immer wieder zu einzelnen Sendungen oder Verfilmungen historischer Stoffe entzünden. In ihnen wird sehr viel über das Selbstverständnis der Beteiligten deutlich. Besonders die ZDF-Sendereihe „Die großen Deutschen", die hohe Einschaltquoten erreichte und sich in permanenter Wiederholung auf Nebenkanälen findet, entfachte einen publizistischen Streit über die ausgesuchten Personen (zunächst keine Frauen), die wissenschaftliche Eindeutigkeit und die Darstellungsmittel. Wer darf als groß bezeichnet werden, was weiß man über ihn/sie genau, welche suggestive Kraft haben nachgespielte Szenen? Zugunsten dieser Filme spricht aber, dass hier ein Interesse für Geschichte und historische Stoffe bei vielen Menschen erzeugt worden ist, die sich sonst gar nicht damit befassen.

Eine spezielle Gattung sind Video-Clips mit Zeitzeugenaussagen (z. B. im Portal „Gedächtnis der Nation"). Eine Verfilmung macht sie dauerhaft abrufbar und überall einsetzbar. Doch hinterlässt ein Film nicht denselben authentischen Eindruck wie ein lebendiger Mensch. So ist der Erhalt der Aufmerksamkeit bei Jugendlichen viel weniger garantiert. Dafür sind die Aussagen mehrfach einzuspielen und genauer zu analysieren.

Es bietet sich an, die Aussagen entsprechend in einen Kontext zu stellen und didaktisch aufzuarbeiten, um größere Verständlichkeit herzustellen. Inzwischen gibt es eine ganze Reihe von Zeitzeugenportalen, die sehr umfassende Zusatzmaterialien bereitstellen: z. B. zur Zwangsarbeit in NS-Deutschland 1939-1945 (www.lernen-mit-interviews.de). Der Regisseur Steven Spielberg hat 1994 eine Stiftung USC Shoah Foundation gegründet, die den Holocaust durch ein riesiges Archiv von nahezu 52.000 Zeitzeugenaussagen auf Videos dokumentiert. Für Deutschland hat eine Medienstelle der FU Berlin die Aufbereitung im Projekt „Zeugen der Shoah. Das Visual History Archive in der schulischen Bildung" übernommen: www.vha.fu-berlin.de

Mögliche Aufträge zur Betrachtung und Analyse von Filmen:

- Äußert erste Eindrücke zum Film.
- Sammelt Unklarheiten und Fragwürdigkeiten.
- Gliedert den Film in Sequenzen und größere Teile.
- Formuliert die zentralen Aussagen/Handlungspunkte.
- Erarbeitet, mit welchen filmischen Mitteln diese unterstützt werden.
- Setzt euch mit dem Grad an Wahrhaftigkeit der gezeigten Einstellungen und Szenen auseinander (Nutzung weiterer Darstellungen und Quellen).

Literatur

Hey, Bernd u. a.: Umgang mit Geschichte. Geschichte erforschen und darstellen – Geschichte erarbeiten und begreifen, Stuttgart 1992, S. 78-97

Inszeniert. Deutsche Geschichte im Spielfilm, hrsg. v. Stiftung Haus der Geschichte der Bundesrepublik Deutschland, Bielefeld/Bonn 2016

Kleinhans, Bernd: Filme im Geschichtsunterricht – Formate, Methoden, Ziele, St. Ingbert 2016

Näpel, Oliver: Film und Geschichte. „Histotainment" im Geschichtsunterricht. In: Handbuch Praxis II (2017), S. 146-171

Spielfilme. Geschichte lernen 158 (2014)

Spielfilme im Geschichtsunterricht. Praxis Geschichte 5 (2006)

Zwölfer, Norbert: Filmische Quellen und Darstellungen. In: Geschichts-Didaktik (2014), S. 132-143

7.4 Architektonische Quellen

Unter den zahlreichen *gegenständlichen Quellen* bilden die architektonischen Quellen eine Gruppe, die für den Geschichtsunterricht schon durch ihre Größe sehr viele motivierende Aspekte mit sich bringt. Sie gehören zu den Sachquellen wie alte Münzen, Werkzeuge oder Schmuckstücke, wie sie häufig in Museen zu sehen sind. Bei den architektonischen Quellen handelt es sich um eine sehr breite und heterogene Gruppe immobiler Großobjekte, die von kleinen Grabsteinen und Wegekreuzen über Triumphbögen, alle Arten von Denkmälern (Herrscherdenkmäler, bürgerliche Denkmäler, Nationaldenkmäler, Mahnmale etc.), Kirchen und Dome, Grenzanlagen wie Limes oder Westwall, bis hin zu ganzen Planstädten, etwa des Absolutismus (Karlsruhe, Mannheim) reicht. Zum einen sind sie fachwissenschaftlich relevant, weil die große Masse der Menschen über Jahrhunderte hinweg weder lesen noch schreiben konnte, also auf anderen Kanälen erreicht werden musste. Für Schülerinnen und Schüler sind sie besonders interessant, weil ihre Interpretation andere, ungewohnte Zugänge verlangt als etwa die Textquellen.

Architektonische Quellen bieten aufgrund der Vielzahl der didaktisch-methodischen Zugriffsmöglichkeiten ideale Ansatzpunkte für einen differenzierten Geschichtsunterricht. Sie fördern nicht nur, sondern verlangen geradezu fächerverbindendes Arbeiten und Lernen. Wer etwa eine Kirche mit ihren Wand- und Deckengemälden, Plastiken, Reliefs und Fenstern, ihrer Lage und ihrem Baustil zum Sprechen bringen will, der muss Kenntnisse in Geschichte, Geografie und Topografie, in Baukultur, in Architektur- und Kunstgeschichte vermitteln oder aktivieren können. Materielle Überrest oder Traditionsquellen aus der Vergangenheit können vermessen, fotografiert, gezeichnet, modelliert und mit ihrer Umgebung in Beziehung gesetzt werden. Die ideale methodische Form dafür ist das Projekt. Entscheidend ist und bleibt dabei aber die übergeordnete Fragestellung, die aus der Reihenplanung (→ 6.1) und dem problemorientierten Geschichtsunterricht resultiert. Relevante und interessante Fragestellungen für verschiedene Altersstufen und Anspruchsniveaus unterstützen dabei das selbst entdeckende Forschen und Lernen.

In den Schulbüchern sind zahlreiche Abbildungen mit historischen oder aktuellen Darstellungen von architektonischen Quellen vorhanden, sodass es an einer repräsentativen Auswahl nicht mangelt. Man könnte den Geschichtsverlauf in den Bauwerken jeder Epoche verfolgen und die Bezüge zum gesellschaftlichen Umfeld ergründen (Hollis 2010). Lohnenswert erscheint aber auch ein Unterrichtsgang (Exkursion) zu architektonischen Quellen in der Nähe der Schule, der gut vor- und nachbereitet werden muss, wenn er gewinnbringend sein soll. Nicht immer ist Schülerinnen und Schülern jedoch klar, wie mit architektonischen Quellen umzugehen ist, wie diese „gelesen“ werden müssen. Die nachfolgenden Arbeitsaufträge können dabei helfen, Bauwerke für den Unterricht zu erschließen. Sie orientieren sich an den drei Anforderungsbereichen (beschreiben – deuten – beurteilen).

Mögliche Arbeitsaufträge zum Erschließen architektonischer Quellen

Beschreiben

- Beschreibe das ausgewählte Bauwerk möglichst exakt und lege eine Skizze dazu an.
- Datiere den Baubeginn möglichst genau, den Beginn der Umbaumaßnahme(n) und die Fertigstellung des Bauwerks, so wie es sich heute präsentiert.
- Bestimme die Lage, die Grundfläche und die Ausrichtung des Bauwerkes.
- Achte auf den Zusammenhang zwischen dem Bauwerk und anderen Bauwerken sowie der Natur in seiner Umgebung und beschreibe diesen.
- Finde heraus, welche Personengruppen das Bauwerk errichteten und wie deren Lebens- und Arbeitsbedingungen waren.

Deuten

- Finde heraus, wer der Auftraggeber des Bauwerkes war und welchem Zweck es ursprünglich dienen sollte.
- Stelle die Verbindung zwischen dem ursprünglichen Zweck und den verwendeten Materialien her.
- Untersuche, ob sich die Funktion des Bauwerkes in der Vergangenheit – unter Umständen mehrfach – geändert hat und welchem Zweck es heute dient.
- Ordne das Bauwerk einem oder mehreren Baustilen zu und stelle die Verbindung zwischen seinem Zweck und dem jeweiligen Denken der Epoche her.
- Stelle fest, ob das Bauwerk zufällig erhalten blieb oder ob es Gruppen gibt, die sich für seinen Erhalt einsetzen. Welche Interessen verfolgen diese?
- Finde heraus, ob und wie lange das Bauwerk die ihm zugedachte Funktion erfüllt hat.
- Stelle fest, ob sich Bauwerke mit einer gleichen oder ähnlichen Funktion finden lassen, und vergleiche diese miteinander.

Beurteilen und Reflektieren

- Beurteile, ob du das Bauwerk in der heutigen Form für erhaltenswert findest.
- Mache gegebenenfalls Vorschläge, wie die aktuelle Nutzung des Bauwerks geändert werden könnte oder müsste. Beachte dabei die Interessen des Denkmal- und Naturschutzes.
- Suche selbst nach Bauwerken, die deiner Meinung nach erhaltenswert sind und um die sich bisher niemand kümmert.

Literatur

Hollis, Edward: Eine kurze Geschichte des Abendlandes in 12 Bauwerken. Vom Parthenon bis zur Berliner Mauer, Berlin 2010

Kuchler, Christian: Historische Orte im Geschichtsunterricht, Schwalbach/Ts. 2012

Schneider, Gerhard: Gegenständliche Quellen. In: Handbuch Medien (2017), S. 509-524

7.5 Zeugen der Zeit?

Eine Sonderform der Quellenarbeit ist das *Zeitzeugengespräch*. Hier fließen didaktische und methodische Überlegungen unmittelbar zusammen. Die Entscheidung für ein solches Gespräch sollte im Idealfall aus der Unterrichtsreihe heraus getroffen und inhaltlich begründet sein. Für die Umsetzung, wann, wo, und wie es geführt werden soll, bieten sich verschiedene Möglichkeiten an.

Zeitzeugengespräche finden seit vielen Jahren innerhalb und außerhalb des Geschichtsunterrichts statt und sind keine Seltenheit mehr. Während Zeitzeugen aus der Zeit der NS-Diktatur und des Zweiten Weltkrieges kaum noch zu finden sind, rücken mittlerweile andere Ereignisse in das Zentrum von Befragungen: die Besatzungszeit, die frühen Jahre von Bundesrepublik und DDR, der Mauerfall, die Flüchtlingsströme. Ein Blick in die Unterrichtspraxis zeigt jedoch, dass solche Veranstaltungen häufig sehr unprofessionell organisiert werden: Nicht selten treffen schlecht oder nur unzureichend vorbereitete Klassen auf unvorbereitete Zeitzeugen, sodass ein richtiges Gespräch oder gar die kritische Aufbereitung des Gehörten gar nicht erst zustande kommen. Solche Veranstaltungen bringen nicht nur wenig, es besteht sogar die Gefahr, dass eine einseitige Sicht auf die Vergangenheit für bare Münze genommen wird. Ein richtiges Zeitzeugengespräch, das seinen auch Namen verdient, muss daher gut vorbereitet, durchgeführt und ausgewertet werden.

7.5.1 Vorbereitung

Es kommt vor, dass sich Zeitzeugen, die etwa auf einer Lesereise sind, den Schulen anbieten oder über Organisationen vermittelt werden. Bei der Teilnahme an Wettbewerbsarbeiten ist man jedoch selbst darauf angewiesen, auskunftswillige Gesprächspartner zu finden. Erfolgreich kann eine Annonce in der Lokalzeitung oder eine Anfrage bei einem Seniorenheim sein. Ist ein geeigneter Zeitzeuge gefunden, sollte die rechtzeitige Kontaktaufnahme erfolgen. Eine gründliche Vorbereitung, die ein persönliches oder wenigstens telefonisches Gespräch mit einschließt, ist dringend zu empfehlen. Auch der Zeitzeuge selbst hat ein Recht darauf zu erfahren, welche Art von Gespräch ihn erwartet. Dazu zählen die Bedingungen der Örtlichkeit sowie die Anzahl, das Alter und die Interessen der Interviewpartner.

Ein Zeitzeugengespräch muss von den Fragen, aber auch von seinem Ende her geplant werden. Im Idealfall wird ein solches Gespräch auf Band mitgeschnitten oder mit einer Kamera aufgenommen, damit es im Anschluss auch ausgewertet werden kann. Art und Weise der Sicherung sind mit dem betreffenden Zeitzeugen vorher abzusprechen und dessen schriftliche Zusicherung ist vor Beginn des Gespräches einzuholen.

Dies gilt insbesondere dann, wenn die Verschriftlichung anschließend ganz oder teilweise – etwa im Rahmen der Schülerzeitung – veröffentlicht werden soll.

7.5.2 Durchführung

Bei der Begegnung mit einem Zeitzeugen muss gewährleistet sein, dass es nicht nur bei einem Vortrag bleibt, sondern auch wirklich zu einem Gespräch kommt. Das setzt voraus, dass die Schülerinnen und Schüler im Unterricht auf den Zeitzeugen, seine Lebensumstände und Biografie vorbereitet wurden. Das Gespräch selbst können Lehrerin oder Lehrer führen, sie können diese Aufgabe aber auch an zwei oder drei Schülerinnen und Schüler delegieren. Ein vorbereiteter Katalog mit einigen offenen Fragen ist sinnvoll, den man nicht abarbeiten muss, der aber als Leitfaden helfen kann. Die Leitfragen sind abhängig vom Thema und dem jeweiligen Zeitzeugen, der diese manchmal auch schon vorab zugeschickt haben möchte, um sich besser vorbereiten zu können.

Vorab sollte geklärt worden sein, ob der Zeitzeuge seinen Vortrag ungestört halten möchte oder aber für Zwischenfragen offen ist. Kritische Nachfragen sollten spätestens am Ende des Gesprächs möglich sein, doch ist immer zu beachten, dass der Zeitzeuge im Gegensatz zu den schriftlichen, bildlichen und gegenständlichen Quellen ein Gast ist, dessen Würde zu achten ist. Das Bloßstellen des Zeitzeugen vor einem Publikum ist auf alle Fälle zu vermeiden. Gelangt man während des Gesprächs an einen Punkt, an dem der Zeitzeuge auf bestimmte Fragen nicht mehr antworten kann oder will, sollte man dies akzeptieren. Unter Umständen muss ein Gespräch auch einmal ganz abgebrochen werden. Dies ist aber die Ausnahme. Gut vorbereitete Zeitzeugengespräche enden in der Regel in einer freundlichen Atmosphäre und mit einer Summe an Eindrücken, Informationen und weiterführenden Fragen, mit denen im nachfolgenden Unterricht weitergearbeitet werden kann.

7.5.3 Auswertung und Präsentation

Ist das Interview beendet, beginnt die eigentliche Arbeit erst. Jetzt muss das Gespräch quellenkritisch ausgewertet werden. Denn man darf nicht vergessen, dass Zeitzeugen nicht die Vergangenheit spiegeln, schon gar nicht dann, wenn diese längere Zeit zurückliegt, sondern diese im Augenblick des Gesprächs erinnern, also *ihre* Geschichte erzählen. Menschen vergessen, verdrängen und ordnen ihre Erlebnisse ständig neu. Ein Zeitzeuge berichtet also nicht, wie es in der Vergangenheit wirklich war (obwohl manche Zeitzeugen das von sich behaupten), er erzählt noch nicht einmal, wie er das jeweilige historische Ereignis aus seiner damaligen, ganz subjektiven Perspektive erlebt hat, sondern wie er es – mit dem Abstand von zum Teil mehreren Jahren und Jahrzehnten und unter Einschluss aller nachträglichen Verformungen – heute sieht. Ein Zeitzeugengespräch ist also immer ein Produkt aus erlebter Vergangenheit und nachträglicher Erinnerung bzw. Deutung, das es nun mithilfe von Darstellungen und Quellen zu entflechten gilt.

Ist die Arbeit getan, sollen möglichst viele etwas davon haben. Es bietet sich an, die Ergebnisse des Zeitzeugengesprächs in Form einer Projektmappe, eines Artikels für die Zeitung oder einer Ausstellung in der Schule zu präsentieren.

Literatur

Bertram, Christiane: Zeitzeugen im Geschichtsunterricht. Chance oder Risiko für historisches Lernen? Schwalbach/Ts. 2017

Erbar, Ralph: Zeugen der Zeit? Zeitzeugengespräche in Wissenschaft und Unterricht. In: Geschichte für heute 3 (2012), S. 5-20

Erbar, Ralph: Zeitzeugen befragen und hinterfragen. In: Spurensucher (2014), S. 109-125

Henke-Bockschatz, Gerhard: Oral History im Geschichtsunterricht, Schwalbach/Ts. 2014

7.6 Internet und digitale Medien

Das Internet und die Vielfalt der *digitalen Medien* (auch *Neue Medien*) sind längst in den Schulen eingekehrt, es kann auch kein Zweifel mehr daran bestehen, dass es die Lebenswirklichkeit unserer Schülerschaft in gewaltigem Umfang bestimmt – man betrachte nur die auf www.izi.de dokumentierten Nutzungsquoten von Jugendlichen. Sie sind nahezu permanent online. Welcher Schulpraktiker kennt nicht die Handy- oder Smartphone-„Zwischenfälle" im Unterricht oder die recht einheitlich aussehenden Hausaufgaben, die in verdächtiger Weise nach Wikipedia oder anderen virtuellen Quellen „riechen"? Einige Kolleginnen und Kollegen führen noch Abwehrgefechte oder beklagen stetig die geschilderte Entwicklung, als jüngere Lehrkraft sollte man mit den digitalen Medien vertraut sein und in möglichst reflektierter und effektiver Weise die Chancen dieser Medien nutzen. Eine begründete Medienkritik darf man hierbei nicht ausblenden.

Chancen und Gefahren

Die Gefahren sind bekannt und werden allerorten beklagt – das Internet und die stetige digitale Verfügbarkeit junger Menschen schwächten die traditionellen Lesekompetenzen, allgemein das Konzentrationsvermögen und sicherlich auch die Fähigkeit, zwischen Fiktion und Wirklichkeit zu unterscheiden. Schüler „glauben" z. B. eher einem spannenden Youtube-Video als dem „trockenen" Lehrer, sie übernähmen kritiklos Wikipedia-Wissen und scrollten anstelle der anstrengenden Buchlektüre lieber durch Internet-Zusammenfassungen. Hausaufgabenerstellung und Klausurvorbereitungen laufen heute zu 90 Prozent digital bzw. virtuell ab, der Griff zum Lexikon oder Fachbuch wird zur Ausnahme und ist oft nur durch strengste Lehreranweisungen erreichbar.

Demgegenüber bestehen die Chancen (s. auch: Praxistipp):

- Es gibt mittlerweile unzählige *Informationsportale* mit geschichtlichem Bezug (s. u.). Mit geringem Aufwand sind im Internet die für das Thema passenden Portale zu finden – und die fachlich seriösen Quellen in den Unterricht zu integrieren. Als Experten benannte Schüler können hiermit wunderbare Beiträge leisten bzw. vorbereiten, einige dieser Portale ermöglichen auch einen direkten Unterrichtseinsatz für die Lerngruppe. Auch *Radiosender und das Fernsehen* bieten zahlreiche Online-Angebote, man denke nur an die mittlerweile zum Klassiker gewordene „Die Deutschen"-Serie (Materialien für den Unterricht online über www.zdf.de/die-deutschen/mit-filmen-und-multimedia-geschichte-lernen-5382286.html).
- *Dokumentation* des Unterrichtsprozesses *per Schreibprogramm* und *Kommunikation* in der Lerngruppe *per soziale Medien*. Natürlich wird das Buch (die Folie/Karte etc.) weiterhin eine Rolle spielen, die schriftliche Quelle ohnehin. Wird aber am Smartboard (ggf. auf einem Schüler-PC/-Tablet) zu jeder Stunde ein Protokoll (als Skizze/in Stichworten) geschrieben, kann dieses an die Lerngruppe rundgemailt werden. Die jeweils systematisierten Protokolle (Datum/Kurs/Titel, z. B. „01022016 Geschichte NS-Zeit.doc") kommen der medienaffinen Schülerschaft entgegen und helfen schwächeren Schülern bei der Nacharbeit und Vorbereitung. Weitere Möglichkeiten ergeben sich für die *Visualisierung,* indem Schüler ihre Veranschaulichung von Präsentationen weitergeben können.
- *Nutzung der Schulwebsite oder von E-Learning-Plattformen:* Moodle und andere Modelle sind in der Einführung oft eine schwierige Sache, bei Vorhandensein entsprechender Fachkräfte an der Schule (ggf. örtliche Medienzentren einbinden) kann dies aber eine faszinierende Perspektive bieten. Bei lehrerfortbildung-bw.de/moodle-info/schule/einfuehrung/elearning/formen/index.html sind Erläuterungen zum E-Learning zu finden, selbst einfachste Formen von Web-Ablagen für Geschichte oder bestimmte Kurse (Zugang gewinnen die Schüler dann per Codierung) kommen der Schülerschaft schon sehr entgegen.
- *Geschichte zur Medienreflexion:* Sicher kann das Fach Geschichte nicht gleichzeitig die Rubrik Medienerziehung abdecken, es kann aber an einem ausgewählten Beispiel die kritische Nutzung der Medien anregen. Recherchiert z. B. eine Schülergruppe online Aussagen zum Hitler-Stalin-Pakt, wird der Vergleich von Wikipedia, seriösen deutschen Portalen und russischen Quellen (ggf. Sprachkompetenz von Migranten nutzen!) schnell zu Aha-Erlebnissen führen. Auch sind von Schülern Youtube-Quellen („Experten" erläutern Geschichte) zu nennen, welche von den Jugendlichen gern für schulische Zwecke genutzt werden. Diese „Quellen" sind vorher zu prüfen und ggf. zur Demonstration oder Reflexion im Unterricht zu nutzen.

- *Interaktive Möglichkeiten nutzen:* Webquests, historische Quizspiele und andere Formen sind hier denkbar (z. B. www.bpb.de/lernen/projekte/geschichte-begreifen/42321/webquests), allerdings müssen hier die Voraussetzungen sorgfältig geprüft werden. Ein Effekt kann die Übung und Wiederholung von Wissen sein. Es empfiehlt sich auch, die Schulleitung (das Kollegium) zu informieren bzw. mit einzubeziehen.

Literatur

Bundeszentrale für Politische Bildung (http://www.bpb.de) mit zahlreichen Materialien

Danker, Uwe/Schwabe, Astrid: Geschichte im Internet, Stuttgart 2017

Grosch, Waldemar: Der Einsatz digitaler Medien in historischen Lernprozessen. In: Handbuch Praxis II (2017), S. 125-145

Historisches Lernen im Internet. Geschichtsdidaktik und Neue Medien, hrsg. v. Uwe Danker, Astrid Schwabe, Schwalbach/Ts. 2008

Lebendiges Museum online (attraktives Angebot für den schnellen Überblick zur deutschen Geschichte im 19. und 20. Jahrhundert): http://www.dhm.de/lemo

Rave, Josef: Computereinsatz. In: Handbuch Medien (2017), S. 591-618

Spahn, Thomas: Schule digital, Geschichtsunterricht online? (http://lernen-aus-der-geschichte.de/Lernen und Lehren/content/7615, 24.4.2017)

Spahn, Thomas: WebQuests. Internetprojekte im Geschichtsunterricht (http://www.bpb.de/methodik/5Z7 fEF,0,WebQuests.html, 24.4.2017)

Verband der Geschichtslehrer Deutschlands: http://www.geschichtslehrerverband.de

Praxistipp: Kombinieren und ergänzen – Digitale Medien aktiv nutzen, trotz schulischer Fallstricke!

Seien Sie äußerst vorsichtig beim Einsatz elektronischer Geräte bei Vorführ- oder Examensstunden! Wie oft „hängt" im entscheidenden Moment das Internet, das Smartboard kann den Dateityp nicht „lesen" oder der PC bekommt nicht die Verbindung zum Beamer etc.

Die schulische Ausstattung ist unterschiedlich, auch die vorhandenen Computer oder Smartboards etc. sind oft „antik" oder störanfällig. Nutzen Sie trotzdem das Internet und betreiben Sie nebenbei Medienerziehung, indem Sie das Internet per Home-Office-Hausarbeit zur Erweiterung und Kombination nutzen. Sie werden merken, dass die Schülerinnen und Schüler diese Form der Arbeit mühelos mitvollziehen und dieser Medienbezug (meist) äußerst motivierend ist. Nutzen Sie diese Motivation und achten Sie gleichzeitig auf das Training der traditionellen Textarbeit, z. B. per

- *Ergänzung.* Vom traditionellen Material zum Internet: Im Unterricht wird z. B. die Wendezeit 1989 (DDR) behandelt und eine „trockene" schriftliche Darstellung zur Wende in der DDR 1989 gelesen – verlagern Sie die Nacharbeit in die virtuelle Recherche:

„Bearbeitet unter www.mdr.de/heute-im-osten/projekte/eure-geschichte/themen/schluesselereignisse/revolution/verteilseite1880.html weitere Materialien zu 1989. Sucht euch ein Material aus und beschreibt schriftlich, was euch auffällt oder unklar ist."

- *Kombination.* Ein von vornherein kombinierendes Vorgehen: Per Hausaufgabe wird z. B. im Vorgriff auf das Thema Widerstand 1933-45 www.gedaechtnis-der-nation.de/bilden/schulen/Widerstand_im_NS zur Recherche aufgegeben mit dem Auftrag: „Schauen Sie sich die Zeitzeugenvideos an, machen Sie sich dabei Notizen zu den Zeitzeugen bzw. Videos". (→ 7.5) In der Folgestunde behandelt man das Widerstandsthema hiervon ausgehend genauer – Sie brauchen (falls kein PC- und Internet-Anschluss möglich ist) hierfür ausgedruckte PDF-Materialien, welche auf der angegebenen Website verfügbar sind. Nachfolgend (und ggf. gleich parallel) wird im Schulbuch der vertiefende „trockene" Erklärungs- oder Quellentext gelesen.

8. Unterrichtsdiagnose: Leistungsmessung und Leistungsbewertung

Ein interessantes und gleichzeitig komplexes Thema, mit dem sich ein Anfänger unbedingt beschäftigen muss, liegt im ganzen Bereich der Leistungsbewertung. Wer in diesem Bereich „schwimmt" (Schülerjargon: *„Der/Die würfelt Noten!"*), kann trotz guter Unterrichtsstunden große Probleme bekommen. Schülerinnen und Schüler haben auch ohne ausgeprägte Fachkompetenz oft ein ausgeprägtes Gerechtigkeitsempfinden, eine unsichere (oder gar an „Lieblingen" orientierte) Beurteilung und Benotung kann das Klima in einer Lerngruppe nachhaltig verschlechtern.

Nach erziehungswissenschaftlichen Forschungen steht jedenfalls dazu fest, dass es keine absolute bzw. völlig objektive Leistungsmessung und -bewertung geben kann. Dies sollte man bei einer Notenbesprechung auf kritische Nachfrage hin auch ruhig zugeben! Eine Lehrkraft muss jedoch in der Lage sein, nachvollziehbare und in der Relation sinnvolle Mess- und Bewertungskriterien anzuwenden – und auch gegenüber einer Schülerkritik vertreten zu können. (Dies bedeutet wiederum nicht, dass man sich nie korrigieren sollte. Doch sind plötzliche Bewertungsänderungen besser nicht innerhalb einer erhitzten Notendiskussion am Halbjahresende oder bei der Besprechung einer Klausur vorzunehmen. Man nehme sich im Zweifelsfall wenigstens Bedenkzeit bis zum Folgetag!)

8.1 Leistungsmessung

Voraussetzungen einer gelingenden Leistungsmessung sind:

- Bemühen um *Objektivität* – die Lehrkraft stellt persönliche Vorlieben/Vorprägungen zurück, Vorurteile/Ersteindrücke gegenüber Schülerinnen und Schülern dürfen keine Rolle spielen;
- *Reliabilität* – die Lehrperson stellt zu verschiedenen Zeitpunkten vergleichbare Kriterien und Bewertungen auf, die nicht von Stimmungen oder dem jeweiligen Niveau der Lerngruppe abhängen;
- *Validität* – die aufgestellten Kriterien sind gültig, sachgerecht und nicht vom konkreten Ergebnis der Anforderung abhängig;
- *Ökonomie* – Aufwand und Ertrag stehen in einem vernünftigen Verhältnis.

Die genannten Punkte erscheinen selbstverständlich, sie sind jedoch nicht zu unterschätzen:

- In Sachen Objektivität gibt es das Problem erster Eindrücke und nicht hinterfragter Muster z. B. bei Akademikerkindern. Bekannt ist etwa der Bonuseffekt bei sich gewählt ausdrückenden Schülerinnen und Schülern (oft Akademikerkinder ...), die bei sachlich gleicher Leistung meist deutlich besser als Schüler mit Alltagsjargon abschneiden. Auch gibt es den Halo-Effekt, dass im Glanze eines positiven Effekts (sympathische Ausstrahlung o. Ä.) schlechte Leistungen weniger streng gesehen werden.
- Auch die Reliabilität ist im Alltag eine große Hürde – mit etwas Erfahrung wird man feststellen, dass Kolleginnen und Kollegen oft den Hang haben, bei leistungsstarken Lerngruppen strenger zu bewerten. Eine ebenso streng bewertete heterogene bzw. „schwache" Lerngruppe würde nämlich zu unbequemen Auffälligkeiten (Wiederholungsnotwendigkeit bei Klausuren, u. U. 50 Prozent Sitzenbleiber o. Ä.) führen – dies wird gern vermieden.
- Die Kriterien sind vorab gut zu überprüfen – kleine Fehler können jeder Lehrkraft passieren, aber ein in größeren Teilen fehlerhafter Erwartungs- oder Kriterienhorizont wird das Grundvertrauen der Lerngruppe in deren Kompetenz erschüttern.
- Im eigenen Interesse sollte Ökonomie von Anfang an zu pflegen sein – für einen kleinen Test sollte man z. B. kein zweiseitiges Bewertungsraster entwerfen. Seitenlange Anmerkungen bei Klausuren sind ebenfalls unnötig, irritieren Schülerinnen und Schüler meistens und werden wohl kaum genau gelesen. Hier sind gut verständliche, knappe, aber vergleichbare und sachorientierte Angaben neben oder unter den Aufgaben völlig ausreichend (z. B. „guter Bezug", „hier unpassend", „tendenziell richtig, aber ohne Konkretion", „im Kern ausreichend").

Die *Bezugsnormen* der Leistungsfeststellung (Individual-, Sozial- und Sachnorm) können an diesem Ort nicht vertieft werden (z. B. Walzik 2012, 87 ff.; Kühberger 2014, 14 ff.). Im Schulalltag spielen Aspekte aller drei Normen eine Rolle. Die größte „Falle" in diesem Bereich ist vermutlich eine Überbetonung der Individualnorm – wenn Sie die persönlichen Lernfortschritte oder -hemmnisse Ihrer Schülerinnen und Schüler jeweils individuell bewerten, werden große Bewertungsprobleme in der Lerngruppe auftreten, da die Relationen verrutschen. Das Akademikerkind wird es z. B. nicht akzeptieren, wenn es (aufgrund nur geringer Entwicklung im individuellen Prozess) „schlechter wegkommt" als das sich stark bemühende Migrantenkind, welches im objektiven Vergleich klar weniger gut dasteht – aber u. U. eine Art „Sozialbonus" erhält.

Die fachbezogene *Diagnostik* wird im Rahmen des Referendariats sicher kein Schwerpunkt sein. Es gibt zwar spezielle Anforderungen des Geschichtsunterrichts, doch fehlt es noch an genauen Messinstrumenten dafür. Man sollte jedoch wenigstens punktuell versuchen, hier ein Bewusstsein bzw. Angebot an Tools zu entwickeln. *„Wurden [...]*

Lerngelegenheiten geschaffen, die individuelle Aneignungs-, Reflexions- und Austauschprozesse berücksichtigten, ist es möglich, bei den Beteiligten mittels Diagnoseverfahren festzustellen, welche Teile der von der Lehrperson gesetzten Ziele bei den einzelnen Schülerinnen und Schülern erreicht wurden" (Kühberger 2014, 15). Man kann hier ergebnis- oder prozessbezogen vorgehen, punktuell oder kontinuierlich diagnostizieren, lehrer- oder schülergesteuert vorgehen. Das letztgenannte Verfahren kann interessant und aufschlussreich sein, bleibt aber in einem gewissen Sinn für die Schülerinnen und Schüler eine Scheinkompetenz – die Endnote hat die Lehrkraft zu verantworten, selbst wenn die ganze Klasse meint, eine bestimmte Schülerin bzw. ein bestimmter Schüler sei „nun wirklich immer dabei und sehr gut".

Es kann das Klima innerhalb der Lerngruppe sehr positiv beeinflussen, wenn in diesem Bereich wenigstens teilweise variabel gearbeitet wird. Die Schülerinnen und Schüler spüren, dass man nicht nur etwas von Ihnen fordert, sondern Interesse am Lernprozess hat und sie auch angemessen begleiten und beurteilen will. Das stößt allerdings schnell an Grenzen – siehe Faktor Ökonomie! – Die Eigenbeurteilung („Tragen Sie bitte für sich selbst/für Mitschüler einen Notenvorschlag ein.") ist eine weitere interessante Variante. Sie ist eher im Sek. II-Bereich machbar, sollte aber nur unterstützend und keinesfalls zum „Outsourcing" der Notengebung genutzt werden. Die Verantwortung muss bei der Lehrkraft bleiben, wo sie schulrechtlich ohnehin immer ist!

Eine *Binnendifferenzierung* bei den Aufgabestellungen und Diagnosetools kann zusätzlich motivieren. Über die mittlerweile (trotz einzelner Unterschiede in den Bundesländern) gut orientierenden *Operatoren* können diese unterschiedlichen Anforderungsbereiche dargestellt werden. Eine Diagnoseaufgabe im Operatorfeld „Benennen" (z. B. „Benenne die im Verlauf der Frühen Neuzeit auftretenden Entdeckungen und Erfindungen.") hat im Unterschied zum Operatorfeld „Beurteilen" (z. B. „Beurteile die Folgen der Entdeckungen und Erfindungen in der Frühen Neuzeit für das Menschen- und Weltbild der damaligen Zeit") einen anderen Stellenwert. In der an Leistung orientierten Notengebung darf dies keine Rolle spielen, doch kann es motivieren, einfachere Aufgabenstellungen von schwächeren Schülerinnen und Schülern lösen zu lassen, um Erfolgserlebnisse zu schaffen.

8.2 Leistungsbeurteilung

Am Ende aller Kriterien, Diagnosetools und Abwägungen steht dann die letztlich nivellierende Notenskala von „sehr gut" bis „ungenügend" – in der Oberstufe muss dann mit einer Punkteskala von „sehr gut" (15/14/13 Punkte) bis „ungenügend" (0 Punkte) differenziert werden. Wenn die oben genannten Punkte beherzigt werden, wird dies gar nicht schwer sein. Zu beachten sind in der Praxis hierbei jeweils

- nachvollziehbare und gleichmäßig angewendete Beurteilungskriterien in der *Verrechnung von mündlichen und schriftlichen Leistungen;*
- *Leistungskriterien bei mündlichen Beiträgen* – die berühmten Strichkataloge („X hat sich laut meiner Liste jede Stunde dreimal gemeldet und bekommt dafür eine gute mündliche Note") führen zu stark verzerrten Beurteilungen, Quantität darf in diesem Bereich nicht die Qualität ausstechen;
- ein Fingerspitzengefühl bei der *Ausnutzung „pädagogischer Kriterien"* (siehe oben, Stichwort Individualnorm); man kann hier z. B. schlecht aus einem „ungenügend" ein „ausreichend" machen, auch wenn die Schülerin bzw. der Schüler persönliche Probleme hatte;
- *Relation und Breite der Notenverteilung und -skala* – man gebe nicht dem „Hang zur Mitte" (alle Noten z. B. zwischen 7-11 Punkte) nach, sondern prüfe auch selbstkritisch Ballungen ganz oben oder unten. Es muss nicht wie bei einem Naturgesetz automatisch die Gauß'sche Kurve herauskommen (z. B. Peter Grönwoldt in Köller 2002, 9)

Die *Anforderungsbereiche* (→ 3.1) sollten einen erkennbaren Bezug zur Benotung haben. Ein übliches Problem bzw. tendenziell mögliches Beispiel bei mündlichen Noten wäre der „überaus eifrige" Schüler mit sehr vielen Meldungen zu ausschließlich belanglos-reproduktiven Inhalten. Er darf bei der mündlichen Note nicht genauso gut wie die „kluge" Schülerin abschneiden, die nur zwei- bis dreimal pro Stunde mit Transfer- oder Kommentaraussagen eingreift – aber hierbei deutlich Qualität bietet. Diese Unterscheidung ist für Berufseinsteiger zunächst oft schwierig.

Literatur

Kühberger, Christoph: Leistungsfeststellung im Geschichtsunterricht. Diagnose – Bewertung – Beurteilung, Schwalbach/Ts. 2014

Walzik, Sebastian: Kompetenzorientiert prüfen. Leistungsbewertung an der Hochschule in Theorie und Praxis, Opladen 2012

Wunderer, Hartmann: Tests und Klausuren. In: Handbuch Methoden (2016), S. 675-685

Praxistipp: Benotung

„In der Klasse ist ein Referendar – die haben jetzt in Geschichte alle gute Noten!"

Dieser manchmal in Lehrerzimmern erklingende Satz ist eher ein Stoßseufzer als ein Gütekriterium. Ein Kollegium schätzt es wenig, wenn Referendare „die Preise verderben/verwässern". Was kann hinter dem Stoßseufzer stecken?

- Fall 1: Sie haben eine von einem sehr strengen oder gar unfähigen Kollegen unterrichtete Lerngruppe übernommen und *durch neue Methoden, motivierende Ansprache und sorgfältige Unterrichtsführung bessere Ergebnisse* erzählt, die Lerngruppe wurde sozusagen „wachgeküsst". In diesem Fall können Sie den Stoßseufzer gelassen ertragen.

- Fall 2: Sie machen den *Anfängerfehler, über gute Noten die Zuneigung der Lerngruppe zu „erkaufen"* (was vielleicht bis zur Examensstunde trägt, aber für die nächste Lehrkraft ein Problem ist) – oder Sie haben *Schwierigkeiten bei den Kriterien* und *Diagnosemöglichkeiten*, siehe oben. In beiden Fällen sollten Sie sich beraten lassen, um sich auf diesem Feld zu entwickeln und erbitterte Auseinandersetzungen auf einer Notenkonferenz zu vermeiden *(„Ihre Noten sind nichts wert!").*
- Fall 3: Sie haben regelrechte *Angst davor, Schülerinnen und Schüler „schlecht"* (mangelhaft/ungenügend) *zu benoten*. Dies sollten Sie dringend ablegen – natürlich ist hier eine verantwortliche Haltung nötig, Sie können aber auf Dauer nicht einen Teil der Notenskala ausblenden. Außerdem verschenken Sie den durchaus motivierenden Aspekt der Beurteilungsskala, ein/e Schüler/in in der „Abstiegszone" wird bei geeigneter Ansprache meistens kämpfen und sich dadurch inhaltlich verbessern. Bei einer „Notengarantie ausreichend plus x" wird dies nicht eintreten.

Generell sollten Sie jedenfalls die *Abstimmung mit Tutoren/Klassenlehrern und Fachkolleginnen und Fachkollegen suchen*. Jede Schule hat auf dem Feld der Leistungsmessung „ungeschriebene" Gesetze bzw. Korridore, die man nicht blind befolgen, aber wenigstens kennen sollte.

9. Praxistipp: Die gelungene Examensstunde

Endspurt – Sie haben mehr oder minder gut die bisherigen Phasen und Module überstanden, nun folgt die letzte und je nach Prüfungsverordnung doch relativ entscheidende Examensstunde. Hierfür gibt es natürlich nicht „die" gelungene Examensstunde, je nach Bundesland und Fachseminar und manchmal sogar je nach Schulleitung/Fachseminarführung differieren die Vorstellungen und Vorgaben. Letztere sollten Sie natürlich antizipieren – und trotzdem darauf achten, dass Sie das eigene Profil und die jeweilige Lerngruppe nicht hintanstellen.

Welche allgemeinen Regeln lassen sich jenseits dieser Einschränkungen aufstellen?

- *Authentizität:* Ihre Persönlichkeit und Ihr „Lehrertyp" müssen mit der Stundenplanung einigermaßen im Lot sein. Wer z. B. eher zurückhaltend-nüchtern („trocken") auftritt, sollte nicht gerade in der Examensstunde mental aufwendige Kommunikations- und Interaktionsphasen aufstellen. Wenn Sie ein großer Kommunikator sind, gilt wiederum das Gegenteil – dann sollte die Stunde z. B. nicht durch langwierige nüchterne Still- oder Textarbeit geprägt sein. Generell sollte die Examensstunde nicht mit Lern- und Arbeitsformen experimentieren, die vorher nicht genutzt oder eingeübt wurden.
- *Sachlogik und Übersichtlichkeit:* Geschichte in ihrer Fülle verführt zu interessanten Exkursen und Höhenflügen, z. B. zu einem abschließenden Rollenspiel („Karls Kaiserkrönung aus der Perspektive von Karl selbst, der des Papstes und römischer Patrizier") oder einem Historikerplenum („1945 aus der Sicht von ..."), zum Aufgebot einer größeren Medienpalette (geplante Recherchephase in Partnerarbeit über Karten und Schulbuch und Kopien und Internet ...) oder mehrerer arbeitsteilig auszuwertender Kurztexte („Positionen zum Wiener Kongress aus konservativer/liberaler/linker Sicht"). Dies kann gelingen, aber auch furchtbar misslingen, da es meist Metaebenen voraussetzt – die nicht immer bei Schülern abrufbar sind. Überprüfen Sie daher vorher, ob die Stunde notwendige Inhalte samt kompakten Lernzielen präsentiert – und Methoden/Medien/Materialformate aufbietet, die erprobt und machbar sind.
- *„Small is beautiful":* Zeit ist ein wichtiger Faktor in der Planung – und der Bewertung Ihrer Stunden. Wenn Sie (aufgrund zu ehrgeiziger Planung, unerwarteter Schülerfragen, technischer Probleme etc.) nicht zeitgerecht abschließen können, führt dies fast automatisch zu einem gewissen Malus. Dieses Problem tritt leider bei sehr vielen Examensstunden auf, fast unabhängig von den vorherigen Leistungen in der Ausbildung. Tipp: Planen Sie daher von vornherein einfach „im Geiste" für eine dreißigmi-

nütige Stunde, setzen Sie hierbei an ein oder zwei Stellen Alternativen oder Vertiefungsmöglichkeiten ein – und schon gewinnen Sie einen Puffer, der die Wahrscheinlichkeit des passgenauen Abschlusses (Sammlung bzw. Abschlussthese wird in Ruhe erreicht, Erteilen der Hausaufgabe erfolgt vor dem Pausenton) erhöht. Niemand wird Sie kritisieren, wenn u. U. noch eine zusätzliche Vertiefung stattfindet, Sie reduzieren damit auch Ihren eigenen Stresspegel in der Stunde, da im Ablauf etwas Spiel entsteht.
- *Timing:* Machen Sie sich frühzeitig Gedanken über die notwendige Examensreihe und deren krönende Examensstunde. Nichts ist schlimmer als das Hineingleiten in eine Reihe, deren Elemente dann nur notdürftig oder gar unzureichend für Ihre Vorführstunde zusammenpassen. Zumindest das Generalthema der Examensstunde sollte Ihnen deutlich vor Beginn der Unterrichtsreihe klar sein! Verzichten Sie auch in den letzten Tagen vor der Examensstunde auf hektische Änderungen des Entwurfs „in letzter Minute". Ihr Erfolg in der Examensstunde wird eher von einer gewissen inneren Ruhe als von minimalen Änderungen im Entwurf abhängen!

Wenn Sie die obigen Punkte beachten, wird Ihre Stunde gewiss gewinnen. Ansonsten sollten Sie einfach der „inneren Stimme" folgen und durchaus erfolgreich verwendete Formate in der Examensstunde anwenden. Hilfreich ist sicher auch das Besprechen des Entwurfes mit Bekannten, dem Mentor etc. – man wird auf Punkte aufmerksam gemacht, die man durch Entstehen einer gewissen Betriebsblindheit einfach nicht mehr sieht.

9.1 Planungselemente

Je nach Bundesland und Fach-/Studienseminar differieren auch hier die Vorstellungen und Rahmenvorgaben. Einigermaßen verbindlich sollte die Darstellung folgender Teilbereiche sein, deren Abfolge, Umfang und Gewichtung dann wieder unterschiedlich sein kann:
- Ausgangsbedingungen allgemein/Lerngruppenanalyse
- Sachanalyse
- Didaktische Analyse (Lehrplanbezug der Unterrichtsreihe/didaktische Anmerkungen zur Stunde)
- Methodische Analyse
- Kompetenzen/Lernziele
- Geplanter Unterrichtsverlauf/Stundenraster
- Literaturnachweis
- Anlagen (Arbeitsblätter, Sitzplan etc.)

9.2 Beispiel für ein gelungenes Stundenraster

Auszug aus einem Planungsentwurf für eine 10. (G8 = E-Phase) bzw. 11. Klasse (E-Phase) Gymnasium,

Thema: Die Landung des Kolumbus 1492 – Sichtweisen auf die Landung/Entdeckung
Unterrichtsreihe: Anbruch der Neuzeit/Frühe Neuzeit.

Folie 1

Theodore de Bry: Landung des Landung des Kolumbus auf Guanahani, Kupferstich 1594

Arbeitsblatt

Auszug aus dem Bordbuch des Kolumbus vom 12. Oktober 1492

Kolumbus verfasst sein Bordbuch als Rechenschaftsbericht für das spanische Herrscherpaar. Das Original dieses wichtigen Dokuments ist verlorengegangen. Eine Überlieferung befindet sich in der Zusammenfassung des Bischof Bartolomé de Las Casa, der es zum Teil wörtlich zitiert, längere Passagen aber auch in der dritten Person referiert.

[...] Am Freitag erreichten sie eine kleine Insel der Bahamas, die in der Sprache der Indios Guanahani hieß. [...] Der Admiral fuhr mit bewaffnetem Boot an Land [und] rief die beiden Kapitäne und die anderen, die an Land gegangen waren, zu sich [und] sagte, sie sollten bestätigen und rechtlich bezeugen, dass er vor aller Augen von der Insel Besitz ergriff, wie er es dann im Namen des Königs und der Königin, seiner Herren, tat. [...] Schon versammelten sich um sie herum zahlreiche Bewohner der Insel. Was nun folgt, sind die wörtlichen Äußerungen des Admirals in seinem Buch über seine erste Fahrt und die Entdeckung der Indios. Er schreibt: Da ich ihre Freundschaft gewinnen wollte und bemerkte, dass sie Leute waren, die sich eher durch Liebe als durch Gewalt für unseren Heiligen Glauben gewinnen und bekehren lassen, gab ich einigen von ihnen ein paar bunte Mützen und einige Ketten aus Glasperlen, die sie sich um den Hals hängten, und allerhand andere Dinge von geringem Wert, an denen sie großen Vergnügen fanden, und uns derart zugetan waren, dass es ein wahres Wunder war. Später kamen sie zu den Booten geschwommen, wo wir uns befanden, und brachten uns Papageien, Knäuel von Baumwollfäden, Wurfspieße und viele andere Dinge und tauschten sie gegen Dinge ein, die wir ihnen gaben, wie kleine Glasperlen und Glöckchen. Kurz gesagt, sie nahmen einfach alles an und gaben bereitwillig von allem, was sie besaßen. Aber mir schien es, als seien sie in jeder Hinsicht außerordentlich arme Leute. Sie gehen allesamt nackt herum, wie sie ihre Mutter zu Welt gebracht hat, auch die Frauen. Ich habe allerdings nur eine gesehen und die war noch sehr jung. Alle Männer, die ich sah, waren ebenfalls jung; ich sah keinen, der älter als dreißig Jahre gewesen wäre. Sie waren sehr gut gebaut, von sehr schöner Gestalt und mit sehr feinen Gesichtszügen. [...] Sie tragen keine Waffen und kennen sie auch nicht, denn ich zeigte ihnen Schwerter, und sie fassten sie an der Scheide an und schnitten sich aus Unwissenheit. Sie besitzen kein Eisen. Ihre Speere sind Stöcke ohne Eisen; einige davon haben am Ende einen Fischzahn, andere haben andere Dinge. [...] Sie sind sicher hervorragende Arbeitskräfte; sie haben einen aufgeweckten Verstand, denn ich sehe, dass sie sehr schnell alles nachsagen können, was man ihnen vorspricht. Außerdem glaube ich, dass man sie leicht zum Christentum bekehren könnte, weil mir scheint, dass sie noch keine Religion haben. Wenn es unserem Herrn gefällt, werde ich bei meiner Abfahrt sechs von ihnen für Eure Hoheiten mitnehmen, damit sie sprechen lernen.

Aus: Robert H. Fuson: Das Logbuch des Christoph Kolumbus. Die authentischen Aufzeichnungen des großen Entdeckers, Bergisch-Gladbach 1998, S. 112-114

Arbeitsaufträge:

1. Erarbeiten Sie, wie Kolumbus die Bewohner Guanahanis' beschreibt.
2. Diskutieren Sie gemeinsam mit Ihrem Sitznachbarn mit Blick auf den Adressaten der Quelle, welches Ziel Kolumbus mit dieser Beschreibung verfolgte.

Unterrichtsverlauf

6 Geplanter Unterrichtsverlauf

Zeit	Phase	Unterrichtsinhalt	Methode	Materialien	Kompetenzen
11:40 - 11:47	Einstieg	Die Schüler erhalten jeweils einen Ausschnitt des Kupferstichs, beschreiben ihn und ordnen die vollständige Quelle anschließend in den historischen Kontext ein. *Impuls:* Welches Bild zeichnet de Bry hier von den Indios in Abgrenzung zu den spanischen Entdeckern? → Sie sind zivilisatorisch unterlegen. **Problematisierung** *Impuls:* Theodor de Bry veröffentlichte sein Werk gut 100 Jahre nach Kolumbus' erster Amerikafahrt und war nie selbst in Lateinamerika. Welche Frage stellt sich uns jetzt? → Auf welcher Grundlage entwarf er dieses Menschenbild?	PA gUG	Bildausschnitte Folie 1	1, 8
11:47 - 12:00	Erarbeitung	Die Schüler bearbeiten den Auszug aus dem Bordbuch des Kolumbus	EA/PA	AB	1, 4, 9
12:00 - 12:10	Sicherung	Präsentation der Arbeitsergebnisse. Sicherung durch den Lehrer an der Tafel.	gUG	AB TB	2, 4, 9
12:10 - 12:23	Vertiefung	Die Schüler vergleichen Kolumbus' Bordbucheintrag mit dem Kupferstich und diskutieren über Gründe für die Unterschiede in der Darstellung. *(Notausstieg)* *(Stoffreserve)* Die Schüler nehmen dazu Stellung, inwiefern die Thematik der Konstruktion von abwertenden Menschenbildern gegenüber anderen Völkern eine überzeitliche Bedeutung besitzt.	gUG	Folie 1 TB	3, 5, 6, 7, 8
12:23 - 12:25	Bekanntgabe der Hausaufgabe	Erarbeitet die Folgen, die das abwertende Menschenbild der Indios im Rahmen der europäischen Expansion für die kolonisierten Völker hatte. (Buch S. 154, M15a)			

Anm.: Die Abkürzungen (EA, gUG etc.) können differieren.

Der Entwurf ist mit fünf Phasen nicht überladen, er zeigt auf den ersten Blick eine realistische Zeitplanung. Er sieht flexible Elemente („Notausstieg") vor und hat von vornherein die Erteilung der Hausaufgabe zeitlich eingeplant – oft wird diese „vergessen" bzw. nach dem Pausenklingeln in die entstehende Unruhe hinein erteilt.

Der Entwurf verzichtet auf übermäßige Lernform- und Medienwechsel, es wird nicht mit Beamer/Laptop plus Overheadprojektor plus Tafel „gezaubert". Dennoch ist eine eigenständige Schülerarbeit in der Mitte der Stunde erkennbar, gleichfalls die Zielorientierung.

Der Entwurf beinhaltet Perspektivenwechsel und die Chance zu einer kritischen Auseinandersetzung, welche in der Folgestunde vertieft werden kann.

Bitte versuchen Sie aber nicht, einfach dieses Modell zu kopieren – natürlich kann auch diese Stunde durch unerwartete Faktoren misslingen, vielleicht wird an manchem Studienseminar ein experimenteller oder noch stärker schülerorientierter Stil verlangt, vielleicht ist diese Art der Planung auch nicht Ihr persönlicher Stil!

9.3 Stundenraster einer „misslungenen“ Examensstunde

Hier soll Ihnen keinesfalls Angst gemacht werden. Alarmsignale sollen Ihnen aber einmal an einer Fiktivplanung verdeutlicht werden:

Thema: Nationalsozialismus und Zweiter Weltkrieg, hier: HITLER-STALIN-Pakt und der Ausbruch des Krieges (Q2/11. bzw. 12. Klasse)

Anmerkung: Der Kurs wurde im Entwurf als leistungsschwach beschrieben, als Quelle wird die vollständige Version des HITLER-STALIN-Pakts (Deutsch-sowjetischer Nichtangriffspakt, 23.8.1939, öffentlicher und nichtöffentlicher Teil) ausgeteilt.

Unterrichtsverlauf

Zeit	Phase	Inhalt	Methode	Medien
8.00h	Einstieg	Wdhlg.: Was haben wir in der Vorstunde zur Lage bis August 1939 gelernt?	L-S-G/gUG	
8.03h	Überleitung	Lehrerimpuls: Ende August wurde in dieser angespannten Lage ein Vertrag zwischen HITLER und STALIN publik gemacht. Lesen und analysieren Sie den Text bzw. Vertrag in EA und PA.	L-Impuls	Tafel: Anschrieb Hitler-Stalin-Pakt
8.05-8.25h	Erarbeitung	Lektüre	EA/PA	Arbeitsblatt/Quelle
8.25h	Sammlung I	Klärung und Zusammenfassung zu - Formalia, - Inhalt	L-S-G/gUG	Tafel o. Folie
8.35h	Problematisierung	L-Impuls: Welche Rolle spielte er für den Ausbruch des Krieges?	L-Impuls	
8.37h	Erarbeitung II	Analyse in Kleingruppen	PA	
8.42-8.45h	Sammlung II	Plenum: Klärung/Einordnung, besonders der Rolle des „Geheimen Zusatzprotokolls“ HA-Erteilung	L-S-G/gUG	Tafelanschrieb: vertragliche Aufteilung Polens bildet Startschuss für dt. Angriff/Beginn II.WK

Arbeitsblatt: Der deutsch-sowjetische Nichtangriffsvertrag mit geheimem Zusatzprotokoll, 23.8.1939

Die deutsche Reichsregierung und die Regierung der Union der Sozialistischen Sowjetrepubliken, geleitet von dem Wunsche, die Sache des Friedens zwischen Deutschland und der UdSSR zu festigen, und ausgehend von den grundlegenden Bestimmungen des Neutralitätsvertrages, der im April 1926 zwischen Deutschland und der UdSSR geschlossen wurde, sind zu nachstehender Vereinbarung gelangt:

Artikel 1

Die beiden vertragschließenden Teile verpflichten sich, sich jeden Gewaltakts, jeder aggressiven Handlung und jeden Angriffs gegeneinander, und zwar sowohl einzeln als auch gemeinsam mit anderen Mächten, zu enthalten.

Artikel 2

Falls einer der vertragschließenden Teile Gegenstand kriegerischer Handlungen seitens einer dritten Macht werden sollte, wird der andere vertragschließende Teil in keiner Form diese dritte Macht unterstützen.

Artikel 3

Die Regierungen der beiden vertragschließenden Teile werden künftig fortlaufend zwecks Konsultation in Fühlung miteinander bleiben, um sich gegenseitig über Fragen zu informieren, die ihre gemeinsamen Interessen berühren.

Artikel 4

Keiner der beiden vertragschließenden Teile wird sich an irgend einer Mächtegruppierung beteiligen, die sich mittelbar oder unmittelbar gegen den anderen Teil richtet.

Artikel 5

Falls Streitigkeiten oder Konflikte zwischen den vertragschließenden Teilen über Fragen dieser oder jener Art entstehen sollten, werde beide Teile diese Streitigkeiten oder Konflikte ausschließlich auf dem Wege freundschaftlichen Meinungsaustausches oder nötigenfalls durch Einsetzen von Schlichtungskommissionen bereinigen.

Artikel 6

Der gegenwärtige Vertrag wird auf die Dauer von zehn Jahren abgeschlossen mit der Maßgabe, daß, soweit nicht einer der vertragschließenden Teile ihn ein Jahr vor Ablauf dieser Frist kündigt, die Dauer der Wirksamkeit dieses Vertrages automatisch als für weitere fünf Jahre verlängert gilt.

Artikel 7

Der gegenwärtige Vertrag soll innerhalb möglichst kurzer Frist ratifiziert werden. Die Ratifikationsurkunden sollen in Berlin ausgetauscht werden. Der Vertrag tritt sofort mit seiner Unterzeichnung in Kraft.

Ausgefertigt in doppelter Urschrift, in deutscher und russischer Sprache.
Moskau, am 23. August 1939
Für die deutsche Reichsregierung
gez. von Ribbentrop
in Vollmacht der Regierung der UdSSR
gez. W. Molotow

[Geheimes Zusatzprotokoll]
Aus Anlaß der Unterzeichnung des Nichtangriffspaktes zwischen dem Deutschen Reich und der Union der Sozialistischen Sowjetrepubliken haben die unterzeichneten Bevollmächtigten der beiden Teile in streng vertraulicher Aussprache die Frage der Abgrenzung der beiderseitigen Interessensphären in Osteuropa erörtert. Die Aussprache hat zu folgendem Ergebnis geführt:

1. Für den Fall einer territorial-politischen Umgestaltung in den zu den baltischen Staaten (Finnland, Estland, Lettland und Litauen) gehörenden Gebieten bildet die nördliche Grenze Litauens zugleich die Grenze der Interessensphäre Deutschlands und der UdSSR. Hierbei wird das Interesse Litauens am Wilnaer Gebiet beiderseits anerkannt.
2. Für den Fall einer territorial-politischen Umgestaltung der zum polnischen Staat gehörenden Gebiete werden die Interessensphären Deutschlands und der UdSSR ungefähr durch die Linie der Flüsse Pissa, Narew, Weichsel und San abgegrenzt. Die Frage, ob die beiderseitigen Interessen die Erhaltung eines unabhängigen polnischen Staates erwünscht erscheinen lassen und wie dieser Staat abzugrenzen wäre, kann endgültig erst im Laufe der weiteren politischen Entwicklung geklärt werden. In jedem Falle werden beide Regierungen diese Frage im Wege einer freundschaftlichen Verständigung lösen.
3. Hinsichtlich des Südostens Europas wird von sowjetischer Seite das Interesse an Bessarabien betont. Von deutscher Seite wird das völlige politische Desinteressement an diesen Gebieten erklärt.
4. Dieses Protokoll wird von beiden Seiten streng geheim behandelt werden.

Moskau, den 23. August 1939
gez. von Ribbentrop
gez. W. Molotow

Aus: http://www.ns-archiv.de/krieg/sowjetunion/vertrag/nichtangriffspakt.php

Aufgabe: Klären Sie Formalia und Inhalt und leisten Sie eine Zusammenfassung.

Die Schwachpunkte dürften erkennbar sein:

- kleinteilige und zu enge Zeitplanung an Stellen, die gewiss länger dauern werden (Sammlung I und II);
- Komplexität des Materials (mit fehlender Zeilenangabe) dürfte für eine leistungsschwache Gruppe ungünstig sein – entweder man reagiert durch eine deutlich gekürzte Fassung oder man baut zusätzliche Textsicherungsphasen ein;
- „Knackpunkt" bei Sammlung I dürfte die Komplexität und Zweiteilung des Vertrages sein, der „nichtöffentliche Teil" wird in seiner Dimension nicht allen klar sein – außerdem werden schon die geografischen Begriffe für Unklarheiten sorgen;
- Methodik- und Medienarmut, diese Stunde hätte schon vor 40 Jahren so gehalten werden können;
- Einstieg und Abschluss (Sammlung II) bieten keinerlei Motivations- oder Aha-Effekt, der Einstieg hätte wenigstens durch eine Karikatur oder sonstige Abbildung veredelt werden können.

Überlegen Sie, wie man diese Stunde optimieren könnte. Schon durch einfache Maßnahmen (Didaktisierung des Materials, Erhöhung der Motivation durch Zusatzmaterialien, Entschlackung des Stundeninhalts, Steigerung der methodischen Vielfalt) wäre der Entwurf verbesserbar!

Praxistipp: „Weniger ist mehr!"

Sie kennen diesen Spruch sicherlich, aber er ist in der Regel für Examensstunden das Maß aller Dinge. Überfrachten Sie die Stunde nicht, planen Sie großzügig und gehen Sie den einfachen – und trotzdem zielorientierten – Weg. Entsprechende Einzelhinweise: siehe oben!

10. Schriftliche Lernkontrollen und Klausuren

Schriftliche Lernkontrollen (auch Klassenarbeiten, Tests oder Übungen genannt) in der Sek. I und Klausuren in der Sek. II werden aufgrund des nötigen Korrekturaufwands von Lehrkräften und natürlich aus anderen Gründen von den Schülerinnen und Schülern nicht unbedingt geliebt. Im Schulsystem sind sie jedoch notwendig (→ 9.) und bieten auch in gewisser Weise einen (sekundär) motivierenden Fixpunkt. Zum Anteil an der Gesamtnote gibt es keine bundesweit einheitlichen Regelungen. Auch sind teilweise Ersatzleistungen durch individuelle Referate o. Ä. möglich, wenn z. B. jemand gefehlt hat. Ein wichtiger Grundsatz ist, dass nur Arbeitsschritte verlangt werden können, die vorher auch bekanntgemacht und geübt worden sind. Also kann man nicht in der Klausur zum ersten Mal ein Kunstwerk beschreiben und deuten lassen.

Das Lernpensum zur Vorbereitung sollte überschaubar bleiben. Zu vermeiden sind unklare oder gar sich überschneidende Aufgabenstellungen, zu lange und zu schwierige Texte sowie zu umfangreiche Aufgaben, die nur Schnellschreiber lösen könnten. Lernkontrollen und Klausuren können, müssen aber keineswegs immer am Ende einer Unterrichtsreihe stehen. Denn so entsteht manchmal der falsche Eindruck, die Griechen seien plötzlich fort, können sofort vergessen werden und mit den Römern beginne etwas völlig Neues. Sinnvoll erscheint es eher, zuweilen eine Lernkontrolle oder Klausur epochenübergreifend zu stellen. Dann können Schülerinnen und Schüler zeigen, ob sie verstanden haben, welche Kontinuitäten und Brüche etwa zwischen der Weimarer Republik und der NS-Diktatur oder zwischen der NS-Diktatur und der frühen Bundesrepublik bestehen.

Wer sich allerdings erst kurz vor dem Klausurtermin die entsprechende Arbeit überlegt, dürfte Schwierigkeiten bekommen. Eine professionelle Reihenplanung schließt daher die sinnvolle Platzierung einer Lernkontrolle oder Klausur von vornherein mit ein.

Praxistipp: Lernkontrolle

Diese Methode wird von manchen oft erst nach vielen Dienstjahren konsequent angewendet, erspart aber viele Frustrationen und erbitterte Rückmeldungen von Lerngruppen („Dafür haben wir doch gar nicht gelernt!", „Da kam nur der Stoff der letzten Stunde vor der Arbeit!"). Vermeiden Sie diesen Frust, entwerfen Sie gleich zusammen mit der Unterrichtseinheit die geplante Abschlussklausur/Lernkontrolle. Nur so werden Sie den Unterricht mit der nötigen Vertiefung und Fokussierung abhalten können und Dinge in Ruhe einüben, die am Ende in der Lernkontrolle zusammenpassen und das Gefühl sinnhaften Unterrichts – und somit den Respekt der Lerngruppe vor Ihrem persönlichen Stil – verstärken.

Ansonsten besteht die Gefahr, dass Sie erst eine Woche vor dem Termin die Klausur „zusammenschustern" und in den letzten Stunden (für die Schüler leicht erkennbar ...) die wichtigen Inhalte hineinpressen bzw. nachschieben. Wenn die Lerngruppe dieses Verfahren kapiert, bricht Ihnen die Spannung für die nächste Unterrichtseinheit zusammen – man weiß ja, dass erst am Ende die relevanten Dinge kommen ...

Also: *Unterrichtsplan und Lernkontrolle gleich kombiniert erstellen!* Und wenn Sie Zeit haben, bitte auch gleich den *Erwartungshorizont* (knapp) formulieren. Dies fixiert den Unterrichtsfortgang enorm – was soll die Lerngruppe im Prinzip nach 4, 6 oder 8 Wochen Unterricht beherrschen?

Schriftliche Lernkontrollen in der Sek. I haben oft noch einen kleineren Anteil an der Gesamtnote als die Klausuren in der Sek. II. In den unteren Jahrgängen beginnen sie eher kleinschrittig-reproduktiv, können aber auch erklärende, interpretierende und einfache Einschätzungsaufgaben beinhalten („Begründe deine Meinung, *wer als Sieger im Investiturstreit gelten kann.*", „*Schätze ein, ob der Bauernkrieg auch ohne Reformation hätte stattfinden können.*"). Das Aufgabenformat ist schulrechtlich relativ frei, sie dürfen aber nicht zu lange dauern und zu große Unterrichtsabschnitte (negativ: das ganze Halbjahr) abfragen. Auch Lückentexte sind möglich. Auch hier geht es heutzutage um Anforderungen an die Schülerkompetenzen.

In der 6./7. Klasse empfiehlt sich ein sehr enger Bezug auf den erteilten Unterricht. In der Regel haben die Schülerinnen und Schüler kaum weiteres „Weltwissen", auf das sie zurückgreifen könnten. Man sollte in den Lösungen auf die korrekte Versprachlichung achten, denn den richtigen Ausdruck zu finden, ist für sie eine der Hauptschwierigkeiten. Reine Stichwortlösungen sollten damit nur ausnahmsweise zulässig sein. Zur Frage, ob der Erwartungshorizont strikt vor der Lernkontrolle zu erstellen ist oder nachträglich noch an die faktischen Leistungen angepasst werden darf, ist zu sagen: Begründete Ansprüche sollte man nicht vorschnell fallen lassen. Wenn aber die Lösung nirgends ansatzweise zu erkennen ist, kann das auch an der Fragestellung oder am zuvor erteilten Unterricht liegen.

Umstritten ist zurzeit die Möglichkeit, kreative Aufgaben *(Schreibe einen Brief an XY!)* in schriftlichen Lernkontrollen zu stellen, weil hier die Kriterien noch sehr wenig erprobt sind und nicht einfach vom Deutschunterricht übernommen werden, sondern mit der Förderung von Geschichtsbewusstsein zu tun haben sollten. Die Weckung historischer Fantasie alleine ist noch nicht aussagekräftig genug, historische Vorstellungen sollten auch stimmig sein.

Dagegen wird in jeder *Klausur der gymnasialen Oberstufe* gemäß den EPA-Anforderungsbereichen der Dreischritt Reproduktion – Deutung/Einordnung – Beurteilung geübt, allerdings je nach Bundesland mit etwas anderen Begrifflichkeiten oder Gewichtungen. Der Anteil des als schwierig geltenden Anforderungsbereiches III muss schrittweise gesteigert werden, darf aber in der Einführungsphase noch weniger stark zählen. Immer sollten die Materialien erkennbar an den Lehr-/Rahmenplan und behandelten Lernstoffen angebunden sein und nur Methoden und Arbeitstechniken fordern, die vorher auch geübt wurden. Wenn z. B. Karikaturen im Unterricht nie eine Rolle spielten, ist die Lernkontrolle bzw. Klausur nicht der geeignete Zeitpunkt für eine erste Interpretation einer Karikatur. Für den Anteil an der Gesamtnote eines Halbjahres gibt es meist eine verbindliche landesrechtliche Festlegung.

Bei den Aufgabestellungen sind die EPA-Operatoren für die deutliche Bezeichnung der drei Anforderungsbereiche notwendig und hilfreich, um eine konkrete Aufforderung (und deren jeweilige Komplexität) zu transportieren. Bei einer typischen Aufgabe 1 (Reproduktion) sollte dann nicht *„Kommentieren Sie die Quelle von ...“* stehen, sondern *„Fassen Sie die Quelle ... zusammen“* oder *„Nennen Sie die Hauptaussagen auf von ...“*. Es muss dann vorher geklärt werden, dass eine Quelle oder eine Darstellung immer einem angenommenen Leser zunächst vorzustellen ist mit Angaben zur Textart, zum Autor, zum Thema, zur Entstehung (Ort und Zeit): *„Die vorliegende Quelle/Darstellung ist ein ...“*.

Doppel- und Dreifachfragen oder unklare Erweiterungen sind zu vermeiden, typische Beispiele für solche Fallstrick-Fragen sind:

- *„Benennen Sie die Aussagen Adenauers, beachten Sie dabei die Haltung der Alliierten und kommentieren Sie auch die Position Stalins.“* [Eine Mammutaufgabe, die allzu viel „in einen Topf“ wirft.]
- *„Klären Sie die Intention der Stalin-Note, umreißen Sie in dem Zusammenhang die Position der Komintern und beachten Sie die Entwicklung der Sowjetunion.“* [Der Prüfling verzweifelt mit Sicherheit, da er neben der vermutlich behandelten Stalin-Note u. U. den großen Rahmen der Komintern und die sowjetische Geschichte 1917 ff. aufblättern soll ...]

Einerseits sollen die drei bis vier Teilaufgaben inhaltlich zusammenhängen und die Stufung der Anforderungsbereiche erkennen lassen (einheitliche Aufgabenstellung), andererseits müssen sich die Aufgaben deutlich voneinander unterscheiden. Die Zusammenfassung des Textes ist noch nicht die Interpretation, die kritische Auseinandersetzung und Meinungsbildung sollte am Ende der Textarbeit stehen. Die Fähigkeit, eine derartige Ordnung im Klausurtext einzuhalten, ist ein wichtiges Kriterium der Note. Auch sollten nur Aussagen erfolgen, die mit den Aufgaben zusammenhängen, nicht aber eine Aufzählung alles dessen sein, war vorher auswendig gelernt worden ist. Was „blind abgespult“ wird kann also die Note mindern.

Die Texte dürfen nicht zu lang sein, um Zeit für eine Interpretation und kritische Auseinandersetzung zu haben. Sie sollten auch nicht einfach Fakten referieren, sondern interpretationsfähige „heiße“ Stellen aufweisen. Hilfreich sind immer zwei Texte, die sich gut gegenüberstellen und vergleichen lassen, weil vielen Schülerinnen und Schülern so das Relevante schneller auffällt. Für den Anforderungsbereich III empfiehlt sich häufig, eine These in Form eines Zitates vorzustellen und diese dann diskutieren oder erörtern zu lassen. Die Schülerinnen und Schüler haben dann einen Ausgangspunkt ihrer Überlegungen: „Setzen Sie sich mit der Meinung des Historikers XY auseinander: ‚Zitat‘.“ Eine andere Möglichkeit ist eine Transferaufgabe mit einem anderen historischen oder einem aktuellen Sachverhalt. Es reicht dann aber nicht aus, diesen Sachverhalt einfach faktisch darzustellen, sondern er muss mit dem Klausurthema auch verknüpft werden.

Operatorensammlungen sind im Anhang (→ Text/Quelle 3) zu finden oder unter den Websites der Kultusministerien, z. B. kultusministerium.hessen.de/sites/default/files/media/hkm/la15-operatoren-deutsch-musik-sport-fbii_14.pdf oder bei www.standardsicherung.schulministerium.nrw.de/abitur-gost/fach.php?fach=12

Eine Liste davon sollte immer auf dem Schreibtisch der Referendarinnen und Referendare liegen.

Falls jemand sich wundert, warum bei den Arbeitsaufträgen meist in falscher Zeichensetzung das Ausrufzeichen fehlt, so liegt das an einer pädagogischen „Konvention“, den offen imperativischen Charakter einer Arbeitsaufforderung zu vermeiden, die eher als Anregung aufzufassen ist. Es handelt sich aber nicht um eine schulrechtliche Vorschrift.

10.1 Beispiel Sek. I – Lernkontrolle

Die Lernkontrolle zielt auf das Thema „Absolutismus" und ist zunächst vorwiegend reproduktiv und dann auf erläuternde/begründende/erklärende Leistungen angelegt (AFB I und II). *(zur Verfügung gestellt von Philipp Robens aus NRW)*

Klasse 7
Name:
Zeit: 20 Minuten

Test: Absolutismus in Frankreich – Ist der König allmächtig?

1. Mit welchen Mitteln versuchte der französische König Ludwig XIV. seine Macht auszubauen? (4 Punkte)
2. Benenne einige Gruppen, die sich dem Machtstreben des Königs widersetzten, und begründe ihr Verhalten. (4 Punkte)
3. Ludwig XIV. wird oft die Aussage „L'État c'est moi" (dt. „Der Staat bin ich") zugeschrieben. Auch wenn er dies tatsächlich nie gesagt hat, gilt dieser Satz dennoch als Leitsatz des Absolutismus. Erkläre, was damit ausgedrückt wird. (4 Punkte)

[Datum]
Note:

Erwartungshorizont (in Stichworten)

1. (4 Punkte)

Je ein Punkt für:

- einheitlicher Glauben
- auf Repräsentieren ausgelegte Kulturpolitik
- stehendes Heer/Wehrpflicht
- Zentralverwaltung
- Merkantilismus/staatlich geförderte Wirtschaft
- politische Ausschaltung der Stände

2. (4 Punkte)

- zwei Punkte für die Nennung von „Stände“ bzw. „Adel“, ggf. noch „Hugenotten“
- zwei Punkte für die jeweilige Begründung (Machtverlust, Bedeutungsverlust, Verlust von Rechten/Freiheiten ...)

3. (4 Punkte)

- zwei Punkte für die Darstellung des königlichen Anspruchs, die alleinige und ungeteilte Macht im Staat zu besitzen
- Weitere Punkte für:
  - Darstellung des Königs als „Kopf“ des Staates
  - Darstellung des „Gottesgnadentums“ absolutistischer Herrschaft
  - Darstellung des Selbstbildes Ludwigs (mit Erklärung zum Begriff „Sonnenkönig“)
  - Darstellung des königlichen Vorrangs gegenüber dem Adel

12 Punkte: Note 1; 10-11 Punkte: 2; 8-9 Punkte: 3; 6-7 Punkte: 4; 3-5 Punkte: 5; 0-2 Punkte: 6

10.2 Beispiel Lernerfolgskontrolle Jg.11 (oder 10 – Einführungsphase)

Im folgenden Beispiel aus der 10./11. Klasse zeigt sich immer noch ein eher kleinschrittiges Vorgehen, ohne Textmaterial wird vorhandenes Wissen in einer Stufung nach Schwierigkeitsgrad (zum Teil einfache W-Fragen, Arbeitsaufträge wie „Benenne ...“, „Erläutere“ usw.) abgefragt. Die Komplexität der Fragen ist begrenzt, allerdings wird in einer gewissen fachlichen Breite operiert. Die Schülerinnen und Schüler zeigen also tendenziell das Vermögen, mit gelerntem Stoff sinnvoll und sachkompetent umzugehen – weniger die Kompetenz, anhand neuer Materialien den gelernten Stoff und die erlernten Techniken anzuwenden. Wenn es um die Vorbereitung auf die Anforderungen der Qualifikationsstufe geht, sollten diese Elemente stärker erscheinen und der Anforderungsbereich III darf nicht fehlen. Dann ist eine kurze Quelle oder Darstellung als Ausgangspunkt zu empfehlen. Viele Anregungen können sich Anfänger aus den Prüfungsklausuren des Zentralabiturs verschiedener Bundesländer holen, die im Internet zu finden sind. *(Beispiel aus NRW, zur Verfügung gestellt von Jenny Indra)*

Datum:
Name:

Lernerfolgskontrolle: Revolutionen

1. Erläutern Sie den Bedeutungswandel des Begriffs *Revolution. (/4)*
2. Benennen Sie religiöse Gruppierungen in England im 17. Jahrhundert. *(/6)*
3. Benennen Sie politische Gruppierungen in England im 17. Jahrhundert. *(/4)*
4. Skizzieren Sie die Ursachen der *Englischen Revolution. (/4)*
5. Skizzieren Sie die Ursachen der *Amerikanischen Revolution. (/4)*
6. Erläutern Sie den Stellenwert der *Boston Tea Party* im Verlauf der Amerikanischen Revolution. *(/2)*
7. Stellen Sie die Ergebnisse der Amerikanischen und der Englischen Revolution einander gegenüber. *(/10)*
8. Nennen Sie grundlegende Aussagen der *Virginia Bill of Rights* (Kolonie Virginia/1776). *(/5)*
9. Erörtern Sie knapp den Stellenwert dieser Aussagen für die heutige Verfassung in demokratischen Staaten wie den USA. *(/4)*

Mögliche Punkte: 44

Erwartungshorizont

	Anforderungen Schülerin oder Schüler	AP	EP
1.	erläutert die Veränderung des Begriffs *Revolution*, womit eine meist unter *Gewalt* erfolgende *grundlegende Umgestaltung der gesellschaftlichen Struktur*, der *politischen Organisation*, der *kulturellen Wertvorstellungen* gemeint ist.	4	
2.	benennt als religiöse Gruppen in England (17. Jahrhundert) die *Katholiken* und *Protestanten* sowie deren Untergruppen der *Anglikaner*, *Presbyterianer*, *Independenten* und *Puritaner*.	6	
3.	benennt als politische Gruppen *König* und *Parlament* sowie *Levellers* und *Diggers*	4	
4.	skizziert als Ursachen für die Englische Revolution die *Konfrontation zwischen Krone und Parlament*, insbesondere um die *Prärogativrechte* des Königs, die im Land herrschenden *religiösen Gegensätze*, sowie grundlegende *staatsstrukturelle Probleme*, die zu einer eklatanten *Finanznot* führen.	4	
5.	skizziert als Ursachen für die Amerikanische Revolution die Unterdrückung des *wirtschaftlichen Aufschwungs* in den Kolonien durch das Mutterland, insbesondere durch steigende *Steuer- und Zollkosten* (z. B. Stempelsteuer, usw.). – weist darauf hin, dass diese Ursachen zum Bruch mit dem Mutterland führen.	4	
6.	erläutert den Stellenwert der Boston Tea Party: als Anlass, durch den es zu den ersten militärischen Auseinandersetzungen zwischen dem britischen Militär und den Bewohnern der Kolonien kommt.	2	
7.	stellt die Ergebnisse der beiden Revolutionen einander gegenüber, indem er die jeweiligen Ergebnisse auflistet. Für die *Englische Revolution:* konstitutionelle Monarchie, schriftlich fixierte Rechte für das Parlament, die Einstufung der Revolution als religiös-politisch, nicht als sozial und die Erkenntnis, dass es letztlich zu keiner Veränderung in der Gesellschaftsstruktur kommt. Für die *Amerikanische Revolution:* Republik, Autonomie der Kolonien von England, Verfassung, schriftlich fixierte Grundrechte, Volkssouveränität, Bundesstaatenprinzip	10	
8.	nennt als die grundlegenden Aussagen der *Virginia Bill of rights* die Verschriftlichung der wichtigsten Grundsätze: *Volkssouveränität*, *Gewaltenteilung*, *Wahlrecht*, *Gesetzgebung*, *Presse-* und *Religionsfreiheit*	5	
9.	legt dar: Verfassungsgrundsätze (Volkssouveränität, Gewaltenteilung) oft gleich geblieben, Wahlrecht verändert (Frauen, Arme, Farbige), Grundrechte im Kern gleich, mit einigen Erweiterungen	5	
	erreicht ggf. Zusatzpunkte	3	

Der Prüfling hat folgende Punktzahl erreicht: /44

44-39 Punkte: Note 1; 38-34 Punkte: Note 2; 33-28 Punkte: Note 3; 27-22 Punkte: Note 4; 21-10 Punkte: Note 5; 9-0 Punkte: Note 6

10.3 Beispiel einer Klausur, Grundkurs NRW

Datum:
Name:

Thema: Das „kurze" 20. Jahrhundert. Ende des Rechts- und Verfassungsstaates in Deutschland 1933/34

Alfred Rosenberg (geb.1893 – zum Tode verurteilt und hingerichtet als Hauptkriegsverbrecher am 16.10.1946 in Nürnberg) war NSDAP-Politiker und galt als führender Ideologe der Partei. Er trug durch seine rassenideologischen Schriften zu einer Verschärfung des Antisemitismus bei, v. a. als Chefredakteur (Hauptschriftleiter, 1923-38) der NS-Tageszeitung „Völkischer Beobachter". Des Weiteren war er „Beauftragter des Führers für die Überwachung der gesamten geistigen und weltanschaulichen Schulung und Erziehung der NSDAP", später „Reichsminister für die besetzten Ostgebiete" und mitverantwortlich für die Ermordung der europäischen Juden.

In den letzten Monaten ist in vielen Reden und Aufsätzen die Anschauung zum Ausdruck gelangt, als trete nunmehr an die Stelle des Parteienstaates, an die Stelle eines liberalistisch zersplitterten Staatsgefüges der sogenannte totale Staat. Dieser Staat beschlagnahme gleichsam das gesamte politische, wirtschaftliche und kulturelle Leben der Nation, sei Vormund, Leiter und Kommandierender aller Lebensäußerungen, um auf diese Weise die notwendige Einheit Deutschlands auf allen Gebieten zu sichern. Es ist bei diesen Auslassungen übersehen worden, dass der abstrakte Staat durchaus ein Gedanke des liberalistischen Zeitalters gewesen ist, der als technisches Machtinstrument neben Wirtschaft und Kultur als ein für sich Bestehendes hingestellt und demgemäß angebetet oder von anderen Strömungen leidenschaftlich bekämpft wurde. [...]

Die Revolution des 30. Januar 1933 ist nun nicht etwa die Fortsetzung des absolutistischen Staates, wieder mit einem neuen Vorzeichen, sondern der Staat wird hier zum Volk und Volkstum in eine andere Beziehung gesetzt wie 1918, aber auch anders wie 1871. Was sich in diesem vergangenen Jahre vollzogen hat und in weiterem Umfange noch vollziehen wird, ist nicht die sogenannte Totalität des Staates, sondern die Totalität der nationalsozialistischen Bewegung. Der Staat ist nicht mehr etwas, was neben dem Volk und neben der Bewegung, sei es als mechanistischer Apparat, sei es als herrschendes Instrument, bestehen soll, sondern als ein Werkzeug der herrschenden nationalsozialistischen Weltanschauung. [...] Würden wir fortlaufend vom totalen Staat sprechen, so würde nach und nach bei jüngeren Nationalsozialisten und kommenden Geschlechtern wieder der Begriff des Staates an sich ins Zentrum rücken und die Handlungen der Staatsbeamten als das Primäre empfunden werden. Betonen wir aber schon heute mit aller Deutlichkeit, dass es eine bestimmte politische Weltanschauung und Bewegung ist, die das Recht der Totalität beansprucht, so werden die Blicke der Generationen sich eben auf diese Bewegung richten und das Verhältnis zwischen Staat und NSDAP in einem ganz anderen Licht erblicken, als wenn man die Staatlichkeit an sich als das Höchste bezeichnen würde. Die nationalsozialistische Bewegung ist die geformte Kraft des Denkens des 20. Jahrhunderts zur Sicherung des gesamtdeutschen Volkes, seines Blutes und seines Charakters. Dieser Bewegung steht der Staat als machtvollstes und männlichstes Werkzeug zur Verfügung und hat seine Lebenskräfte und Antriebe immer wieder neu von der Bewegung zu empfangen, damit er geschmeidig und widerstandsfähig bleibt und der Gefahr einer Bürokratisierung und Versteinerung und Volksentfremdung entgeht. Erst in diesem Zusammenhang gesehen wird der nationalsozialistische Staatsbegriff erst richtig blutvoll und wir glauben, dass der Staat auch erst dadurch seine höhere Weihe, seine innere Stärke und seine größere Autorität bezieht, als wenn er, vielleicht von energischen Einzelnen geführt, doch zu einem Zweck an sich sich verwandeln könnte und deshalb verknöchern würde.

Aus all diesen Gründen empfiehlt es sich für alle Nationalsozialisten, deshalb nicht mehr vom totalen Staat zu sprechen, sondern von der Ganzheit (Totalität) der nationalsozialistischen Weltanschauung, der NSDAP als Körper dieser Weltanschauung und vom nationalsozialistischen Staate als dem Werkzeug zur Sicherung von Seele, Geist und Blut des Nationalsozialismus als der epochalen Erscheinung, die im 20. Jahrhundert ihren Anfang genommen hat.

Alfred Rosenberg, Zeitungsartikel in der NS-Zeitung „Völkischer Beobachter“ Norddeutsche Ausgabe, Nr. 9, vom 9.1.1934

1. Analysieren Sie die vorliegende Quelle. *(max. 28 P.)*
2. Stellen Sie die Ausführungen Rosenbergs in einen historischen Zusammenhang zu den wichtigsten Etappen der nationalsozialistischen „Machteroberung“ in Deutschland. *(max. 28 P.)*
3. Beurteilen Sie die Staatsauffassung Rosenbergs mit Blick auf die nationalsozialistische Ideologie und diskutieren Sie anschließend mögliche Schwierigkeiten bei der Durchsetzung dieser Staatsidee. *(max. 24 P.)*
   (Darstellung max. 20 P.)

Erwartungshorizont

Aufgabe 1 – 28 Punkte

	Der Prüfling	**max. Punkt-zahl**	**erreichte Punkt-zahl**
1.	benennt den *Autor* (Alfred Rosenberg: NS-Ideologe, Chefredakteur des „Völkischen Beobachters" und später Reichsminister für die besetzten Ostgebiete) und den bzw. die *Adressaten* (Parteimitglieder der NSDAP sowie das deutsche Volk).	2	
2.	charakterisiert die *Quellenart* (Dokument, Überrest) und die *Textsorte* (Auszug aus einem Artikel der nationalsozialistischen Tageszeitung „Völkischer Beobachter").	2	
3.	nennt den *Anlass* des Zeitungsartikels („falscher" und „irreführender" Sprachgebrauch in den Medien für die „Machtergreifung" der Nationalsozialisten) und nimmt eine erste kurze historische Einordnung der Quelle vor: Zeitungsartikel fällt in die Phase der sogenannten „nationalen Revolution" 1933/34.	2	
4.	benennt das *Thema* des Artikels: Klärung des Verhältnisses von Staat und nationalsozialistischer „Weltanschauung" der NSDAP.	2	
5.	arbeitet die *Intention* des Redners heraus: Etablierung eines neuen Sprachgebrauchs („Totalität" der NS-Ideologie statt „totaler" Staat).	4	
6.	gibt *Inhalt* und *Gedankengang* des Textauszugs wieder, indem er als zentrale Aussagen Rosenbergs herausarbeitet, • dass in den Medien der Begriff „totaler Staat" als Ziel der NS-Politik auftauche, • dass die Existenz des abstrakten Staates und die Rede vom „totalen Staat" letztlich ein liberaler Gedanke sei, • dass in der NS-Ideologie der Staat in neues Verhältnis zum Volk gestellt werde, • dass das Ziel der „Revolution" die „Totalität der nationalsozialistischen Bewegung" sei, • dass der Staat als Instrument der nationalsozialistischen Bewegung begriffen werden solle, • dass daher der Sprachgebrauch geändert werden müsse, um die Ideologie in den Vordergrund zu rücken, • dass der Staat in einem permanenten Austausch mit der nationalsozialistischen Bewegung stehen solle, • dass Rosenberg eine Sprachänderung von allen Nationalsozialisten fordert. **Orientierung für eine 8 Gewichtungspunkten entsprechende Lösungsqualität:** Die Hauptaussagen der Quelle werden, z. B. auf der Grundlage einer Gliederung nach Sinnabschnitten im textdurchschreitenden Verfahren, zutreffend wiedergegeben. **Orientierung für eine 16 Gewichtungspunkten entsprechende Lösungsqualität:** Die Hauptaussagen der Quelle werden auf der Grundlage einer Gliederung differenziert herausgearbeitet, sodass Inhalt und gedanklicher Aufbau der Quelle präzise erfasst werden.	16	
7.	erfüllt ein weiteres aufgabenbezogenes Kriterium (4)		

Aufgabe 2 – 28 Punkte

	Der Prüfling	max. Punktzahl	erreichte Punktzahl
1.	stellt den Zeitungsartikel in einen *historischen Zusammenhang* zu den wichtigsten Etappen der nationalsozialistischen „Machteroberung" in Deutschland, indem er z. B. anführt: Gesetzgeberische Maßnahmen: • „Reichstagsbrandverordnung" (28.2.1933), • „Ermächtigungsgesetz" (23.3.1933), • Gleichschaltung der Länder (7.4.1933), • Gesetz gegen die Neubildung von Parteien (14.7.1933), • Gesetz zur Sicherung der Einheit von Partei und Staat (1.12.1933), • Gesetz über das Staatsoberhaupt (1.8.1934). Gewalttätige Maßnahmen: • Verhaftung generischer Politiker (SPD, KPD etc.), • Einrichtung von Konzentrationslagern. „Gleichschaltungspolitik": • in Bereichen der Kultur („Reichskulturkammer", Schriftleitergesetz 4.10.33), • der Presse, • der Gewerkschaften. Gesellschaftliche und wirtschaftliche Impulse: • Übernahme aller staatlichen Institutionen, • Arbeitsbeschaffungsmaßnahmen, Umstellung auf Kriegsproduktion, • Einbindung der Bevölkerung in zivile NS-Organisationen. Massive NS-Propaganda: • Mythos vom unfehlbaren „Führer", • Einsatz neuer Propagandamedien wie Film und Rundfunk, • Überhöhung der „Volksgemeinschaft", Identitätsstiftung. **Orientierung für eine 14 Gewichtungspunkten entsprechende Lösungsqualität:** Der Prüfling erläutert drei Sachverhalte mit den zugehörigen Fakten und weist dabei grundlegende historische Kenntnisse nach. Die Darstellung ist meist frei von sachlichen Fehlern. **Orientierung für eine 28 Gewichtungspunkten entsprechende Lösungsqualität:** Der Prüfling erläutert die Sachverhalte mit den zugehörigen Fakten differenziert und weist vertiefte historische Kenntnisse nach. Die Darstellung ist frei von sachlichen Fehlern.	28	
2.	Erfüllt ein weiteres aufgabenbezogenes Kriterium. (4)		

Aufgabe 3 – 24 Punkte

	Der Prüfling ...	**max. Punkt-zahl**	**erreichte Punkt-zahl**
1.	beurteilt die Staatsauffassung Rosenbergs mit Blick auf die nationalsozialistische Ideologie. Der Prüfling ... • arbeitet einzelne Aspekte der nationalsozialistischen Ideologie heraus (arische Volksgemeinschaft, Antisemitismus, sozialdarwinistischer Kampf der Völker, Lebensraumideologie) • und gelangt z. B. zu dem Urteil, dass die nationalsozialistische Staatsidee als Gegenentwurf zu einem liberal-individualistischen, parlamentarisch-demokratischen Staat entworfen wurde. **Orientierung für eine 5 Gewichtungspunkten entsprechende Lösungsqualität:** Der Prüfling gelangt zu einer Beurteilung, die einen Aspekt heranzieht und begründet es. **Orientierung für eine 10 Gewichtungspunkten entsprechende Lösungsqualität:** Der Prüfling gelangt zu einer Beurteilung, die drei Aspekte kenntnisreich und differenziert ausführt und beurteilt.	10	
2.	... und könnte bei der Diskussion dieser Staatsidee zu dem Urteil gelangen, dass ... • die von Rosenberg propagierte Durchdringung des Staates durch die „NS-Weltanschauung" eine propagandistische Zielvorstellung darstellte, • die Verabsolutierung der NS-Ideologeme einen Dualismus von Staat und Partei hervorbrachte, der eine Polykratie und damit ein Wirrwarr verschiedener Staats- und Parteiämter bewirkte, • eine solche Staatsidee die Individualität der Bevölkerung auf Dauer, d. h. in einem Friedenszustand, nicht zu binden vermag. **Orientierung für eine 7 Gewichtungspunkten entsprechende Lösungsqualität:** Der Prüfling gelangt zu einer ansatzweisen Beurteilung, die einen Aspekt heranzieht und diskutiert. **Orientierung für eine 14 Gewichtungspunkten entsprechende Lösungsqualität:** Der Prüfling gelangt zu einer Beurteilung, die zwei Aspekte kenntnisreich und differenziert diskutiert und bewertet.	14	
3.	... erfüllt ein weiteres aufgabenbezogenes Kriterium. (4)		

Darstellungsleistung – 20 Punkte

	Der Prüfling	max. Punkt-zahl	erreichte Punkt-zahl
1.	strukturiert seinen Text schlüssig, stringent sowie gedanklich klar und bezieht sich dabei genau und konsequent auf die Aufgabenstellung.	5	
2.	bezieht beschreibende, deutende und wertende Aussagen schlüssig aufeinander.	4	
3.	belegt seine Aussagen durch angemessene und korrekte Nachweise (Zitate)	3	
4.	formuliert unter Beachtung der Fachsprache präzise und begrifflich differenziert	4	
5.	schreibt sprachlich richtig (Grammatik, Syntax, Orthographie, Zeichensetzung) sowie syntaktisch und stilistisch sicher.	4	

Gesamtpunktzahl

	max. Punkt-zahl	erreichte Punkt-zahl
Aufgabe 1	28	
Aufgabe 2	28	
Aufgabe 3	24	
Aufgabe Darstellungsleistung	20	
Summe insgesamt	**100**	

Die Klausur wird abschließend mit der Note: (Punkte) bewertet.

Unterschrift, Datum:

10.4 Beispiel einer abiturvorbereitenden Klausur, mit Wahlmöglichkeiten

Diese Klausur ist in einer gymnasialen Abschlussklasse (12 oder 13) und im erhöhten Anforderungsbereich (auch Leistungskurs) anzusiedeln, sie enthält Formatmischungen (Text, Karikatur) und stellt zwei Aufgaben zur Auswahl. (Entwurf von Minette Dorbund, Hessen)

Datum:
Name:

Thema: Der Kalte Krieg und Deutschland bis Anfang der 50er Jahre

Abiturvorbereitende Oberstufenklausur/dreistündig (135 min), Hessen

Auswahlverfahren: Wählen Sie von den zwei vorliegenden Vorschlägen einen zur Bearbeitung aus. Der nicht ausgewählte Vorschlag wird am Ende der Einlesezeit der Lehrkraft zurückgegeben. Die Vorschläge können auch alternative Arbeitsanweisungen enthalten.

Erlaubte Hilfsmittel: Wörterbuch zur deutschen Rechtschreibung

Vorschlag 1: Die politische Situation in Deutschland 1945 und die Teilung Deutschlands

1. Fassen Sie die Kernaussagen der Rede von Konrad Adenauer 1950 zusammen (Material 1). (20 BE)
2. Erläutern Sie den Kontext der Ausführungen Adenauers und analysieren Sie die im Text entwickelte Gesamtstrategie Adenauers. (35 BE)
3. Interpretieren Sie unter Rückbezug auf Adenauer die Karikatur (Material 2). (20 BE)
4. Der Historiker Wilfried Loth bemerkt: (25 BE)
   „[...] Adenauers Beitrag zur Lösung der deutschen Frage hat darum zwei sehr unterschiedliche Seiten: Auf der einen Seite hat er nicht geringen Anteil daran, dass im Moment des Zusammenbruchs des Sowjetimperiums ein attraktives Deutschland im Westen zur Verfügung stand, an das sich die DDR-Deutschen wenden konnten. Auf der anderen Seite ist er selbst mit dafür verantwortlich, dass sich die deutsche Frage so stellte. [...]" (Wilfried Loth. In: Parlament, 8.5.1992, S. 16)
   Nehmen Sie Stellung zur Plausibilität dieser Bewertung.

BE insgesamt:

Material 1: Konrad Adenauer, Rede auf dem 1. Bundesparteitag der CDU in Goslar, 20.10.1950

Deutschlands Stellung und Aufgabe in der Welt

Über Deutschlands Stellung und Aufgabe in der Welt zu sprechen, wäre noch vor einem Jahr nicht möglich gewesen [...] Man ist es dem deutschen Volke und der Welt schuldig, darüber zu sprechen. Noch drücken uns zwar schwere soziale Sorgen – Wohnungsnot, Lastenausgleich, Kriegsopferversorgung –, noch sind wir weder politisch noch wirtschaftlich frei, wenngleich wir auf dem Wege zur Freiheit sind, noch sind die beiden Teile Deutschlands durch den eisernen Vorhang getrennt, aber unser Aufbau, unsere innere Konsolidierung, hat doch schon solche Fortschritte gemacht, dass das deutsche Volk in allen seinen Schichten wieder beginnt, sich Gedanken über seine Zukunft zu machen. [...]

Wenn wir die Frage nach der Stellung und der Aufgabe des deutschen Volkes beantworten wollen, müssen wir vor allem eines uns klar machen: die gegenwärtige politische Lage in der Welt wird nicht von Dauer sein. [...]

Deutschland in zwei Teile gewaltsam zerrissen, politisch und wirtschaftlich schwer geschädigt, außenpolitisch ein Vakuum. [...]

Sowjet-Russland fühlt sich nicht mehr als europäische, sondern als bolschewistische Macht. [...]

Es steht jetzt mitten in Europa. Es ist in der Lage, in seinen europäischen Satellitenstaaten und durch die von ihm beeinflussten Völker in Asien jederzeit große Kriege zu führen, ohne einen einzigen sowjet-russischen Soldaten dafür einzusetzen.

Darüber hinaus hat Sowjet-Russland in europäischen Ländern starke 5. Kolonnen errichtet und aufgebaut, kommunistische Parteien gegründet und finanziert. Es ist so in der Lage, auf die politischen Geschicke anderer europäischer Länder ohne kriegerische Maßnahmen unter Umständen einen entscheidenden Einfluss in seinem Sinne auszuüben. Es hat planmäßig und zielbewusst alle Kampfmittel des Kalten Krieges vorbereitet. Die Vereinigten Staaten von Nordamerika haben sich seit 1914 zu einer Weltmacht allerersten Ranges entwickelt. [...] Es ist die stärkste Militärmacht, die stärkste wirtschaftliche Macht der Erde. Es ist ein großes Glück für die Menschheit, dass das amerikanische Volk freiheitsliebend, fortschrittlich und entschlossen ist. Es hat überraschend schnell die Rolle, die ihm nunmehr in der Geschichte der Menschheit zugefallen ist, begriffen, es hat klar erkannt, welche Verantwortung ihm seine Macht und sein Reichtum gegenüber der gesamten Menschheit auferlegt.

[...] Der Gegensatz zwischen den beiden Super-Mächten ist so groß, dass er schon an sich geeignet ist, Spannungen hervorzurufen.

Die aus der ideologischen Verschiedenheit herauswachsenden Spannungen werden gesteigert durch das Verhalten Sowjet-Russlands seit 1945. Sowjet-Russland hat sich, wie ich eben schon ausgeführt habe, entgegen allen Prinzipien der freien Demokratie mit Gewalt einer ganzen Anzahl von Ländern bemächtigt. Es rüstet hinter seinem eisernen Vorhang mit Hochdruck, es rüstet in seinen Satellitenstaaten und in der Sowjetzone. [...]

Zwischen diesen beiden Lagern liegt die Bundesrepublik Deutschland mit ihren fast 50 Millionen Menschen. Unsere Lage mitten im europäischen Spannungsfeld ist alles andere als beruhigend. Seit Jahr und Tag musste jeder, der die Dinge klar sieht, fürchten um unser Vaterland, um unsere Sicherheit, er musste fürchten, dass Deutschland eventuell Schauplatz kriegerischer Auseinandersetzungen werden könnte, er musste zittern davor, dass im Falle eines russischen Angriffs Millionen von Deutschen nach Russland getrieben, in russische Armeen gesteckt oder zur Sklavenarbeit verdammt würden. Es ist daher für jeden Deutschen eine große Erleichterung und Beruhigung, dass auf der New Yorker Konferenz von den Außenministern der Vereinigten Staaten, Englands und Frankreichs ein Versprechen hinsichtlich des Schutzes und der Sicherheit der Bundesrepublik Deutschland abgegeben worden ist, wie es klarer und deutlicher nicht abgegeben werden konnte.

Deutschland steht unmittelbar der sowjet-russischen Macht gegenüber, im Falle einer russischen Aggression würde es das erste Opfer sein. Der Kalte Krieg wird von Sowjet-Russland mit aller Kraft gegen uns geführt. [...]

Es ist die Aufgabe Deutschlands, einen Damm aufzurichten gegen das Einsickern und die Infiltration sowjet-russischer Ideen. Wir müssen die Menschheit diesseits des eisernen Vorhangs aufklären über das, was jenseits des eisernen Vorhangs vor sich geht, was auch uns, was Europa beschieden sein würde, wenn die russische Ideologie bei uns in Europa zur Herrschaft gelangte.

Unkraut gedeiht auf schlechtem Boden. Das gilt auch vom Kommunismus. Daher müssen wir uns bemühen, in unserem Lande Arbeit und Sicherheit, eine gerechte soziale Ordnung zu schaffen. Ein mächtiger Verbündeter des Kommunismus und Sowjet-Russlands ist die Furcht, ist die Angst. Für sie darf kein Raum mehr bei uns sein [...] Unsere Partei ist überzeugt davon, dass das christliche Gedankengut, das sie zur Grundlage ihrer Innen- und Außenpolitik machen will, wesentlich ist für den Kampf gegen den Bolschewismus. Es liegt mir fern zu sagen, dass unsere Partei allein die Aufgabe hat, diesen Damm gegen den Bolschewismus zu errichten. Wir wünschen, dass alle anderen Parteien unseres Landes mit uns an dieser im besten und wahrsten Sinne des Wortes überparteilichen deutschen und europäischen Aufgabe mitarbeiten. In der letzten Zeit ist in der deutschen Öffentlichkeit besonders lebhaft die Frage diskutiert worden, ob Deutschland einen Beitrag zur Verteidigung seiner selbst und Europas leisten sollte. [...]

Von den Vertretern der drei Koalitionsparteien wurde im Europarat erklärt, dass man, um den demokratischen Völkern Europas und der Welt den Frieden, aber auch die Freiheit zu erhalten, bereit und entschlossen sei, den Gedanken einer vereinigten europäischen Armee unter gemeinsamer europäischer Führung und genauer demokratischer Kontrolle zu unterstützen. Die Abgesandten der Bonner Koalitionsparteien erklärten sich bereit, mit der Rückkehr zur Gleichberechtigung auch gleiche Verpflichtungen zu übernehmen wie die Angehörigen anderer Staaten. Die Errichtung einer besonderen deutschen Armee lehnten sie ab. [...]

Das französische Volk darf davon überzeugt sein, dass wir Deutsche dem Zerwürfnis mit Frankreich für immer ein Ende machen wollen, dass wir deswegen mit aller Kraft an der Gestaltung und dem Zustandekommen des Schuman-Planes mitgearbeitet haben und weiter arbeiten werden. [...]

Es werden sowohl bei uns wie auch im Auslande Stimmen laut, die befürchten, dass die Stellung eines deutschen Kontingentes in einer amerikanisch-europäischen Armee ein Wiederaufkommen militaristischen Denkens bei uns zur Folge haben werden. Darauf erwidere ich folgendes: Die Bundesregierung, der Bundestag und ich persönlich werden uns mit ganzer Kraft dafür einsetzen, dass das militaristische Denken, das seine schärfste Ausprägung in der nationalsozialistischen Zeit gefunden hat, unter keinen Umständen wiederkommt. Wir werden mit allen uns zur Verfügung stehenden gesetzlichen Mitteln gegen diejenigen Kräfte vorgehen, die eine solche Wiederbelebung vergangener Zeiten versuchen wollen. [...]

[...] Es ist notwendig, dass das deutsche Volk weiß, dass es mit diesem Weltgeschehen noch eine Aufgabe zu erfüllen hat. In unserer Zeit wird es sich entscheiden, ob Freiheit, Menschenwürde, christlich-abendländisches Denken der Menschheit erhalten bleiben oder ob der Geist der Finsternis und der Sklaverei für eine lange Zeit seine Geißel über die hilflos am Boden liegende Menschheit schwingen wird. Deutschlands Aufgabe ist es, einen Frieden in Freiheit zu sichern.

Deutschland Union Dienst, Sonderausgabe vom 20.10.1950, Ausgabe B (hektografiert).

Material 2: Karikatur – „Das Modell und wie es die großen Künstler sehen“

Für politisch informierte Zeitgenossen waren unmittelbar erkennbar (von links nach rechts) die Außenminister Marshall (USA), Bidault (Frankreich), Bevin (Großbritannien) und der Sowjetführer Stalin.

Karikatur von Rabinowitsch. In: Nebelspalter, Schweiz, 3.7.1947

Vorschlag 2: Die Stalin-Note 1952 und die deutsche Frage

1. Fassen Sie die Kernaussagen der Stalin-Note von 1952 (Material 1) zusammen. (20 BE)
2. Erläutern Sie Kontext und Intention der Stalin-Note. (35 BE)
3. Arbeiten Sie die Haltung Adenauers zur Stalin-Note heraus und erklären Sie seine Argumentation (Einbezug Material 2). (20 BE)
4. Nehmen Sie Stellung zur Bewertung des bundesdeutschen Oppositionsführers Kurt Schumacher (SPD) (Einbezug Material 3a). (25 BE)
   oder
   Interpretieren Sie die Karikatur und diskutieren Sie deren Aussage (Material 3b).

BE insgesamt:

Material 1: (Erste) Note der sowjetischen Regierung an die Regierungen Frankreichs, des Vereinigten Königreichs und der Vereinigten Staaten vom 10.3.1952 (Stalin-Note)

Die Sowjetregierung hält es für notwendig, die Regierung der Vereinigten Staaten von Amerika darauf aufmerksam zu machen, daß, obwohl seit Beendigung des Krieges in Europa bereits etwa sieben Jahre vergangen sind, immer noch kein Friedensvertrag mit Deutschland abgeschlossen wurde. [...]

Um diesen unnormalen Zustand zu beseitigen, legt die Sowjetregierung ihrerseits den Regierungen der USA, Großbritanniens und Frankreichs den beigefügten Entwurf für die Grundlagen eines Friedensvertrages mit Deutschland zur Prüfung vor. [...]

Politische Leitsätze

1. Deutschland wird als einheitlicher Staat wiederhergestellt. Damit wird der Spaltung Deutschlands ein Ende gemacht, und das geeinte Deutschland gewinnt die Möglichkeit, sich als unabhängiger, demokratischer, friedliebender Staat zu entwickeln.
2. Sämtliche Streitkräfte der Besatzungsmächte müssen spätestens ein Jahr nach Inkrafttreten des Friedensvertrages aus Deutschland abgezogen werden. Gleichzeitig werden sämtliche ausländischen Militärstützpunkte auf dem Territorium Deutschlands liquidiert.
3. Dem deutschen Volke müssen die demokratischen Rechte gewährleistet sein, [...] einschließlich der Redefreiheit, der Pressefreiheit, des Rechts der freien Religionsausübung, der Freiheit der politischen Überzeugung und der Versammlungsfreiheit.
4. In Deutschland muß den demokratischen Parteien und Organisationen freie Betätigung gewährleistet sein; sie müssen das Recht haben, über ihre inneren Angelegenheiten frei zu entscheiden, Tagungen und Versammlungen abzuhalten, Presse- und Publikationsfreiheit zu genießen.
5. Auf dem Territorium Deutschlands dürfen Organisationen, die der Demokratie und der Sache der Erhaltung des Friedens feindlich sind, nicht bestehen.
6. Allen ehemaligen Angehörigen der deutschen Armee, einschließlich der Offiziere und Generäle, allen ehemaligen Nazis, mit Ausnahme derer, die nach Gerichtsurteil eine Strafe für von ihnen begangene Verbrechen verbüßen, müssen die gleichen bürgerlichen und politischen Rechte wie allen anderen deutschen Bürgern gewährt werden zur Teilnahme am Aufbau eines friedliebenden, demokratischen Deutschland.
7. Deutschland verpflichtet sich, keinerlei Koalitionen oder Militärbündnisse einzugehen, die sich gegen irgendeinen Staat richten, der mit seinen Streitkräften am Kriege gegen Deutschland teilgenommen hat.

Das Territorium

Das Territorium Deutschlands ist durch die Grenzen bestimmt, die durch die Beschlüsse der Potsdamer Konferenz der Großmächte festgelegt wurden. [...]

Militärische Leitsätze

1. Es wird Deutschland gestattet sein, eigene nationale Streitkräfte (Land-, Luft- und Seestreitkräfte) zu besitzen, die für die Verteidigung des Landes notwendig sind.
2. Deutschland wird die Erzeugung von Kriegsmaterial und -ausrüstung gestattet werden, deren Menge oder Typen nicht über die Grenzen dessen hinausgehen dürfen, was für die Streitkräfte erforderlich ist, die für Deutschland durch den Friedensvertrag festgesetzt sind.

Deutschland und die Organisation der Vereinten Nationen

Die Staaten, die den Friedensvertrag mit Deutschland abgeschlossen haben, werden das Ersuchen Deutschlands um Aufnahme in die Organisation der Vereinten Nationen unterstützen.

Europa-Archiv 7 (1952), 7. Folge, S. 4832-4833

Material 2: Adenauers Reaktion auf die sowjetische Note („Stalin-Note“) vom 10.3.1952

Bei einer ersten Durchsicht der sowjetrussischen Note vom 10. März 1952 kam ich zu folgendem Urteil.

Grundziel der sowjetischen Außenpolitik war nach wie vor die Verhinderung der Einigung Europas. Unter allen Umständen sollte durch die Ausklammerung Deutschlands die europäische Integration gestört werden. Deutschland sollte ein machtloses Gebilde werden, in dem die Sowjetunion auf Grund ihrer geographischen Lage und ihres gewaltigen Übergewichts den entscheidenden Einfluß gewinnen und das sie jederzeit gänzlich in ihren Machtbereich einbeziehen konnte.

Die Sowjetunion hielt offenbar den Zeitpunkt für gekommen, noch einmal den Versuch zu machen, die Entwicklung des europäischen Zusammenschlusses aufzuhalten und, wenn möglich, zu zerstören. Sowjetrußland versuchte offensichtlich, die Integration Europas zu hemmen mit all den Konsequenzen, die sich daraus ergeben würden. Das beste Mittel, dies zu erreichen, war tatsächlich die von sowjetischer Seite geplante Neutralisierung Deutschlands. Ohne Deutschland war die Integration Europas von Anfang an zum Scheitern verurteilt. [...]

Die Folgen waren mit einiger Sicherheit vorauszusehen: Angesichts der kleinlichen europäischen Händel und der Unmöglichkeit, ein vereintes Europa zu schaffen, würde sich das amerikanische Volk enttäuscht von Europa abwenden. Ein wichtiges Ziel Sowjetrußlands wäre erreicht. Der Weg für eine schrittweise erfolgende kommunistische Unterminierung der einzelnen europäischen Staaten läge frei. Das Endergebnis wäre die völlige Abhängigkeit Europas von der Sowjetunion [...]

Konrad Adenauer: Erinnerungen, 1945-1953. Deutsche Verlagsanstalt, Stuttgart 1965, S. 69ff.

Unterminierung: Unterwanderung, verdeckte Beeinflussung
Konzession: Zugeständnis
Hohe Kommissare: Vertreter der Regierungen der westlichen alliierten Großmächte in der Zeit der Gültigkeit des Besatzungsstatuts

Material 3a: Der Oppositionsführer Kurt Schumacher (SPD) an den Bundeskanzler

Sehr geehrter Herr Bundeskanzler!

Obgleich das Verhalten der Bundesregierung und ihrer Parteien in der Bundestagsdebatte vom 3. April nicht dazu ermutigt, Ihnen nochmals brieflich Vorschläge für eine gemeinsame Stellungnahme von Regierung und Opposition in der Frage der Wiedervereinigung Deutschlands zu machen, möchte ich Ihnen im Namen der Sozialdemokratischen Fraktion noch einmal darlegen, wie dringlich es ist, zum Notenwechsel zwischen den Regierungen der vier Besatzungsmächte konkrete deutsche Forderungen zur Geltung zu bringen. Das ist umso dringlicher, als man nicht weiß, ob sich in absehbarer Zeit noch eine Chance zur friedlichen und demokratischen Wiedervereinigung bieten wird.

Von den Regierungen der Westmächte wird zur Zeit der Text einer Antwortnote auf die sowjetische Note vom 9. April beraten.

Meines Erachtens ist es notwendig, den Regierungen der drei Westmächte als gemeinsamen deutschen Standpunkt vorzutragen, daß nichts unversucht bleiben darf, festzustellen, ob die Sowjetnote eine Möglichkeit bietet, die Wiedervereinigung Deutschlands in Freiheit durchzuführen. Um alles festzustellen, sollten so bald wie möglich Vier-Mächte-Verhandlungen stattfinden. Wenn sich dabei herausstellen sollte, daß auch nach den letzten Noten der Sowjetregierung nicht die Möglichkeit gegeben ist, durch eine Vier-Mächte-Übereinkunft die Voraussetzung für freie Wahlen in den vier Zonen und Berlin zu gewährleisten, dann wäre doch auf jeden Fall klargestellt, daß die Bundesrepublik keine Anstrengung gescheut hat, um eine sich bietende Chance zur Wiedervereinigung Deutschlands und Befriedung Europas auszunützen [...]

Die sowjetische Note vom 9. April bietet die Möglichkeit, in Vier-Mächte-Verhandlungen zu ermitteln, ob jetzt eine Übereinkunft der vier Mächte über die Gewährleistung der Voraussetzungen für freie Wahlen in den vier Zonen und Berlin erzielt werden kann. Von deutscher Seite sollte der vom Bundestag am 6. Februar 1952 verabschiedete Vorschlag einer Wahlordnung als deutscher Beitrag vorgelegt werden. Für die zur Gewährleistung der gleichen Bedingungen in allen vier Zonen und Berlin erforderliche internationale Kontrolle sollten von deutscher Seite einige Alternativmöglichkeiten zur Diskussion gestellt werden [...]

Mit diesen Vorschlägen sehe ich nicht alle Möglichkeiten zu einer positiven Ausnützung der in der Sowjetnote vom 9. April enthaltenen Vorschläge erschöpft. Es kommt mir in dieser Stunde lediglich darauf an, zu betonen, in welcher Weise die Bundesrepublik auf diese Vorschläge reagieren und ihre Beantwortung durch die Regierungen der drei westlichen Besatzungsmächte zu beeinflussen suchen sollte. Vertreter der Sozialdemokratischen Fraktion stehen zu einer Beratung dieser Fragen zu Ihrer Verfügung.

Ich werde mir erlauben, von diesem Brief der Öffentlichkeit Kenntnis zu geben.

Mit vorzüglicher Hochachtung Ihr ergebener gez. Schumacher

Konrad Adenauer: Erinnerungen 1945-1953. Deutsche Verlagsanstalt, Stuttgart 1965, S. 84 ff.

Note vom 9. April: An diesem Tag schickte die UdSSR eine weitere Note an die Westmächte, in der sie ihre Vorschläge zur Wiederherstellung der deutschen Einheit wiederholte und es nun auch für notwendig hielt, „daß die Regierungen der UdSSR, der USA, Großbritanniens und Frankreichs ohne Verzug die Frage der Durchführung freier gesamtdeutscher Wahlen erörtern."

Material 3b: Karikatur – „Komm, lass Dich auch neutralisieren!“

Karikatur von Mirko Szewczuk, Westdeutschland 1952, Haus der Geschichte Bonn, 89/4/722.536

Anhang

Raster: Kurzvorbereitung

Phasen	Unterrichtsschritte
Stundeneröffnung/ Einstieg	
Arbeitsauftrag	
Erarbeitung	
Vertiefung	
Ergebnissicherung	

(nach: Meyer 2007, 37)

Standardraster zur Unterrichtsvorbereitung

Zeit	Phasen	Unterrichtsschritte	Sozialformen/ Handlungsmuster	Medien
		1. 2. 3. 4. 5.		

(Meyer 2007, 38)

Planungsschema Unterricht (mit Abkürzungen)

Klasse/Kurs: __________ Datum: __________________ Fach: ____________________________

Thema: ____

Stundenziele: ____

Zeit	Phase	Lehrer-Schüler-Interaktion (z.B. Arbeitsaufträge, Ergebnisse)	Sozialform	Medien	Anmerkungen

Abkürzungen

Phasen:

ES = Einstieg
HF = Hinführung
PR = Präsentation
LV = Lehrervortrag
DI = Diskussion
ER = Erarbeitung
TR = Transfer
ZUS = Zusammenfassung

Unterrichtsstrukturierung:

AAW = Arbeitsanweisung
STI = Stummer Impuls
TA = Tafelanschrieb
VH = Vermittlungshilfe

Arbeits- und Sozialformen:

EA = Einzelarbeit
PA = Partnerarbeit
GA = Gruppenarbeit
GGA = arbeitsgleiche Gruppenarbeit
PL = Plenumsarbeit
TGA = arbeitsteilige Gruppenarbeit
HA = Hausaufgabe
UG = Unterrichtsgespräch

Medien:

B = Buch
T = Tafel
OHP = Overhead
H = Schülerheft
AB = Arbeitsblatt
AH = Schülerarbeitsheft
PC = Personalcomputer

(Böhmann/Klaffke 2010, 21)

Eignet sich das Schulbuchkapitel für die Unterrichtsgestaltung?

Schulbuchkapitel: ______________________________

Analyseaspekt	Analyseergebnisse	Konsequenzen für die Unterrichtsplanung
Didaktische Qualität		
Curriculare Passung		
Tragfähiger Aufbau		
Individuelle Förderpotenziale		
Vermeidung von Schwächen		

Jahresplanung (nach Kalenderwochen)

Schuljahr: ________ Klasse: ________ Fach: ______________________

1. Woche		27. Woche	
2. Woche		28. Woche	
3. Woche		29. Woche	
4. Woche		30. Woche	
5. Woche		31. Woche	
6. Woche		32. Woche	
7. Woche		33. Woche	
8. Woche		34. Woche	
9. Woche		35. Woche	
10. Woche		36. Woche	
11. Woche		37. Woche	
12. Woche		38. Woche	
13. Woche		39. Woche	
14. Woche		40. Woche	
15. Woche		41. Woche	
16. Woche		42. Woche	
17. Woche		43. Woche	
18. Woche		44. Woche	
19. Woche		45. Woche	
20. Woche		46. Woche	
21. Woche		47. Woche	
22. Woche		48. Woche	
23. Woche		49. Woche	
24. Woche		50. Woche	
25. Woche		51. Woche	
26. Woche		52. Woche	

Jahresplanung (nach Monaten und thematischen Schwerpunkten)

Schuljahr: ________ Klasse: ________ Fach: ______________________________

Monat	Konferenzen, Sitzungen, Elternabende	Klassenarbeiten, Prüfungen, Zeugnisse	Klassenfahrt, Studientage, Ferien	Elterngespräche, Feste, Sonstiges
Juli				
Aug.				
Sept.				
Okt.				
Nov.				
Dez.				
Jan.				
Febr.				
März				
April				
Mai				
Juni				
Juli				
Aug.				

Wochenplan (nach Fach, Klasse, Stundenthema)

Woche vom: ________ bis: ________ Kalenderwoche: ________

Diese Woche steht Folgendes an: ____

Wochentag	Fach/Klasse	Stundenthema	Hausaufgaben	Sonstiges
Montag				
Dienstag				
Mittwoch				
Donnerstag				
Freitag				
Samstag				
Sonntag				

Tagesplan (nach Stunde, Klasse, Fach und Thema)

Wochentag: ________ Datum: ____________

Std.	von/bis	Klasse, Fach	Stundenthema	Materialien	Sonstiges
1					
2					
3					
4					
5					
6					
7					
8					
9					
10					
11					
12					

Weitere Merkposten: ____________________

Weitere Termine: ____________________

(nach: Mittelstädt 2006, 170)

Wochenplan

Woche vom: __________ bis: __________ Kalenderwoche: ________

Tag	Diese Woche steht Folgendes an:	Erledigt?
Montag		
Dienstag		
Mittwoch		
Donnerstag		
Freitag		
Samstag		
Sonntag		

Informationen zur Schule

1. Die Schule

Name der Schule: ______

Zum Namen: ______

Anzahl der Schülerinnen und Schüler: ______ ; davon männlich: ______ weiblich: ______

Anzahl der Klassen: ______

Anzahl der Lehrerinnen und Lehrer: ______

Einzugsgebiet der Schülerinnen und Schüler: ______

Besonderheiten der Schülerschaft (z.B. Schüler/innen mit Migrationshintergrund, soziale Schichtung): ______

Schulprofil: ______

Schulische Besonderheiten: ______

Fachräume: ______

Arbeitsgemeinschaften: ______

2. Schulleitung und Kollegium

Schulleiterin/Schulleiter (ggf. Sprechzeiten): ______

Stellvertretende/r Schulleiterin/Schulleiter (ggf. Sprechzeiten): ______

Sekretariat: ______

Schulsozialarbeit: ______

SV-Lehrerin/SV-Lehrer: ______

Beratungslehrer/Beratungslehrerin: ______

Hausmeister: ______

Kontaktperson für AV-Medien: ______ Kontaktperson für Computerraum: ______

Weitere Zuständigkeiten: ______

Welche Kollegin/welcher Kollege unterrichtet noch in der Klasse: ______

Wer unterrichtet noch meine Fächer: ______

Information des Kollegiums erfolgt durch: ______

Fachkonferenzen (Fach, Fachsprecherin/Fachsprecher): ______

Projektgruppen/Arbeitskreise des Kollegiums: ______

Wer ist für Materialien und Arbeitsmittel zuständig: ______

(nach: Böhmann/Klaffke 2010, 16 f.)

Gremien und Aufgaben im Kollegium

Gremium	Mitglieder
Lehrer/innen in der Steuerungsgruppe	
Koordinatoren/Koordinatorinnen der verschiedenen Stufen	
Elternbeirat der Schule	
Schulkonferenz	
Schülervertretung	
Vertreter/Vertreterinnen in überschulischen Gremien	
Personalrat	
Gewerkschaftsvertreter bzw. -vertreterin	
Sonstige	

Aufgaben/Zuständigkeiten	Name(n)
Verwaltung und Finanzen	
Öffentlichkeitsarbeit	
Homepage der Schule	
Computer, Schulnetzwerk	
Schwarzes Brett	
Schülerzeitung	
Kollegiumskasse („Freud-und-Leid-Kasse“)	
Beratungslehrer/in (ggf. Raum)	
Organisation Projektwoche/Projekttage	
Sportveranstaltungen	
Kopierer (Papier, Papierstau)	
AV-Medien	
Papier, Schreibwaren	
Jahrbuch	
Sicherheit, Feueralarm	
Erste Hilfe	
Vertrauenslehrer/in der Schülerschaft	
Schulsprecher/in der Schülerschaft	
Klassensprecher/in (meiner Klassen)	
Einkauf der Schülerbücher und Klassensätze	
Lehrerbücherei	
(Fach-)Zeitschriftenabonnements	
Materialsammlungen	
Anschaffungen	

(nach: Mittelstädt 2006, 46f.)

Hospitationsbogen I (Kurzfassung)

Lehrer/in: ______________________ Klasse: __________ Datum: ________

Fach: ____________ Unterrichtseinheit: ______________________________

Thema der Stunde: ____

Stundenziel(e): ____

Es ist sinnvoll, die Schwerpunkte der Beobachtung gemeinsam festzulegen.

Beobachtungsschwerpunkt: Inhalt, Intentionalität, Methoden und Medien

(z. B. politikwissenschaftliche Aspekte, Lernziele, Standards und Kompetenzen, Unterrichtsphasen, Sozialformen, Methoden, Medien, Lernprozesse ...)

____

____

____

____

____

Beobachtungsschwerpunkt: Handeln der Schülerinnen und Schüler

(z. B. Aktivität, Unterrichtsbeteiligung, Arbeitsverhalten und Beherrschung grundlegender Arbeitstechniken, Methoden- und politische Urteilskompetenz, Sozialverhalten ...)

____

____

____

____

____

Beobachtungsschwerpunkt: Handeln der Lehrerin/des Lehrers

(z. B. Steuerung des Unterrichts, fachliche Souveränität, methodische Flexibilität, Sprache, Körpersprache, Grundhaltungen, Verhältnis zwischen Planung/Entwurf und Realisierung ...)

____

____

____

____

____

(nach: Böhmann/Klaffke 2010, 7)

Hospitationsbogen II (Langfassung)

Lehrer/in: ______________ Klasse: __________ Datum: ________

Fach: __________ Unterrichtseinheit: ______________

Thema der Stunde: ______________

Es ist sinnvoll, die Schwerpunkte der Beobachtung gemeinsam festzulegen.

Verhalten der Lehrerin/des Lehrers

Unterrichtssprache (Dialekt, Modulation, verständlich, lebendig) ______________

Fragetechnik (Impulse, W-Fragen, das Gespräch öffnend, Bezug zum Thema) ______________

Reaktionen auf Antworten der Schülerinnen und Schüler (interaktiv, deduktiv) ______________

Anweisungen (klar, verständlich, kurz, deutlich) ______________

Redundanz („Lehrerecho") ______________

Körpersprache (Präsenz, Gesten, Emotionen) ______________

Empathie ______________

Ruhe ______________

Übersicht ______________

Lehrerzentriert/schülerzentriert ______________

Verhalten der Schülerinnen und Schüler

Aufmerksamkeit ______________

Interesse ______________

Mitarbeit ______________

Aktivitäten ______________

Konzentration ______________

Arbeitshaltung ______________

Anforderungsniveau ______________

Kooperation ______________

Störungen ______________

Was sollen die Schülerinnen und Schüler tun? ______________

Was tun sie wirklich? ______________

Arbeitsformen und Medien

Arbeitsformen ______________________________

Methodenwechsel ______________________________

Medien ______________________________

Bezug zum Thema ______________________________

Waren die Arbeitsformen und die Medien dem Thema angemessen? ______________

Selbsttätigkeit der Schülerinnen und Schüler ______________________

Wurden zu viele oder zu wenige Medien eingesetzt? ____________________

Hatten die Medien didaktisch einen Sinn? ______________________

Didaktisches Konzept

Ausgangsbedingungen ______________________________

Begrüßung ______________________________

Einstieg ______________________________

Arbeitsschritte ______________________________

Logischer Aufbau ______________________________

Problemlösen ______________________________

Übungsphasen ______________________________

Ergebnissicherung ______________________________

Transfer ______________________________

(Politische) Urteilsbildung ______________________________

Lehrplanbezug ______________________________

Schülerorientierung ______________________________

(Däschler-Seiler 2007, 24)

Hospitationsbogen (formalisiert)

Lehrer/in: ______________________ Klasse: ____________ Datum: __________

Fach: ______________ Unterrichtseinheit: ________________________________

Thema der Stunde: ____

Stundenziel(e): ____

Es ist sinnvoll, die Schwerpunkte der Beobachtung gemeinsam festzulegen.

Zeit	Inhaltliche Skizzierung der Unterrichtsphase	Beobachtungen, Anmerkungen

Tipps für den Einstieg

- ❑ Das eingesetzte Material mit der didaktischen Perspektive und dem Thema abgleichen und Widersprüche bzw. gedankliche Brüche vermeiden.
- ❑ Klären, wie das Thema der gesamten Lerngruppe präsentiert werden soll.
- ❑ Klären, wer das Thema formuliert und wie es formuliert sein muss.
- ❑ Bei der Formulierung des Themas durch die Schülerinnen und Schüler klären, inwieweit die Vorschläge unverändert übernommen oder verändert werden können.
- ❑ Doppelungen in der Einstiegsphase ausschließen.
- ❑ Mögliche Alternativen bezüglich der Themenvorschläge und des Umgangs mit ihnen bedenken. Mögliche Handlungsspielräume antizipieren.
- ❑ Prioritäten hinsichtlich der zu realisierenden Funktionen setzen.
- ❑ Vor Beginn des Unterrichts für Ruhe und Konzentration sorgen.
- ❑ Mit den einleitenden Worten Interesse und Aufmerksamkeit wecken.
- ❑ Den Umfang und die Komplexität des Materials auf das unbedingt Notwendige begrenzen.
- ❑ Sich Zeit nehmen, um die eingesetzten Medien bzw. Methoden sorgfältig auszuwerten.
- ❑ Die Lernschritte Beschreibung – Analyse – Hypothesenbildung bzw. Entwicklung der Fragestellung unbedingt einhalten.
- ❑ Zahl der Impulse auf vier bis fünf begrenzen.
- ❑ Für eine möglichst breite Unterrichtsbeteiligung sorgen.
- ❑ Unterricht besonders flexibel und kreativ steuern.
- ❑ Disparate Aussagen und spontane Stellungnahmen der Lernenden bündeln und in das Unterrichtsgeschehen integrieren.
- ❑ Den geplanten Zeitrahmen nicht zu eng setzen.

(Lach/Massing 2007, 217)

Einzelarbeit

- ❑ Ist in der Klasse Einzelarbeit bereits eingeführt?
- ❑ Finden sich die Schülerinnen und Schüler zu konzentrierter Einzelarbeit bereit? Neigen zumindest einige von ihnen dazu, die Einzelarbeit anderweitig zu nutzen?
- ❑ Ist der Arbeitsauftrag für die Schülerinnen und Schüler so interessant, dass sie während der Einzelarbeit diese Aufgabe bearbeiten werden?
- ❑ Ist der Arbeitsauftrag eindeutig und verständlich formuliert?
- ❑ Bin ich als Lehrerin/Lehrer innerlich darauf vorbereitet, während der Einzelarbeit nicht zu reden und meine Schülerinnen und Schüler so wenig wie möglich zu stören?
- ❑ Sehe ich für die Auswertung genügend Zeit vor?
- ❑ Bin ich auf Nachfragen vorbereitet, die nach der Einzelarbeit Schülerinnen und Schüler stellen werden?
- ❑ Rufe ich bei der Auswertung zunächst die leistungsschwächeren und weniger redegewandten Schülerinnen und Schüler auf?
- ❑ Nicht alle Schülerinnen und Schüler können bei der Auswertung zu Wort kommen. Wie gleiche ich diese Benachteiligung aus?
- ❑ Wie kontrolliere ich die Ergebnisse der Einzelarbeit?
- ❑ Habe ich die Schülerinnen und Schüler für ihre Leistungen gelobt?

(nach: Breit 2007, 170)

Partnerarbeit

- ❑ Sind die Schülerinnen und Schüler an Einzelarbeit gewöhnt und so auf Partnerarbeit vorbereitet?
- ❑ Wird Partnerarbeit in der Klasse – auch in anderen Fächern – bereits praktiziert?
- ❑ Nutzen die Jugendlichen Partnerarbeit zu ernsthafter Arbeit oder zu gemeinsamem Unsinn?
- ❑ Interessiert der Arbeitsauftrag die Schülerinnen und Schüler so, dass sie sich zur Partnerarbeit bereit finden?
- ❑ Habe ich für die Partnerarbeit ausreichend Zeit vorgesehen?
- ❑ Habe ich den Arbeitsauftrag klar und verständlich formuliert?
- ❑ Wird keine Schülerin/kein Schüler über- oder unterfordert?
- ❑ Gebe ich während der Partnerarbeit meine dominante Lehrerrolle auf und beschränke ich mich auf das stille Zuschauen?
- ❑ Habe ich mir Gedanken über die Auswertung gemacht? Wie kann es mir gelingen, möglichst viele Teams aufzurufen, ohne Langeweile aufkommen zu lassen?
- ❑ Wie schaffe ich einen Ausgleich für die Tandems, die nicht zu Wort kommen?
- ❑ Findet eine Ergebniskontrolle der (schriftlichen) Partnerarbeit statt?
- ❑ Gebe ich den Schülerinnen und Schülern Gelegenheit, über Schwierigkeiten bei der Zusammenarbeit mit dem Banknachbarn oder dem neuen Partner zu sprechen?
- ❑ Habe ich die Schülerinnen und Schüler für ihre Leistungen gelobt?

(nach: Breit 2007, 180)

Gruppenarbeit

- ❑ Sind die Schülerinnen und Schüler durch Einzel- und Partnerarbeit auf Gruppenarbeit vorbereitet?
- ❑ Können die Gruppeneinteilung (drei bis fünf Schülerinnen und Schüler) und die Umsetzung im Klassenraum rasch und ohne große Störungen vorgenommen werden? Besitzt die Klasse darin Übung?
- ❑ Habe ich mit der Klasse die Benotung von Gruppenarbeit geklärt? Weiß jede Schülerin, jeder Schüler, dass es keine individuellen Noten gibt, sondern die Gruppe insgesamt eine Note erhält?
- ❑ Räume ich für die Gruppenarbeit genügend Zeit ein?
- ❑ Habe ich bei der Planung die dadurch notwendig gewordene Eingrenzung des Unterrichtsinhalts vorgenommen? Kann ich die Auswahl didaktisch verantworten?
- ❑ Habe ich den Arbeitsauftrag für die einzelnen Gruppen so klar formuliert, dass sich Nachfragen erübrigen?
- ❑ Können die leistungsschwächeren Gruppen mit leichteren Aufgaben beauftragt werden als die leistungsstärkeren?
- ❑ Präsentiere ich den Schülerinnen und Schülern den Arbeitsauftrag so, dass sie ihn während der Gruppenarbeit ständig vor Augen haben (Tafel, Folie, Arbeitsblatt)?
- ❑ Ist die Aufgabe so motivierend und interessant, dass die Schülerinnen und Schüler die selbstständige Arbeitsphase zum historischen Lernen und nicht anderweitig nutzen?
- ❑ Gebe ich den Gruppen für die Analyse und Urteilsbildung Fragen an die Hand oder lasse ich sie ihre Untersuchungstätigkeit selbst organisieren?
- ❑ Habe ich die für die Gruppenarbeit notwendigen Materialien in ausreichender Zahl vorbereitet? Kann ich das Material rasch verteilen?

CHECKLISTE 4/2

- ❑ Habe ich den festen Vorsatz gefasst, während der Gruppenarbeit meine Schülerinnen und Schüler so wenig wie möglich zu stören?
- ❑ Habe ich eine Uhr dabei, damit ich während des Unterrichts die Gruppenarbeit nicht vorzeitig abbreche?
- ❑ Wie kann ich zu einer abwechslungsreichen Präsentation der Gruppenergebnisse beitragen?
- ❑ Sind die Schülerinnen und Schüler im Abfassen eines Gruppenberichts geübt?
- ❑ Bekommen alle Gruppen in der Auswertung ausreichend Gelegenheit, ihre Arbeitsergebnisse vorzutragen?
- ❑ Gehe ich nach Beendigung der Gruppenarbeit auch auf die sozialen Prozesse innerhalb der einzelnen Gruppen ein?
- ❑ Sehe ich für die Nachbesprechung über das soziale Verhalten der Schülerinnen und Schüler in der Gruppenarbeit ausreichend Zeit vor?
- ❑ Habe ich die Schülerinnen und Schüler für ihre Leistungen gelobt?

(nach: Breit 2007, 188)

Sprechen im Unterricht

1. Kontrollieren Sie Ihre Sprechanteile

Es ist wichtig, dass Sie im Laufe des Referendariats Ihren Sprechanteil bewusst steuern. Beschränken und kontrollieren Sie Ihre Sprechanteile bewusst.

- ❑ Lassen Sie ab und an Ihre Redeanteile von Ihrem Mentor/Ihrer Mentorin quantifizieren (zeitlich und mengenmäßig).
- ❑ Setzen Sie bewusst Sprechpausen ein. Pausen bzw. Schweigen ist ein wichtiger Bestandteil des Sprechens.
- ❑ Sprechen Sie nicht zu schnell. (Sie können dies im Übrigen im häuslichen Arbeitszimmer durch Vorlesen üben).

2. Sprechen Sie ausdrucksstark und betont

- ❑ Sprechen Sie deutlich, betonen Sie intensiv und abwechslungsreich.
- ❑ Sprechen Sie etwas langsamer als in Ihrer natürlichen Sprache. Allerdings verursacht allzu langsames Sprechen Langeweile und Monotonie. Zu schnelles Sprechen hingegen kann Hektik und Nervosität auslösen.
- ❑ Sprechen Sie relativ laut, variieren Sie jedoch Ihre Lautstärke und Ihr Sprechtempo. Dies kann die Aufmerksamkeit der Schüler und Schülerinnen erhöhen und verhindert Monotonie.
- ❑ Bemühen Sie sich um eine ruhige und tiefe Stimmlage. Sie sind damit besser zu hören und vermitteln Ruhe.

3. Sprechen Sie einfach, aber dennoch abwechslungsreich

- ❑ Sprechen Sie in kurzen und vollständigen Sätzen. Die Gefahr, sich zu versprechen, ist damit geringer und Ihre Schüler und Schülerinnen können das Gesagte besser aufnehmen.
- ❑ Arbeiten Sie mit bewussten Pausen! Dies kann einen Spannungsaufbau herbeiführen, kann Gesagtes einwirken lassen. Und außerdem geben Sie damit Gelegenheiten, Fragen zu stellen.
- ❑ Veranschaulichen Sie, benutzen Sie Eselsbrücken oder gar eine bildliche Sprache.
- ❑ Verwenden Sie anschauliche und konkrete Beispiele.
- ❑ Variieren Sie die Sprachmuster (z.B. enge und weite Fragen, Impulse, Erläuterungen usw.)

4. Erweitern Sie den Wortschatz Ihrer Schüler und Schülerinnen

- ❏ Den aktiv verfügbaren Wortschatz Ihrer Schüler und Schülerinnen dürfen Sie nicht überschreiten.
- ❏ Dennoch sollte der aktive Wortschatz Ihrer Schüler und Schülerinnen systematisch erweitert werden. Gerade im Politikunterricht ist es wichtig, Fachbegriffe und Fremdwörter behutsam einzuführen und diese ggf. im Heft/Ordner festzuhalten.

5. Schaffen Sie eine angenehme sprachliche Atmosphäre

- ❏ Sprechen Sie Ihre Schüler und Schülerinnen persönlich an.
- ❏ Setzen Sie gelegentlich Humor ein. Humor entspannt. Ohne billig zu sein, kann der eine oder andere heitere Akzent das Klima merklich aufbessern.
- ❏ Freundlichkeit ist eine Grundvoraussetzung und wirkt zudem als Modell für Ihre Schüler und Schülerinnen.
- ❏ Vermeiden Sie unter allen Umständen, die „Jugendsprache" oder Sprachgewohnheiten Ihrer Schüler nachzuahmen. Dies wirkt in der Regel peinlich, gar lächerlich und wird von Schülern und Schülerinnen als Anbiederung interpretiert.

(nach: Kostka/Köster 2005, 64 ff.; Böhmann/Schäfer-Munro 2008, 121 ff.)

Unterrichtsgespräche führen

Lehrerinnen und Lehrer vertreten in der Regel die Meinung, Unterrichtsgespräche entwickelten sich spontan und ließen sich nicht planen. Tatsächlich können schon bei der Vorbereitung einer Unterrichtseinheit einige Fehler vermieden werden.

Vorbereitung

- ❑ Formulieren Sie für jede Phase der Unterrichtseinheit zwei bis drei zentrale Impulse.
- ❑ Überprüfen Sie, ob die Impulse langschrittig angelegt sind.
- ❑ Überlegen Sie, welche Antworten und Beiträge Sie von Ihren Schülerinnen und Schülern erwarten.
- ❑ Kontrollieren Sie, ob die Richtung Ihrer Impulse den erwarteten Antworten der Schülerinnen und Schüler entspricht.

Im Unterricht

- ❑ Entscheidungs- und Suggestivfragen möglichst vermeiden.
- ❑ Langschrittige Impulse bzw. Fragen stellen.
- ❑ Frage- und Impulsreihungen vermeiden.
- ❑ Frage- und Impulshäufungen vermeiden.
- ❑ Genügend Zeit zur Entschlüsselung der Impulse, zum Finden und Formulieren von Antworten geben.
- ❑ Sofortreaktionen und Lehrer-Echo vermeiden.
- ❑ Falsche Antworten sensibel korrigieren.

Nach dem Unterricht

Um das eigene Gesprächsverhalten zu reflektieren, die Impulse und den Unterrichtsstil zu überprüfen sowie unwillkürliches Verhalten und Gewohnheiten zu kontrollieren, sind Unterrichtshospitationen durch befreundete Kolleginnen und Kollegen ebenso hilfreich wie eine gemeinsame Auswertung mit Mentoren bzw. Mentorinnen.

(nach: Lach/Massing 2007, 131)

Aufgaben formulieren, Impulse geben, Fragen stellen

- ❑ Überlegen Sie sich zentrale Aufgabenstellungen, Fragen und Impulse am heimischen Schreibtisch genau. Schreiben Sie ggf. den Wortlaut in die Verlaufs- bzw. Unterrichtsskizze.
- ❑ Formulieren Sie Aufgaben, Fragen und Impulse verständlich, d.h. klar, einfach, kurz und dennoch anregend. Unverständliche Fragen und Impulse verunsichern Schülerinnen und Schüler und müssen konkretisiert werden.
- ❑ Vermeiden Sie Frage- bzw. Impulsreihen.
- ❑ Aufgaben, Fragen und Impulse müssen den Lernzielen, Materialien und Medien entsprechen.
- ❑ Warten Sie möglichst ruhig auf Antworten zu Ihrer Frage; am besten so lange, bis mindestens drei Schülermeldungen vorliegen.
- ❑ Zwischendurch leichte Fragen zu stellen, kann durchaus sinnvoll sein. Damit erhalten auch leistungsschwächere Schülerinnen und Schüler die Chance, sich zu beteiligen.
- ❑ Vermeiden Sie allzu enge Fragen. Enge Fragen haben eine geringe Reichweite. Verzichten Sie auf Suggestivfragen!
- ❑ Manchmal meldet sich (auch nach längerem Warten) niemand. Dies kann mehrere Gründe haben. Die häufigsten sind Unterforderung oder Überforderung. Unterforderung kann man thematisieren bzw. direkt ansprechen („Ich glaube, ihr wisst alle, worauf ich hinauswill ...). Im Falle vermuteter Überforderung kann die Frage vereinfacht bzw. durch eine Vermittlungshilfe verständlicher werden.

(nach: Lach/Massing 2007, 132f.; Böhmann/Schäfer-Munro 2008, 121ff.)

Der Tafelanschrieb / Das Tafelbild

Formale Gesichtspunkte

- ❑ Überschrift und Datum nicht vergessen.
- ❑ Auf sprachliche Richtigkeit achten.
- ❑ Auf gute Lesbarkeit achten.
- ❑ Klarheit und Übersichtlichkeit durch Unterstreichungen, Farben, Umrahmungen betonen.
- ❑ Dafür sorgen, dass verwendete Symbole in ihren Aussagen eindeutig sind (ggf. Legende anfertigen).
- ❑ Raumangebot der Wandtafel strikt beachten. Eine Überfrachtung ist zu vermeiden.
- ❑ Anordnung des Tafelbildes auf der Wandtafel übersichtlich gestalten.
- ❑ Dafür sorgen, dass sich die Lernenden das Tafelbild durch die äußere Form leicht einprägen können (u. a. Einsatz zeichnerischer Elemente, mehrmalige Verwendung ähnlich strukturierter Tafelbilder).
- ❑ Darauf achten, dass die Erstellung des Tafelbilds nicht zu viel Zeit in Anspruch nimmt.
- ❑ Die Erstellung des Tafelbilds darf den Unterricht nicht dominieren.
- ❑ Die Art und Weise der Übernahme von Tafelbildern in Hefte bzw. Ordner verbindlich regeln.
- ❑ Darauf achten, dass genügend Zeit zum Abschreiben des Tafelbilds zur Verfügung gestellt wird.

Inhaltliche Gesichtspunkte

- ❑ Darauf achten, dass das Gebot der fachlichen Richtigkeit eingehalten wird.
- ❑ Auf angemessene Präzision im Umgang mit der Fachsprache achten.
- ❑ Die Zuordnung von Oberbegriffen zu deren inhaltlichen Konkretisierungen muss begrifflich klar und verständlich sein.
- ❑ Verschiedene Begriffsebenen als solche kenntlich machen.

CHECKLISTE 8/2

- ❑ Darauf achten, dass Überschrift und Text sich entsprechen.
- ❑ Tafelanschrieb auf den didaktischen Kern der Unterrichtsstunde reduzieren.
- ❑ Sich selbst über die angestrebte Funktion (u.a. Motivation, Strukturierung, Begriffsbildung, Veranschaulichung, Dokumentation, Ergebnissicherung, Initiierung von Erkenntnissen, Problematisierung) des Tafelbilds im Unterricht Klarheit verschaffen.
- ❑ Tafelbilder sorgfältig planen und nicht spontan im Unterricht entwickeln.
- ❑ Durch den Unterrichtsverlauf angeregte Änderungen im Detail flexibel in das geplante Tafelbild integrieren.
- ❑ Darauf achten, dass das Tafelbild offen angelegt ist.
- ❑ Geplante Tafelbilder auf innere Stimmigkeit überprüfen. Ggf. Änderungen am Tafelbild oder an der Stundenplanung vornehmen.
- ❑ Tafelbilder der Lehrerin/des Lehrers haben Vorbildcharakter für Schülerinnen und Schüler und sollten deshalb dementsprechend sorgfältig angefertigt werden.

(Lach/Massing 2007, 67)

Der Beutelsbacher Konsens

1. *Überwältigungsverbot* (Hervorhebungen im Original). Es ist nicht erlaubt, den Schüler – mit welchen Mitteln auch immer – im Sinne erwünschter Meinungen zu überrumpeln und damit an der ‚Gewinnung eines selbstständigen Urteils' (...) zu hindern. Hier genau verläuft nämlich die Grenze zwischen Politischer Bildung und *Indoktrination*. Indoktrination aber ist unvereinbar mit der Rolle des Lehrers in einer demokratischen Gesellschaft und der – rundum akzeptierten – Zielvorstellung von der Mündigkeit des Schülers.

2. Was in Wissenschaft und Politik *kontrovers* ist, muss auch im Unterricht kontrovers erscheinen. Diese Forderung ist mit der vorgenannten aufs Engste verknüpft, denn wenn unterschiedliche Standpunkte unter den Tisch fallen, Optionen unterschlagen werden, Alternativen unerörtert bleiben, ist der Weg zur Indoktrination beschritten. Zu fragen ist, ob der Lehrer nicht sogar eine *Korrekturfunktion* haben sollte, d.h. ob er nicht solche Standpunkte und Alternativen besonders herausarbeiten muss, die den Schülern (und anderen Teilnehmern politischer Bildungsveranstaltungen) von ihrer jeweiligen politischen und sozialen Herkunft her fremd sind.

Bei der Konstatierung dieses zweiten Grundprinzips wird deutlich, warum der persönliche Standpunkt des Lehrers, seine wissenschaftstheoretische Herkunft und seine politische Meinung verhältnismäßig uninteressant werden. Um ein bereits genanntes Beispiel erneut aufzugreifen: Sein Demokratieverständnis stellt kein Problem dar, denn auch dem entgegenstehende andere Ansichten kommen ja zum Zuge.

3. Der Schüler muss in die Lage versetzt werden, eine *politische Situation* und seine *eigene Interessenlage zu analysieren* sowie nach Mitteln und Wegen zu suchen, die vorgefundene Lage im Sinne seiner Interessen *zu beeinflussen*. Eine solche Zielsetzung schließt in sehr starkem Maße die Betonung *operationaler Fähigkeiten* ein, was aber eine logische Konsequenz aus den beiden vorgenannten Prinzipien ist (...).

Guter Geschichtsunterricht

Lerngegenstand Inhalte, Themen, Medien	1. Bedeutsames Thema 2. Thematisierung von menschlichem Handeln in gesellschaftlicher Praxis 3. Thematisierung von Veränderungen in der Zeit und von Entwicklungszusammenhängen 4. Sachrichtigkeit, Multiperspektivität, Kontroversität 5. Bezogenheit des Themas auf die Situation der Lernenden 6. Exemplarische und zielgruppenangepasste Repräsentationen von Geschichte
Prozessstruktur Unterrichtsgestaltung durch die Lehrperson	7. Sicherung einer effizienten Klassenführung und Zeitnutzung 8. Förderung eines unterstützenden Klassenklimas 9. Gewährleistung von anregenden, aktivierencen und angepassten Lerngelegenheiten 10. Schaffung von angemessener Klarheit und Strukturiertheit
Nutzung Fachspezifisches Lernen der Schüler/innen	11. Wahrnehmung von historischen Zeugnissen und von Veränderungen in der Zeit 12. Erschliessung, Überprüfung und Darstellung von historischen Sachanalysen 13. Interpretation (Analyse und Deutung) von Geschichte 14. Orientierung, Sinnbildung über Zeiterfahrung und Werturteilsprüfung an Zeiterfahrung 15. Aneignung und Wiedergabe von Wissen über Vergangenes und Verständnis von Geschichte

(Gautschi 2015, 31)

Operatoren für das Fach Geschichte (Stand: Oktober 2012)

Operator	Definition	Beispiel
Anforderungsbereich I		
beschreiben, aufzeigen, zusammenfassen, wiedergeben	historische Sachverhalte, ggf. auf Materialgrundlage, auf Wesentliches reduziert und strukturiert darstellen	Geben Sie die zentralen Thesen des Autors zu/zur ... wieder.
nennen	einen Sachverhalt oder Bezeichnungen ohne weitere Erläuterung auflisten oder aus vorhandenem Material unkommentiert entnehmen	Nennen Sie die wichtigsten Stationen auf dem Weg zum „Potsdamer Abkommen".
skizzieren	historische Sachverhalte, Problemstellungen, Entwicklungen zielgerichtet erfassen und in groben Zügen angemessen darstellen	Skizzieren Sie die Gründung der beiden deutschen Staaten, ausgehend vom 1. Januar 1947.
Anforderungsbereich II		
analysieren, untersuchen	Materialien oder historische Sachverhalte kriterienorientiert bzw. aspektgeleitet erschließen und die Ergebnisse zusammenhängend darstellen	Analysieren Sie das Titelblatt der „Süddeutsche(n) Monatshefte" aus dem Jahr 1924 im Hinblick auf Kritik an den sozialen Verhältnissen.
begründen, nachweisen	Thesen, Urteile, Wertungen durch Argumente stützen, die auf historischen Tatsachen und fachwissenschaftlichen Erkenntnissen basieren	Weisen Sie an zwei Beispielen nach, dass die tieferen Wurzeln der Weltanschauung des Nationalsozialismus in der deutschen bzw. europäischen Geschichte des 19. und frühen 20. Jahrhunderts liegen.
charakterisieren	historische Sachverhalte, Strukturen, Entwicklungen, Personen mit ihren typischen Merkmalen kriterienorientiert beschreiben und strukturiert darstellen	Charakterisieren Sie die Weimarer Verfassung hinsichtlich typischer Merkmale bzw. Begriffe.
ein-/zuordnen, in Beziehung setzen	einen oder mehrere historische Sachverhalte in einen größeren Zusammenhang stellen	Ordnen Sie den Auszug der Ihnen vorliegenden Rede in die entsprechende Phase des Ost-West-Konflikts ein.
erläutern, erklären, darstellen	historische Sachverhalte einordnen und durch zusätzliche Informationen und Beispiele konkretisieren	Erläutern Sie Grundzüge des NS-Herrschaftssystems.
erschließen, herausarbeiten	aus Materialien bestimmte Sachverhalte herleiten, die ggf. nicht explizit genannt werden	Erschließen Sie, ausgehend von der Ihnen vorgelegten Quelle, den Standpunkt des Autors. Arbeiten Sie aus dem Text heraus, welche Position Hjalmar Schacht gegenüber der Bezeichnung „Machtergreifung" vertritt.

Anforderungsbereich III		
beurteilen, bewerten, Stellung nehmen	den Stellenwert historischer Sachverhalte im jeweiligen Kontext bestimmen und anhand der Darlegung der eigenen Maßstäbe zu einem begründeten, an modernen demokratischen Prinzipien orientierten Werturteil gelangen	Beurteilen Sie die Auswirkungen der außenpolitischen Position, die der damalige preußische Ministerpräsident Otto von Bismarck in seiner Rede am 30. September 1862 vor der Budgetkommission des preußischen Abgeordnetenhauses formulierte. Bewerten Sie die Ziele und Absichten, die Hitler in seiner Rede vor den Abgeordneten des Reichstags am 24. März 1933 vor der Abstimmung über das sogenannte „Ermächtigungsgesetz" formuliert.
vergleichen, gegenüberstellen	nach vorgegebenen oder selbst gewählten Gesichtspunkten problembezogen Gemeinsamkeiten, Ähnlichkeiten und Unterschiede historischer Sachverhalte, Entwicklungen, Prozesse ermitteln und strukturiert darstellen	Vergleichen Sie die Reichsgründung von 1871 mit der Entstehung der Weimarer Republik 1918/19 hinsichtlich der Ausgangsbedingungen. Stellen Sie die Position des Reichstags am Beispiel zweier deutscher Verfassungen seit dem Ende des 19. Jhs. gegenüber.
diskutieren, abwägen	zu einer historischen Problemstellung oder These eine Argumentation entwickeln, die zu einer begründeten Bewertung führt	Diskutieren Sie am Beispiel eines militärischen Konflikts nach dem Zweiten Weltkrieg die Möglichkeiten und Grenzen der Weltmacht USA, ihre Vorstellungen von einer globalen Friedensordnung durchzusetzen.
prüfen, überprüfen	Hypothesen, Behauptungen, Urteile im jeweiligen historischen Kontext auf ihre Angemessenheit hin untersuchen bzw. ihre Richtigkeit bestätigen oder begründet widerlegen	Überprüfen Sie die These, die NS-Außenpolitik sei eine Fortsetzung der Weimarer Außenpolitik seit 1920 mit anderen Mitteln gewesen. Prüfen Sie, inwieweit ...
Übergreifende Operatoren, die eine komplexe Gesamtleistung unter Berücksichtigung aller drei Anforderungsbereiche verlangen		
erörtern	eine These/Problemstellung auf der Basis einer Analyse mittels einer dialektisch strukturierten Argumentationskette auf ihren Wert und ihre Stichhaltigkeit hin überprüfen und eine bilanzierende eigene Stellungnahme formulieren	*„Die deutsche Armee, aus der preußischen hervorgewachsen, ist unpolitisch seit Jahrhunderten. Ihr Geist ist politisch blind."* – Erörtern Sie anhand zweier historischer Beispiele aus dem 19. oder 20. Jh., ob diese Behauptung Carl Goerdelers, eines der führenden Vertreter des konservativen Widerstands gegen Hitler, für die deutsche bzw. preußische Armee zutrifft.

interpretieren	auf der Grundlage einer Analyse/Beschreibung Sinnzusammenhänge aus Quellen erschließen und durch Erläuterung und Bewertung eine begründete Stellungnahme formulieren	Interpretieren Sie die Karikatur v.a. im Hinblick auf die Darstellung außenpolitischer Grundpositionen des Reichkanzlers Otto von Bismarck.
darstellen	einen bekannten Sachverhalt bzw. Zusammenhang mit eigenen Worten oder in anderer Form strukturiert und treffend wiedergeben, ohne ihn zu bewerten	Stellen Sie, ausgehend von einer Erläuterung der Truman-Doktrin, den außenpolitischen Kurs der USA in den 1950er- bis 1970er-Jahren dar.

(kmk.org/Auslandsschulwesen/Kerncuriculum/Operatoren_fuer_das_Fach_Geschichte_Stand_Oktober_2012. Überarbeitet)

§ 130 StGB Volksverhetzung

(1) Wer in einer Weise, die geeignet ist, den öffentlichen Frieden zu stören,

1. gegen eine nationale, rassische, religiöse oder durch ihre ethnische Herkunft bestimmte Gruppe, gegen Teile der Bevölkerung oder gegen einen Einzelnen wegen seiner Zugehörigkeit zu einer vorbezeichneten Gruppe oder zu einem Teil der Bevölkerung zum Hass aufstachelt, zu Gewalt- oder Willkürmaßnahmen auffordert oder
2. die Menschenwürde anderer dadurch angreift, dass er eine vorbezeichnete Gruppe, Teile der Bevölkerung oder einen Einzelnen wegen seiner Zugehörigkeit zu einer vorbezeichneten Gruppe oder zu einem Teil der Bevölkerung beschimpft, böswillig verächtlich macht oder verleumdet,

wird mit Freiheitsstrafe von drei Monaten bis zu fünf Jahren bestraft.

[...]

(3) Mit Freiheitsstrafe bis zu fünf Jahren oder mit Geldstrafe wird bestraft, wer eine unter der Herrschaft des Nationalsozialismus begangene Handlung der in § 6 Abs. 1 des Völkerstrafgesetzbuches bezeichneten Art in einer Weise, die geeignet ist, den öffentlichen Frieden zu stören, öffentlich oder in einer Versammlung billigt, leugnet oder verharmlost.

(4) Mit Freiheitsstrafe bis zu drei Jahren oder mit Geldstrafe wird bestraft, wer öffentlich oder in einer Versammlung den öffentlichen Frieden in einer die Würde der Opfer verletzenden Weise dadurch stört, dass er die nationalsozialistische Gewalt- und Willkürherrschaft billigt, verherrlicht oder rechtfertigt.

[...]

§ 86 StGB Verbreiten von Propagandamitteln verfassungswidriger Organisationen

(1) Wer Propagandamittel

1. einer vom Bundesverfassungsgericht für verfassungswidrig erklärten Partei oder einer Partei oder Vereinigung, von der unanfechtbar festgestellt ist, daß sie Ersatzorganisation einer solchen Partei ist,
2. einer Vereinigung, die unanfechtbar verboten ist, weil sie sich gegen die verfassungsmäßige Ordnung oder gegen den Gedanken der Völkerverständigung richtet, oder von der unanfechtbar festgestellt ist, daß sie Ersatzorganisation einer solchen verbotenen Vereinigung ist,
3. einer Regierung, Vereinigung oder Einrichtung außerhalb des räumlichen Geltungsbereichs dieses Gesetzes, die für die Zwecke einer der in den Nummern 1 und 2 bezeichneten Parteien oder Vereinigungen tätig ist, oder
4. Propagandamittel, die nach ihrem Inhalt dazu bestimmt sind, Bestrebungen einer ehemaligen nationalsozialistischen Organisation fortzusetzen,

im Inland verbreitet oder zur Verbreitung im Inland oder Ausland herstellt, vorrätig hält, einführt oder ausführt oder in Datenspeichern öffentlich zugänglich macht, wird mit Freiheitsstrafe bis zu drei Jahren oder mit Geldstrafe bestraft.

(2) Propagandamittel im Sinne des Absatzes 1 sind nur solche Schriften (§ 11 Abs. 3), deren Inhalt gegen die freiheitliche demokratische Grundordnung oder den Gedanken der Völkerverständigung gerichtet ist.

(3) Absatz 1 gilt nicht, wenn das Propagandamittel oder die Handlung der staatsbürgerlichen Aufklärung, der Abwehr verfassungswidriger Bestrebungen, der Kunst oder der Wissenschaft, der Forschung oder der Lehre, der Berichterstattung über Vorgänge des Zeitgeschehens oder der Geschichte oder ähnlichen Zwecken dient.

(4) Ist die Schuld gering, so kann das Gericht von einer Bestrafung nach dieser Vorschrift absehen.

§ 86a StGB Verwenden von Kennzeichen verfassungswidriger Organisationen

(1) Mit Freiheitsstrafe bis zu drei Jahren oder mit Geldstrafe wird bestraft, wer

1. im Inland Kennzeichen einer der in § 86 Abs. 1 Nr. 1, 2 und 4 bezeichneten Parteien oder Vereinigungen verbreitet oder öffentlich, in einer Versammlung oder in von ihm verbreiteten Schriften (§ 11 Abs. 3) verwendet oder
2. Gegenstände, die derartige Kennzeichen darstellen oder enthalten, zur Verbreitung oder Verwendung im Inland oder Ausland in der in Nummer 1 bezeichneten Art und Weise herstellt, vorrätig hält, einführt oder ausführt.

(2) Kennzeichen im Sinne des Absatzes 1 sind namentlich Fahnen, Abzeichen, Uniformstücke, Parolen und Grußformen. Den in Satz 1 genannten Kennzeichen stehen solche gleich, die ihnen zum Verwechseln ähnlich sind.

(3) § 86 Abs. 3 und 4 gilt entsprechend.

Lehr- und Rahmenpläne

Kerncurriculum Gymnasiale Oberstufe Hessen, Geschichte, 2016

Kernlehrplan Gesellschaftslehre, Gesamtschule, Nordrhein-Westfalen 2011

Kernlehrplan für die Sekundarstufe II, Gymnasium/Gesamtschule in Nordrhein-Westfalen, Geschichte, 2016: http://www.schulentwicklung.nrw.de/lehrplaene/lehrplannavigator-s-i/gymnasium-g8/geschichte-g8/kernlehrplan-geschichte/

Bildungsserver: Bildungs- und Lehrpläne der Bundesländer: http://www.bildungsserver.de/Bildungsplaene-Lehrplaene-der-Bundeslaender-fuer-allgemeinbildende-Schulen-400.html

Handbücher und Sammelwerke

Bilder, die lügen, hrsg. von Stiftung Haus der Geschichte der Bundesrepublik Deutschland, Bonn (1998)

Crossover Geschichte. Historisches Bewusstsein Jugendlicher in der Einwanderungsgesellschaft, hrsg. v. Viola B. Georgi/Rainer Ohliger, Hamburg 2009

Das Jahrhundert der Bilder, 2 Bde. (1900 bis 1949,1949 bis heute), hrsg. v. Gerhard Paul, Göttingen 2008/09

Der europäische Bildersaal. Europa und seine Bilder. Analyse und Interpretation zentraler Bildquellen, hrsg. v. Michael Wobring/Susanne Popp, Schwalbach/Ts. 2013

Durchblicken. Dekonstruktion von Schulbüchern, hrsg. v. Waltraud Schreiber, Sylvia Mebus, Neuried 2006

Freiheit, Gleichheit, Gerechtigkeit. Werteordnung und Wertevermittlung. Zwölf Bausteine für Unterricht und außerschulische politische Bildung, hrsg. v. d. Bundeszentrale für politische Bildung, erarb. v. Andreas Brunold u. a., Bonn 2010

Geschichte – Nutzen oder Nachteil für das Leben?, hrsg. v. Ursula A. J. Becher/Klaus Bergmann, Düsseldorf 1986

Geschichte lernen, Sammelband: Bausteine des Unterrichtens, Sammelband Hefte 139, 123 und 116, 2012

Geschichts-Didaktik. Praxishandbuch für Sekundarstufe I und II, hrsg. v. Hilke Günther-Arndt/Meik Zülsdorf-Kersting, 6. bearbeitete Aufl., Berlin 2014

Geschichtsdidaktische Positionen. Bestandsaufnahme und Neuorientierung, hrsg. v. Hans Süssmuth, Paderborn u. a. 1980

Geschichts-Methodik. Handbuch für Sekundarstufe I und II, hrsg. v. Hilke Günther-Arndt/Saskia Handro, 5. bearbeitete Aufl., Berlin 2015

Geschichtsunterricht ohne Verlierer!? Inklusion als Herausforderung für die Geschichtsdidaktik, hrsg. von Bettina Alavi, Martin Lücke, Schwalbach/Ts. 2016

Handbuch Geschichtsdidaktik, hrsg. v. Klaus Bergmann, Klaus Fröhlich, Annette Kuhn, Jörn Rüsen, Gerhard Schneider, 5. überarb. Aufl., Seelze-Velber 1997

Handbuch Medien im Geschichtsunterricht, hrsg. v. Hans-Jürgen Pandel, Gerhard Schneider, 7. Aufl., Schwalbach/Ts. 2017

Handbuch Methoden im Geschichtsunterricht, hrsg. v. Ulrich Mayer, Hans-Jürgen Pandel, Gerhard Schneider, 5. Aufl., Schwalbach/Ts. 2016

Handbuch politische Bildung, hrsg. v. Wolfgang Sander, 4. überarb. Auflage, Schwalbach/Ts. 2014

Handbuch Praxis des Geschichtsunterrichts, hrsg. v. Michele Barricelli, Martin Lücke, 2 Bde., Wochenschau, 2. Aufl., Schwalbach/Ts. 2017

Historisches Lernen im Internet. Geschichtsdidaktik und Neue Medien, hrsg. v. Uwe Danker, Astrid Schwabe Schwalbach/Ts. 2008

Inklusiv – Exklusiv. Historisches Lernen für alle, hrsg. v. Sebastian Barsch/Wolfgang Hasberg, Schwalbach/Ts. 2014

Inszeniert. Deutsche Geschichte im Spielfilm, hrsg. v. Stiftung Haus der Geschichte der Bundesrepublik Deutschland, Bielefeld/Bonn 2016

Interkulturelles Geschichtslernen. Geschichtsunterricht unter den Bedingungen von Einwanderung und Globalisierung, hrsg. v. Andreas Körber, Münster u.a. 2001

Kompetenzen historischen Denkens. Ein Strukturmodell als Beitrag zur Kompetenzorientierung in der Geschichtsdidaktik, hrsg. v. Waltraud Schreiber, Andreas Körber, Alexander Schöner, Neuried 2007

Methodentraining für den Politikunterricht II, hrsg. vom Gotthard Breit, Detlef Eichner, Siegfried Frech, Kurt Lach, Peter Massing, Schwalbach/Ts. 2007

Mythen im deutschsprachigen Geschichtsunterricht, hrsg. v. Roland Bernhard/Susanne Grundel/Felix Hinz/Christoph Kühberger, Göttingen 2017

Spielfilme. Geschichte lernen 158 (2014)

Spielfilme im Geschichtsunterricht. Praxis Geschichte 5 (2006)

Spurensucher. Ein Praxishandbuch für historische Projektarbeit, hrsg. v. Michael Sauer, Hamburg 2014

Taxonomie von Lernzielen im kognitiven Bereich, hrsg. v. Benjamin Bloom, Weinheim-Basel 1972

Visual History. Ein Studienbuch, hrsg. v. Gerhard Paul, Göttingen 2006

Wörterbuch Geschichtsdidaktik, hrsg. v. Ulrich Mayer/Hans-Jürgen Pandel/Gerhard Schneider/Bernd Schönemann, 3. überarb. u. erw. Aufl., Schwalbach/Ts. 2014

Wörterbuch Politische Bildung, hrsg. v. Georg Weißeno/Klaus-Peter Hufer/Hans-Werner Kuhn/Peter Massing/Dagmar Richter, Schwalbach/Ts. 2007

Monographien und Aufsätze

Adamski, Peter: Die didaktische Analyse. In: Handbuch Praxis II (2017), S. 224-237

Aspelmeier, Jens: „Ruinen als Mahnmale erkennen" – Problemlösen im Geschichtsunterricht. In: Dreßler, Susanne (Hrsg.): Zwischen Irritation und Erkenntnis. Zum Problemlösen im Fachunterricht, Münster 2016, S. 85-100

Barricelli, Michele: Darstellungskonzepte von Geschichte im Unterricht. In: Handbuch Praxis II (2017), S. 202-223

Baumgärtner, Ulrich: Wegweiser Geschichtsdidaktik. Historisches Lernen in der Schule, Paderborn 2015

Becher, Ursula A. J.: Schulbuch. In: Handbuch Medien (2017), S. 45-68

Becker, Axel: Historische Urteilsbildung. In: Handbuch Praxis I (2017), S. 316-325

Berger, Jutta/Schmidtmann, Christian: Referendariat Geschichte. Kompaktwissen für Berufseinstieg und Examensvorbereitung, Berlin 2014

Bergmann, Klaus: Identität. In: Handbuch Geschichtsdidaktik (1997), S. 23-29

Bergmann, Klaus: Multiperspektivität. Geschichte selber denken, 3. Aufl., Wochenschau, Schwalbach/Ts. 2000

Bergmann, Klaus: Der Gegenwartsbezug im Geschichtsunterricht, 3. Aufl., Schwalbach/Ts. 2012

Bergmann, Klaus: Gegenwarts- und Zukunftsbezug. In: Handbuch Methoden (2016a), S. 91-112

Bergmann, Klaus: Multiperspektivität. In: Handbuch Methoden (2016b), S. 65-77

Bertram, Christiane: Zeitzeugen im Geschichtsunterricht. Chance oder Risiko für historisches Lernen? Schwalbach/Ts. 2017

Bernhardt, Markus: Erarbeitung. In: Handbuch Methoden (2016), S. 619-633

Böhmann, Marc/Klaffke, Thomas: Die Neuen kommen. Gut starten in Schule und Kollegium. Supplement zum Friedrich Jahresheft 2010. Seelze 2010

Böhmann, Marc/Schäfer-Munro, Regine: Kursbuch Schulpraktikum. Unterrichtspraxis und didaktisches Grundwissen, 2. Aufl., Weinheim und Basel 2008

Bonsen Elisabeth/Hey, Gerhard: Kompetenzorientierung – eine neue Perspektive für das Lernen in der Schule, IPTS Schleswig-Holstein (o. J.)

Borries, Bodo von: Das Geschichtsbewusstsein Jugendlicher. Eine repräsentative Untersuchung über Vergangenheitsdeutung, Gegenwartswahrnehmungen und Zukunftserwartungen von Schülerinnen und Schülern in Ost- und Westdeutschland, Weinheim-München 1995

Borries, Bodo von: Jugend und Geschichte. Ein europäischer Kulturvergleich aus deutscher Sicht, Opladen 1999

Borries, Bodo von: Interkulturalität beim historisch-politischen Lernen. – Ja sicher, aber wie? In: Interkulturelles Geschichtslernen (2001), S. 73-96

Borries, Bodo von unter Mitarbeit von Karl Filser, Hans-Jürgen Pandel und Bernd Schönemann: Kerncurriculum Geschichte in der gymnasialen Oberstufe. In: Kerncurriculum Oberstufe II, Biologie, Chemie, Physik, Geschichte, Politik. Expertisen – im Auftrag der Ständigen Konferenz der Kultusminister, hrsg. v. Heinz-Elmar Tenorth, Weinheim-Basel 2004, S. 236-321

Borries, Bodo von: Historisch Denken Lernen – Welterschließung statt Epochenüberblick, Geschichte als Unterrichtsfach und Bildungsaufgabe, Opladen und Farmington Hills 2008

Borries, Bodo von: Fallstricke interkulturellen Geschichtslernens: Opas Schulbuchunterricht ist tot. In: Georgi, Viola B./Ohliger, Rainer (Hrsg.): Crossover Geschichte. Historisches Bewusstsein Jugendlicher in der Einwanderungsgesellschaft, Hamburg 2009, S. 25-45

Borries, Bodo von: Alters- und Schulstufendifferenzierung. In: Handbuch Methoden (2016a), S. 113-135

Borries, Bodo von: Wissenschaftsorientierung. In: Handbuch Methoden (2016b), S. 30-48

Borries, Bodo von: Unterrichtsplanung – Artikulationsschemata – Lehrervorbereitung. In: Handbuch Praxis II (2017a), S. 181-201

Borries, Bodo von: Strukturierungsmodelle für Unterrichtsreihen. In: Handbuch Praxis II (2017b), S. 194-198

Breit, Gotthard: Beutelsbacher Konsens. In: Wörterbuch Politische Bildung (2007), S. 21-29

Breit, Gotthard: Einzelarbeit. In: Methodentraining für den Politikunterricht II (2007), S. 169-174

Breit, Gotthard: Gruppenarbeit. In: Methodentraining für den Politikunterricht II (2007), S. 181-188

Breit, Gotthard: Partnerarbeit. In: Methodentraining für den Politikunterricht II (2007), S. 175-180

Brieske, Rainer: „Ich weiß, es wird einmal ein Wunder gescheh'n". Unterhaltung/Propaganda im Nationalsozialismus – Die Rekonstruktion eines Verwendungskontextes. In: Praxis Geschichte 5 (2004), S. 9-13

Bruner, Jerome S.: Der Prozess der Erziehung, Berlin/Düsseldorf 1970

Buck, Thomas Martin: Lebenswelt- und Gegenwartsbezug. In: Handbuch Praxis I (2017), S. 289-301

Conrad, Franziska: Werturteilskompetenz. Methodische Anregungen. In: Geschichte lernen 139 (2011), S. 20-23; wieder abgedruckt in: Geschichte lernen Sammelband Hefte 139, 123 und 116, Bausteine des Unterrichtens, S. 22-24

Conrad, Franziska/Ott, Elisabeth: Didaktische Analyse. In: Handbuch Methoden (2016), S. 561-576

Danker, Uwe/Schwabe, Astrid: Geschichte im Internet, Stuttgart 2017

Däschler-Seiler, Siegfried: Schulpraktische Studien und Professionalisierung. In: Unterrichtspraxis. Beilage zu „bildung und wissenschaft" der GEW Baden-Württemberg 3 (2007), S. 17-24

Deile, Lars: Didaktik der Geschichte, Version: 1.0. In: Docupedia-Zeitgeschichte, 27.1.2014 (https://docupedia.de/zg/Didaktik_der_Geschichte, 20.12.2016)

Detjen, Joachim: Verfassungswerte. Welche Werte bestimmen das Grundgesetz? Bundeszentrale für politische Bildung, Bonn 2009

Dörr, Margarete: Tafel- und Folienarbeit. In: Handbuch Medien (2017), S. 87-145

Droysen, Johann Gustav: Historik (zuerst 1857, 1882 überarb.), Textausgabe von Peter Leyh, Stuttgart 1977

Erbar, Ralph: Zeugen der Zeit? Zeitzeugengespräche in Wissenschaft und Unterricht. In: Geschichte für heute 3 (2012), S. 5-20

Erbar, Ralph: Zeitzeugen befragen und hinterfragen. In: Spurensucher (2014), S. 109-125

Ebeling, Hans: Zur Didaktik und Methodik eines kind-, sach- und zeitgemäßen Geschichtsunterrichts, Hannover 1964

Fried, Johannes: Canossa. Entlarvung einer Legende. Eine Streitschrift, Berlin 2012

Gautschi, Peter: Guter Geschichtsunterricht. Grundlagen, Erkenntnisse, Hinweise, 3. durchges. und korr. Aufl., Schwalbach/Ts. 2015

Gautschi, Peter: Plausibilität der Theorie, Spuren der Empirie, Weisheit der Praxis. Zum Stand der geschichtsdidaktischen Kompetenzdiskussion. In: Geschichte für heute 3 (2016), S. 5-18

Gautschi, Peter/Utz, Hans: Menschen im Deutsch-Französischen Krieg 1870/71. Ein kompetenzorientiertes Aufgabenset für die Sekundarstufe I. In: Geschichte lernen 174 (2016), S. 20-29

Gautschi, Peter/Bernhardt, Markus/Mayer, Ulrich: Guter Geschichtsunterricht – Prinzipien. In: Handbuch Praxis I (2017), S. 326-348

Gies, Horst: Geschichtsunterricht. Ein Handbuch zur Unterrichtsplanung, in Zusammenarbeit mit Michele Barricelli und Michael Toepfer, Köln u.a. 2004

Grafe, Edda/Günther-Arndt, Hilke/Hinrichs, Carsten: Bildliche Quellen und Darstellungen. In: Geschichts-Didaktik (2014), S. 100-131

Grosch, Waldemar: Der Einsatz digitaler Medien in historischen Lernprozessen. In: Handbuch Praxis II (2017), S. 125-145

Günther-Arndt, Hilke: Historisches Lernen und Wissenserwerb. In: Geschichts-Didaktik (2014a), S. 24-49

Günther-Arndt, Hilke: Methodik des Geschichtsunterrichts. In: Geschichts-Didaktik (2014b), S. 179-181

Günther-Arndt, Hilke: Strukturierungskonzept. In: Geschichts-Didaktik (2014c), S. 166-170

Günther-Arndt, Hilke: Wissen und Wissenskonstruktion. In: Geschichts-Didaktik (2014d), S. 39-43

Günther-Arndt, Hilke: Lehr-Lernkonzepte. In: Geschichts-Methodik (2015c), S. 84-144

Günther-Arndt, Hilke: Schulbucharbeit. In: Geschichts-Methodik (2015a), S. 174-179

Günther-Arndt, Hilke: Umrisse einer Geschichtsmethodik. In: Geschichts-Methodik (2015b), S. 9-23

Hagen, Rose-Marie/Hagen, Rainer: Bildbefragungen. Alte Meister im Detail, Köln 1994

Hamann, Christoph: Bild – Abbild – Schlüsselbild. Zur Vergegenwärtigung von Vergangenheit durch Fotografien. In: Praxis Geschichte 1 (2006), S. 4-9

Hamann, Christoph: Bildquellen im Geschichtsunterricht. In: Handbuch Praxis II (2017), S. 108-124

Hartung, Olaf: Schreiben. In: Geschichts-Methodik (2015), S. 221-232

Hartung, Olaf/Memminger, Josef: Schreibend Geschichte lernen. Mehr als ein „mündliches Fach" – die Vielfalt des Schreibens im Geschichtsunterricht entdecken. In: Geschichte lernen 176 (2017), S. 2-11

Helmke, Andreas: Merkmale von Unterrichtsqualität. In: Ders.: Was wissen wir über guten Unterricht? Über die Notwendigkeit einer Rückbesinnung auf den Unterricht als „Kerngeschäft" der Schule, In: Pädagogik 2 (2006), S. 42-45 (http://www.bildung.koeln.de/imperia/md/content/selbst_schule/downloads/andreas_helmke_.pdf?PHPSESSID=e07c6eda3770573d680 fe-2cea77dfde2, 2.1.2017)

Henke-Bockschatz, Gerhard: Oral History im Geschichtsunterricht, Schwalbach/Ts. 2014

Hensel-Grobe, Meike: Problemorientierung und problemlösendes Denken. In: Handbuch Praxis II (2017), S. 50-63

Heuer, Christian: Gütekriterien für kompetenzorientierte Lernaufgaben im Fach Geschichte. In: Geschichte in Wissenschaft und Unterricht 62 (2011), S. 443-458

Hey, Bernd u. a.: Umgang mit Geschichte. Geschichte erforschen und darstellen – Geschichte erarbeiten und begreifen, Stuttgart 1992

Hoffmann, Frank: Überlegungen zur Planung von Geschichtsunterricht mit dem Ziel der Förderung historischer Urteilskompetenz (http://www.schulentwicklung.nrw.de/materialdatenbank/nutzersicht/getFile.php?id=4014, 6.4.2016)

Hollis, Edward: Eine kurze Geschichte des Abendlandes in 12 Bauwerken. Vom Parthenon bis zur Berliner Mauer, Berlin 2010

Hüttmann, Jens: „Hitlers größte Leistung war, dass er als SED-Vorsitzender das Grundgesetz für ganz Deutschland beschlossen hat." Überlegungen zur Vermittlung der Geschichte von Demokratie und Diktatur nach 1945 im Klassenzimmer. In: Geschichte für heute 3 (2015), S. 56-61

Jank, Werner/Meyer, Hilbert: Didaktische Modelle, 10. Aufl., Berlin 2011

Jeismann, Karl-Ernst: Didaktik der Geschichte. Die Wissenschaft von Zustand, Funktion und Veränderung geschichtlicher Vorstellungen im Selbstverständnis der Gegenwart. In: Kosthorst, Erich (Hrsg.): Geschichtswissenschaft. Didaktik – Forschung – Theorie, Göttingen 1977, S. 9-33

Jeismann, Karl-Ernst: „Geschichtsbewusstsein". Überlegungen zur zentralen Kategorie eines neuen Ansatzes der Geschichtsdidaktik. In: Süssmuth, Hans (Hrsg.): Geschichtsdidaktische Positionen. Bestandsaufnahme und Neuorientierung, Paderborn u. a. 1980, S. 179-222

Kanert, Georg/Seidenfuß, Manfred: Auf dem Weg in den „Praxisschock". Geschichtslehrkräfte in der Berufseinstiegsphase. In: Geschichte in Wissenschaft und Unterricht 65 (2014), S. 718-734

Kayser, Jörg/Hagemann, Ulrich: Urteilsbildung im Geschichts- und Politikunterricht, Berlin 2005

Klafki, Wolfgang: Zum Verhältnis von Didaktik und Methodik. In: Dohmen, Günther/Maurer, Friedrich (Hrsg.): Unterricht, Aufbau und Kritik, München 1976, S. 45-61

Klafki, Wolfgang: Neue Studien zur Bildungstheorie und Didaktik. Beiträge zur kritisch-konstruktiven Didaktik, Weinheim 1985

Klieme, Eckard u. a.: Zur Entwicklung nationaler Bildungsstandards, hrsg. v. Bundesministerium für Bildung und Forschung, Bonn 2007

Klieme, Eckard/Rakoczy, Katrin: Empirische Unterrichtsforschung und Fachdidaktik, Zeitschrift für Pädagogik 54 (2008), S. 223

Kleinen, Günter: Musik als Medium der politischen Bildung. In: APUZ 11 (2005) (http://www.bpb.de/apuz/29187/musik-als-medium-der-politischen-bildung, 24.4.2017)

Klenke, Dietmar: Musik. In: Handbuch Medien (2017), S. 407-450

KMK: Stärkung der Demokratieerziehung. Beschluss (2009) (https://www.kmk.org/fileadmin/Dateien/veroeffentlichungen_beschluesse/2009/2009_03_06-Staerkung_Demokratieerziehung.pdf, 25.4.2017)

KMK: Einheitliche Prüfungsanforderungen in der Abiturprüfung Geschichte, Beschluss vom 1.12.1989 i.d.F. v. 20.1.2005, hrsg. v. Sekretariat der Ständigen Konferenz der Kultusminister der Länder in der Bundesrepublik Deutschland, München-Neuwied 2005 (https://www.kmk.org/fileadmin/Dateien/veroeffentlichungen_beschluesse/1989/1989_12_01-EPA-Geschichte.pdf, 20.12.2016)

KMK: Vereinbarung zur Gestaltung der gymnasialen Oberstufe in der Sekundarstufe II (1972) in der Fassung vom 6.6.2013

KMK: Erinnern für die Zukunft. Empfehlungen zur Erinnerungskultur als Gegenstand historisch-politischer Bildung in der Schule, Beschluss (2014) (http://www.kmk.org/fileadmin/Dateien/pdf/PresseUndAktuelles/2014/2014-12-11-Empfehlung_Erinnern_fuer_die_Zukunft.pdf, 20.12.2016)

Kohl, Herbert/Wunderer, Hartmann: Von der Quelle zum Tafelbild I-III, Schwalbach/Ts. 2008-2010

Kölbl, Carlos: Geschichtsbewusstein – Empirie. In: Handbuch Praxis I (2017), S. 112-120

Köller, Olaf: Des Schülers Leid, des Lehrers Freud, Klett ThemenDienst 16 (2002)

Körber, Andreas: Fremdverstehen und Perspektivität im Geschichtsunterricht, 2011 (http://www.pedocs.de/volltexte/2012/5849/pdf/Koerber_2012_Fremdverstehen_und_Perspektivitaet_D_A.pdf, 20.12.2016)

Köster, Manuel/Bernhardt, Markus/Holger Thünemann: Basisartikel: Aufgaben im Geschichtsunterricht. Typen, Gütekriterien und Konstruktionsprinzipien. In: Geschichte lernen 174 (2016), S. 2-11

Kleinhans, Bernd: Filme im Geschichtsunterricht – Formate, Methoden, Ziele, St. Ingbert 2016

Kuchler, Christian: Historische Orte im Geschichtsunterricht, Schwalbach/Ts. 2012

Kühberger, Christoph: Leistungsfeststellung im Geschichtsunterricht. Diagnose – Bewertung – Beurteilung, Schwalbach/Ts. 2014

Kuhn, Hans-Werner: Musik und politische Bildung (http://www.bpb.de/gesellschaft/kultur/kulturelle-bildung/65364/musik-und-politische-bildung?p=all, 13.4.2012)

Küppers, Waltraud: Zur Psychologie des Geschichtsunterrichts, Bern 1966

Lach, Kurt/Massing, Peter: Das Tafelbild. In: Methodentraining für den Politikunterricht II (2007), S. 59-68.

Lach, Kurt/Massing, Peter: Die Einstiegsphase. In: Methodentraining für den Politikunterricht II (2007), S. 209-218

Lach, Kurt/Massing, Peter: Unterrichtsgespräch, Fragen und Impulse. In: Methodentraining für den Politikunterricht II (2007), S. 123-132

Lamprecht, Niko: Musik im Nationalsozialismus. Ideologie – Propaganda – Widersprüche, Schwalbach/Ts. 2015

Lücke, Martin: Multiperspektivität, Kontroversität, Pluralität. In: Handbuch Praxis I (2017), S. 281-288

Mager, Robert F.: Lernziele und programmierte Unterricht, Weinheim 1965

Mayer, Ulrich/Gautschi, Peter/Bernhardt, Markus: Themenbestimmung im Geschichtsunterricht der Sekundarstufen. In: Handbuch Praxis I (2017), S. 378-404

Memminger, Josef: Schüler schreiben Geschichte. Kreatives Schreiben im Geschichtsunterricht zwischen Fiktionalität und Faktizität, Schwalbach/Ts. 2007

Meyer, Hilbert: Unterrichtsmethoden. II. Praxisband, Frankfurt/M. 1989

Meyer, Hilbert: Leitfaden Unterrichtsvorbereitung, überarbeitete Aufl., Berlin 2007

Meyer, Hilbert: Was ist guter Unterricht?, 6. Aufl., Berlin 2009

Meyer-Hamme, Johannes: Historische Identitäten in einer kulturell heterogenen Gesellschaft. In: Handbuch Praxis I (2017), S. 89-97

Mieles, Bernhard: Wissenschaftspropädeutisches Arbeiten in der Sekundarstufe II. In: Geschichte lernen 68 (1999) S. 50-53

Mittelstädt, Holger: Basics für Junglehrer. Der optimale Einstieg in den Arbeitsplatz Schule. Mülheim an der Ruhr 2006

Mounajed, René: „Holocaust-Education" und Menschenrechtserziehung im Geschichtsunterricht. In: Handbuch Praxis II (2017), S. 263-289

Müller, Bernhard: Wissenschaftspropädeutisches Arbeiten. In: Handbuch Methoden (2016), S. 308-324

Näpel, Oliver: Film und Geschichte. „Histotainment" im Geschichtsunterricht. In: Handbuch Praxis II (2017), S. 146-171

Pallaske, Christoph: Medien machen Geschichte. Überlegungen zu Medienbegriffen des Geschichtslernens. In: Ders. (Hrsg): Medien machen Geschichte. Neue Anforderungen an den geschichtsdidaktischen Medienbegriff im digitalen Wandel. Berlin 2015, S. 7-16

Pandel, Hans-Jürgen: Geschichte und politische Bildung. In: Handbuch Geschichtsdidaktik (1997), S. 319-323

Pandel, Hans-Jürgen: Geschichtsunterricht nach PISA. Kompetenzen, Bildungsstandards und Kerncurricula, Schwalbach/Ts. 2007

Pandel, Hans-Jürgen/Land, Kristina: Bildinterpretation praktisch. Bildgeschichten und verfilmte Bilder. Bildinterpretation II, Schwalbach/Ts. 2009

Pandel, Hans-Jürgen: Quelleninterpretation. Die schriftliche Quelle im Geschichtsunterricht, 4. Aufl., Schwalbach/Ts. 2012

Pandel, Hans-Jürgen: Bildinterpretation. Die Bildquelle im Geschichtsunterricht, 3. Aufl., Schwalbach/Ts. 2015a

Pandel, Hans-Jürgen: Historisches Erzählen. Narrativität im Geschichtsunterricht, 2. Aufl., Schwalbach/Ts. 2015b

Pandel, Hans-Jürgen: Kompetenzen – ein Rückblick nach 12 Jahren. In: Geschichte für heute 3 (2016), S. 20-34

Pandel, Hans-Jürgen: Geschichtsdidaktik. Eine Theorie für die Praxis, 2. Aufl., Schwalbach/Ts. 2017c

Pandel, Hans-Jürgen: Geschichtsunterricht in den unterschiedlichen Schulformen (insbes. Sek. I). In: Handbuch Praxis I (2017a), S. 167-175

Pandel, Hans-Jürgen: Geschichtsunterricht in der Sekundarstufe II. In: Handbuch Praxis I (2017b), S. 176-188

Pandel, Hans-Jürgen/Schneider, Gerhard: Einführung. In: Handbuch Medien 2017, S. 7-14

Peters, Jelko: Geschichtsstunden planen, St. Ingbert 2014

Rave, Josef: Computereinsatz. In: Handbuch Medien (2017), S. 591-618

Reeken, Dietmar v.: Interkulturelles Lernen. In: Geschichts-Didaktik (2014), S. 238-246

Rohlfes, Joachim: „Geschichtsbewusstsein" – Leerformel oder Zentralkategorie? In: Geschichte-Nutzen oder Nachteil für das Leben?, S. 92-95

Rohlfes, Joachim: Geschichte und ihre Didaktik. 3. Aufl., Göttingen 2005

Rüsen, Jörn: Werturteile im Geschichtsunterricht. In: Handbuch Geschichtsdidaktik (1997), S. 304-308.

Rüsen, Jörn: Wissenschaftspropädeutik im Geschichtsunterricht. In: Handbuch Geschichtsdidaktik (1997), S. 340-342

Rüsen, Jörn: Historik. Theorie der Geschichtswissenschaft, Wien 2013
Sauer, Michael: Historische Lieder, Seelze-Velber 2008
Sauer, Michael: Bilder im Geschichtsunterricht. Typen. Interpretationsmethoden, Unterrichtsverfahren, 4. Aufl., Kallmeyer, Seelze-Velber 2012
Sauer, Michael: Geschichte unterrichten. Eine Einführung in die Didaktik und Methodik, aktual. 12. Aufl., Seelze-Velber 2015
Sauer, Michael: Verarbeitung, Dokumentation und Präsentation von Lernergebnissen. In: Handbuch Methoden (2016), S. 634-648
Schnakenberg, Ulrich: Geschichte in Karikaturen I. Karikaturen als Quelle 1945 bis heute, Schwalbach/Ts. 2011
Schnakenberg, Ulrich: Geschichte in Karikaturen II. Karikaturen als Quelle 1900 bis 1945, Schwalbach/Ts. 2014
Schneider, Gerhard: Transfer. Ein Versuch über das Behalten und Anwenden von Geschichtsbewusstsein, Schwalbach/Ts. 2009
Schneider, Gerhard: Gelungene Einstiege. Voraussetzung für erfolgreiche Geschichtsstunden, 7. Aufl., Schwalbach/Ts. 2013
Schneider, Gerhard: Gegenständliche Quellen. In: Handbuch Medien (2017), S. 509-524
Schönemann, Bernd/Thünemann, Holger: Schulbucharbeit. Das Geschichtslehrbuch in der Unterrichtspraxis, Schwalbach/Ts. 2010
Schönemann, Bernd/Thünemann, Holger/Zülsdorf-Kersting, Meik: Was können Abiturienten? Zugleich ein Beitrag zur Debatte über Kompetenzen und Standards im Fach Geschichte, 2. Aufl., Berlin-Münster 2011
Schönemann, Bernd: Geschichtsbewusstsein – Theorie. In: Handbuch Praxis I (2017), S. 98-111
Schörken, Rolf: Geschichtsunterricht in einer kleiner werdenden Welt. Prolegomena zu einer Didaktik des Fremdverstehens. In: Hans Süssmuth (Hrsg): Geschichtsdidaktische Positionen, Paderborn 1980, S. 315-335
Schroeder, Klaus/Deutz-Schroeder, Monika/Quasten, Rita/Schulze Heuling, Dagmar: Später Sieg der Diktaturen. Zeitgeschichtliche Kenntnisse und Urteile von Jugendlichen, Frankfurt/M. 2012
Spahn, Thomas: Schule digital, Geschichtsunterricht online? (http://lernen-aus-der-geschichte.de/Lernen-und-Lehren/content/7615, 27.10.2010)
Spahn, Thomas: WebQuests. Internetprojekte im Geschichtsunterricht (http://www.bpb.de/methodik/5Z7 fEF,0,WebQuests.html, 24.4.2017)
Sutor, Bernhard: Historisches Lernen als Dimension politischer Bildung. In: Handbuch politische Bildung (2014), S. 347-362
Teepe, Renate: Umgang mit dem Schulbuch. In: Handbuch Methoden (2016), S. 255-268
Thünemann, Holger: Planung von Geschichtsunterricht. In: Geschichts-Didaktik (2014), S. 205-213
Thünemann, Holger: Historische Lernaufgaben – Theoretische Überlegungen, empirische Befunde und forschungspragmatische Perspektiven. In: Zeitschrift für Geschichtsdidaktik 12 (2013), S. 141-155
Thünemann, Holger: Unterrichtsplanung und Verlaufsformen. In: Geschichts-Methodik (2015), S. 257-268
Tischner, Christian K.: Historische Reden im Geschichtsunterricht, Schwalbach/Ts. 2008
Uffelmann, Uwe: Problemorientierter Geschichtsunterricht. Grundlegung und Konkretion, Villingen-Schwenningen 1990

Uffelmann, Uwe: Problemorientierter Geschichtsunterricht. In: Handbuch Geschichtsdidaktik (1997), S. 282-287
Uffelmann, Uwe: Problemorientierung. In: Handbuch Methoden (2016), S. 78-90
Völkel, Bärbel: Handlungsorientierung im Geschichtsunterricht, 3. Aufl., Schwalbach/Ts. 2012
Völkel, Bärbel: Handlungsorientierung. In: Handbuch Methoden (2016), S. 49-64
Wahlteil, Rainer: Das Bild als Geschichtsquelle. In: Historische Zeitschrift 243 (1986), S. 91-100
Walzik, Sebastian: Kompetenzorientiert prüfen. Leistungsbewertung an der Hochschule in Theorie und Praxis, Opladen 2012
Wenzel, Birgit: Aufgaben im Geschichtsunterricht. In: Geschichts-Methodik (2015), S. 75-83
Wenzel, Birgit: Aufgaben(kultur) und neue Prüfungsformen. In: Handbuch Praxis II (2017), S. 23-36
Wimmer, Fridolin: Unsre Fahne flattert uns voran, In: Geschichte lernen 50 (1996), S. 55-58
Wunderer, Hartmann: Erinnerung an die Wissenschaftspropädeutik. In: Geschichte für heute 1 (2013), S. 22-34
Wunderer, Hartmann: Tests und Klausuren. In: Handbuch Methoden (2016), S. 675-685
Wunsch, Andreas: Werturteile. In: Wörterbuch Geschichtsdidaktik (2014), S. 197-198
Zierer, Klaus: Hattie für gestresste Lehrer, Hohengehren 2014
Zwölfer, Norbert: Filmische Quellen und Darstellungen. In: Geschichts-Didaktik (2014), S. 132-143

Geschichtsdidaktische und relevante Fachzeitschriften

Geschichte betrifft uns. Aktuelle Unterrichtsmaterialien, Aachen
Geschichte für heute (gfh), Zeitschrift des Verbandes der Geschichtslehrer Deutschlands, Schwalbach/Ts.
Geschichte in Wissenschaft und Unterricht (GWU), Seelze
Geschichte lernen, Seelze
Journal of Educational Media, Memory and Society, Zeitschrift des Georg-Eckert Instituts für internationale Schulbuchforschung, Braunschweig
Praxis Geschichte. Zeitschrift für den Geschichtsunterricht, Braunschweig
Zeitschrift für Geschichtsdidaktik, Zeitschrift der Konferenz für Geschichtsdidaktik, Göttingen

Websites

Bundeszentrale für politische Bildung
- allgemeine Informationen: www.bpb.de
- Geschichte begreifen (mit vielen methodischen Hinweisen): www.bpb.de/lernen/projekte/geschichte-begreifen/

Europeana Collections: http://www.europeana.eu/portal/de
Historiana. Your Portal to the Past: www.historiana.eu
Lebendiges Museum online (attraktives Angebot für den schnellen Überblick zur deutschen Geschichte im 19. und 20. Jahrhundert): www.dhm.de/lemo
Segu Lernplattform für offenen Geschichtsunterricht: www.segu.de
Spezialseiten mit Unterrichtsangeboten zur BRD-Geschichte
- Stiftung Haus der Geschichte der Bundesrepublik Deutschland: www.hdg.de
  Spezialseiten mit Unterrichtsangeboten zur DDR-Geschichte
- Bundesbeauftragter Stasi-Unterlagenbehörde, Bildungsabteilung: www.bstu.bund.de/DE/Wissen/Bildung/_node.html
- Bundesstiftung zur Aufarbeitung der SED-Diktatur: https://www.bundesstiftung-aufarbeitung.de/

- DDR-Geschichte vermitteln (Bildungswerk Humanistische Union): www.ddr-geschichte-vermitteln.de/
- Eure Geschichte (Projekt des MDR): http://www.mdr.de/heute-im-osten/projekte/eure-geschichte/index.html
- Zeitzeugenbüro: https://www.zeitzeugenbuero.de/

  Spezialseiten mit Unterrichtsangeboten zur deutsch-jüdischen Geschichte:
- Bundeszentrale für politische Bildung: www.bpb-de/deutsch-juedische_Geschichte_im_Unterricht.html
- Orientierungshilfe der AG und Kommission für die Verbreitung deutsch-jüdischer Geschichte in der BRD: http://www.juedischesmuseum.de/fileadmin/user_upload/uploadsJM/PDF/Museumsp%C3%A4dagogik/Orientierungshilfe_2011.pdf
- Zeugen der Shoah. Das Visual History Archive in der schulischen Bildung: http://www.vha.fu-berlin.de/

Spezialseiten mit Unterrichtsangeboten zur Reformation:
- Reformation reloaded: www.reformation-reloaded.net

  Edumeres. Das virtuelle Netzwerk für die internationale Schulbuchforschung: http://www.edumeres.net/

Georg-Eckert-Institut für internationale Schulbuchforschung: www.gei.de

Film und Geschichte (Film-Institut Hannover): http://www.geschichte-projekte-hannover.de/filmundgeschichte/

Gedächtnis der Nation (mit vielen Zeitzeugenclips und didaktischen Materialien): www.gedaechtnis-der-nation.de/bilden/schulen

Geschichtswettbewerb des Bundespräsidenten (Körber-Stiftung): https://www.koerber-stiftung.de/geschichtswettbewerb/

Schülerwettbewerb History-Award des History Channel: http://www.history.de/history-award/history-award-2017.html

Docupedia Zeitgeschichte: Didaktik der Geschichte (Lars Deile): https://docupedia.de/zg/Didaktik_der_Geschichte

Public History Weekly. The International Blog Journal (Oldenbourg Verlag; mit geschichtsdidaktischen Diskussionen; deutsch/englisch): https://public-history-weekly.degruyter.com/

TEP-online/Didaktik und Methodik/39. (Handlungsorientierter Unterricht): http://www.tep-online.info/didak/hu/hu.htm

Konferenz für Geschichtsdidaktik: http://www.historicum.net/kgd/

Euroclio (Internationaler Dachverband der Geschichtslehrerverbände): http://www.euroclio.eu

Verband der Geschichtslehrer Deutschlands: www.geschichtslehrerverband.de

STICHWORT-VERZEICHNIS